资本永不眠
经济学家启示录

【德】乌尔里克·赫尔曼◎著
锐拓◎译

中国华侨出版社
·北京·

谨以此书献给经济学学生

非常感谢 Daniel Haufler 和 Andrew James Johnston 对本书进行了细致详尽的审校。也非常感谢 Andrew 鼓励我写了这本关于斯密、马克思和凯恩斯的书。

目 录

第一章
序言：当今世界的经济危机

为什么富人越富，穷人越穷？货币是如何运作的？增长从何而来？什么时候会发生经济危机？为什么会出现失业？这些是连孩子们也有可能问起的常见问题，经济学家却无法给出明确答案，因为他们通常对此不以为意，更愿意研究与现实无关的数学模型。

经济陷入了危机，即使是门外汉，也会意识到主流经济理论有可能是不正确的。英国女王伊丽莎白二世（Elizabeth Ⅱ.）在位六十多年，几乎没留下过什么令人难忘的名言。然而，她在 2008 年金融危机爆发后提出的问题却振聋发聩，她质疑道："为什么没有人预见到会爆发这场危机？"

英国经济学家们给出的回答同样令人难以置信。他们在一封长达三页的信中承认："总而言之，陛下，许多聪明人的集体智慧在这里都失灵了。”[①]

想知道为什么“许多聪明人”没有能够提出更好的理论的，不止女王陛下，还有时任德国总理安格拉·默克尔(Angela Merkel)，她从经济学家智囊团那里得到的许多建议让她很是头疼。2014 年夏天，她被邀请到林道去参加诺贝尔经济学奖获得者会晤。女总理对这些专家学者也丝毫不客气，她礼貌但坚定地指责了他们背离真理的荒谬主张，并强调经济学家应该“诚实地坦白不确定时的错误率或模糊性”。[②]

不幸的是，经济学家并不生活在象牙塔里，不然他们也不会造成这么多伤害，恰恰相反，他们给这个世界造成的影响比任何其他学科都要大。他们是政客们的首席智囊团成员，是各种专家委员会的常客。毫不夸张地说，经济学家一旦犯错，造成的损失不仅可达数十亿美元，甚至还会威胁生命。

知名的经济学家们现在也确信他们的学科与理性科学无关，而更像一种传播教义、信仰的宗教派别。美国经济学家保罗·罗默（Paul Romer）最近表示：“经济不再以科学学科应有的方式运作，而且这个问题似乎越来越严重了。”他指责同事“像在宗教间会议上”一样“只会背诵教条”，只会保持“虔诚

---

① Tim Besley / Peter Hennessy，《经济学家为什么没能预测到金融危机？致英国女王的信》，2009 年 7 月 22 日。

② 安格拉·默克尔，时任德意志联邦共和国总理在第五届林道经济会议上的讲话，2014 年 8 月 20 日。

的沉默”。[①]

失望的还有年轻人。许多学生开始怀疑经济学给他们勾勒的是一种扭曲的现实图景，因为重要的议题已经不会出现在课堂上，他们对货币体系一无所知，对经济史也一无所知，因为课堂上只会教授一种理论，那就是主要依赖于数学模型的所谓的新古典主义（Neoklassik）。于是，他们在多元经济学网络中建立了自己的阵地，共同致力于变革片面的经济学理论。

主流经济学令人惊奇之处是它对于信条的忠诚，尽管几次金融危机已经证明这些模型有可能是不正确的，新古典主义依然坚不可摧，并占领了教科书市场。他们在第一学期就可以对学生产生影响，因此压根不需要担心有无追随者，因为他们拿下了理论阵地。

主流经济学的教条主义部分表现在完全忽略了自己领域中最重要的理论家。亚当·斯密（Adam Smith）、卡尔·马克思（Karl Marx）和约翰·梅纳德·凯恩斯（John Maynard Keynes）的理论在大学里几乎从未被传授，或者是被歪曲地传授，甚至根本没有被传授。在他们生活的时代，这些理论家们建立并革新了各自的学科。

当然，其他经济学家也很重要，但只有这三位重新定义了他们各自的研究方向。没有他们，现代经济学根本无从谈起。

但主流经济学家对这三位的理论嗤之以鼻，他们认为斯

---

① 保罗·罗默，数学和学术身份，2015 年 5 月 27 日的博客文章。

密、马克思和凯恩斯早就“过时了”，是历史的幽灵。只有用流行的方法写就的关于当代的内容才会被认可是“现代的”。“现代的”是指当代创造的东西。但这种同语反复的辞令掩盖了一个事实，即经济学正在发生一种前所未有的变革，大多数理论家的观点直接与中世纪的某种观点一致。时至今日，经济的运行让人时常回想起斯密、马克思和凯恩斯所处的时代，但他们却永远停留在了过去。

在经济学中，有一种学派占据了上风，该学派构建模型时，仿佛经济仅由易货贸易组成，工业化从未存在过。这听起来可能很离谱，但大多数经济学家其实并不知道以大公司垄断市场，银行躺赢为特征的成熟资本主义到底意味着什么，这也是为什么这些经济学家在谈到金融危机时总是惊愕不已和不知所措。

因此，只有充分理解了斯密、马克思和凯恩斯的理论，才能明白为何主流经济学家会误入歧途。像所有理论家一样，斯密、马克思和凯恩斯同样受到时代的局限，所以他们的一些想法随着历史发展会被推倒、驳斥。但不管怎样，与今天的经济学家不同的是，他们指出了根本问题所在，并时刻关照现实。因此，他们的分析仍然有现实意义，甚至他们理解有失偏颇的地方也比主流经济学家的理论更能揭示资本主义本质及其发展历程。

所以，这本书的标题颇有些讽刺意味：资本永不眠。这其实针对的是主流经济学的观点，他们依然幻想退回到每周集市的理想世界，在那里只用交易苹果和梨。

当然，这个标题也暗示了一个事实，即终结资本主义并不容易，这是连马克思也不得不承认的一个结论。资本主义是一个完整的体系，不仅渗透到经济领域，还渗透到生活的方方面面，这也正是它令人兴奋的原因。要读懂最聪明的资本主义研究者斯密、马克思和凯恩斯，可以说是一场体验资本主义的最燃冒险。[①]

---

① 这个标题也是对我已故的德国《日报》同事 Christian Semler 的怀念。他的一些新闻文章于他去世后的 2013 年以“终结共产主义也不是解决方案”的标题出版。

第二章
一位哲学家发现了经济：亚当·斯密

亚当·斯密这个名字至今备受争议，大多数人认为他是一个激进的自由主义者，终身致力于“自由市场”“自由个人”，并主张国家可以剥夺权利。1977年，亚当·斯密研究所在英国成立，其宣扬的观点均为后来的首相玛格丽特·撒切尔（Margaret Thatcher）最关心的议题：国有财产私有化、放松金融管制和富人减税。[①]

但这样看待亚当·斯密不仅狭隘，还是一种误解。斯密是一位反对富人特权的社会改革者，他赞成竞争和自由市场，但这本身并不是目的，目的在于以此来限制地主和富商的特权。如果斯密今天还活着，他很可能会成为社会民主党人。

但与斯密同时代的人完全理解这一点。19世纪初，斯密

① Jones, *Establishment*, S. 22 ff.

受到保守派的批评。[①] 卡尔 · 马克思对斯密十分推崇，他对斯密进行了深入研究并继承了他的中心思想。

斯密是第一位伟大的经济理论家。在他的理论出现之前，流行的是存在于16—18世纪的“家政文学”。智囊团们知晓当时男性户主必须知道的一切：从饲养牲畜到抚养孩子，甚至还包括食谱。

前现代经济学本身并不是一门学科，而是属于——如果有的话——伦理学。这种融合在亚当 · 斯密最重要的老师弗朗西斯 · 哈奇森（Francis Hutcheson）身上也体现得非常明显，他的作品《道德哲学体系》三卷出版于他死后的1753年。在这本著作的第三卷中，这位来自格拉斯哥（Glasgow）的哲学教授致力于写作《经济学和政治学原理》，这一卷讨论的主要是父母和孩子的权利义务以及主人和仆人的权利义务，但其中的内容与我们今天对经济学的理解已无关系。类似财产、继承、合同或金钱等主题，哈奇森当然也有涉及，不过是出现在第二卷《自然法则要素》中。当时，金钱还没有被理解成“经济”的一部分，因此，哈奇森保留了这一传统议题，他直接借鉴了前人的经验来设置论题。[②]

两千多年来，欧洲人一直在经济范畴外兜兜转转，直到亚当 · 斯密横空出世。他的著作《国富论》出版于1776年，距哈

---

① Berry u. a. (Ed.), *Oxford Handbook of Adam Smith*, S. 15.

② Finlay, *Ancient Economy*, S. 17 ff.

奇森的著作问世仅 23 年，但两者的结构完全不同。哈奇森仍然从阶级社会的角度进行思考，而斯密已经开始关注到了资本主义的萌芽。

虽然斯密与自己的老师年龄相差不过数年，但他生活的时代俨然已换了天地。很明显，最迟从 1760 年开始，英格兰开始了人类历史上前所未有的发展，后世称之为“工业革命”。新时代迫切需要一个新理论，毫无疑问，亚当·斯密正是第一个提供理论框架的人。

斯密始终认为自己是一位道德哲学家，因为当时经济学还不是一门独立的学科。总的来说，第一批经济理论家来自各行各业，身份各异。其中不乏作家、律师、股市投机者、行政文员、数学家和医生。1903 年，转折性事件出现，剑桥大学将经济学纳入考试科目，从那时起，经济学开始成为一门学科。

斯密并没有感到畏惧，他敢于阐释整个世界，并致力于建立一个全新且全面的哲学体系。他兴趣颇为广泛，从美学到天文学，从认识论到法理学均有涉猎。不过，这一理论的整体架构并未搭建完成，有一部分原因是因为斯密喜欢锱铢积累、慢工细活。最终，他留下了两部关于道德和经济的传世经典——《道德情操论》和《国富论》。斯密本人认为他的《道德情操论》（1759）更为出色，但事实上，《国富论》（1776）这本书才为他确立了经久不衰的名声。

《国富论》这本书诙谐风趣，文笔优雅，但读起来有些费劲。苏格兰哲学家大卫·休谟（David Hume）曾经指出，这本书“需要太多专注力了”，读者很难坚持读下去。不过，与马克思还有凯恩斯的著作相比，斯密的作品已经很通俗易懂了。

研读上述三位理论家的著作时，先了解他们的生平背景是非常必要的，因为他们的理论与他们的生活经验息息相关。马克思和凯恩斯都留下了丰富的资料，零星片段可以帮助还原他们生活的原貌，但斯密则恰恰相反。为了防止隐私公开，斯密在临终前坚持将未完成的十几部手稿付之一炬。① 不过，现存的零篇散帙已经足够帮助我们更好地理解他这位理论家了。

母亲是一生中最重要的人

斯密于 1723 年出生于苏格兰柯克卡迪（Kirkcaldy），这是福斯湾北岸的一个小港口城镇。他是一个遗腹子，父亲也叫亚当（Adam），但在他出生前 6 个月就去世了。②

---

① 凯恩斯全集一共 30 卷。但只节选了一小部分。编辑唐纳德·莫格里奇（Donald Moggridge）估计，如果把所有的信件和文件都考虑在内，大约能出版 100 卷（Moggridge, *Maynard Keynes*, S. XV）。马克思恩格斯全集（*MEGA*）尚未完成，预计可在 2025 年完成，包括 114 卷。然而，斯密全集中则只有他写的 193 封信和给他写的 129 封信。这些文件有一半以上来自他生命的最后几年，而他的青年时代以及他在格拉斯哥担任教授的那段时间的情况几乎无从得知。

② 除非另有说明，斯密生平的介绍基本参照 S. Ross, *The Life of Adam Smith*（2010）和 Nicholas Phillipson, *Adam Smith*（2011）。引言也同样适用。

尽管“斯密”这个名字听起来很普通，但他的父母其实都来自苏格兰上层阶级，属于“绅士”（minor gentry）阶层，即大地主。英国人对阶级差异非常敏锐，但这种社会等级并不总是通过贵族头衔或名字后缀来表达。

斯密的祖先鲜为人知，但他的父亲显然来自一个担任重要行政职位的上层家庭。[①] 斯密的父亲也受到了良好教育并担任要职。他的父亲生在阿伯丁（Aberdeen），在爱丁堡学习了法律，26 岁时担任苏格兰大臣劳登伯爵三世休·坎贝尔（Hugh Campbell）的私人秘书。在这位伯爵的帮扶下，他被提拔为柯克卡迪的海关监督。他生前的年收入据说大约有 300 英镑，这在当时是一笔不菲的收入，要知道，苏格兰工人的年平均工资最高可能也不过 30 英镑。[②]

斯密父亲的几段婚姻也能清楚地表明他的父亲属于上流社会：他父亲的第一任妻子莉莉亚斯（Lilias）是米尔纳布（Milnab）乔治·德拉蒙德爵士（Sir George Drummond）的长女，乔治·德拉蒙德爵士曾任爱丁堡市长并在苏格兰议会任

① 老亚当·斯密有一个名叫亚历山大的兄弟，他先是担任苏格兰的首席税务官，然后从 1699 年起担任苏格兰邮政局局长。

② 英格兰北部的工人一年挣 30 英镑，与苏格兰人的工资收入大致相当。在伦敦，工人一年挣将近 60 英镑，但那里的物价也更高。参见 Allen, *The British Industrial Revolution*, S. 43。从英国国家档案馆的转换表中可以看出（www.nationalarchives.gov.uk/currency/results2.asp#mid）。然而，这样的信息是有误导性的，因为它并没有反映整个社会日益繁荣。1720 年，几乎没有人赚到 25 000 英镑的收入，而这收入是低于今天英国人的平均收入的。

职。由于莉莉亚斯早逝，斯密的父亲于1720年再婚。这次他相中了玛格丽特·道格拉斯（Margaret Douglas），她的父亲是大地主，也是第三代伯利巴尔弗勋爵（3. Lord Balfour of Burleigh）的孙女。

斯密的父亲于1723年1月去世，享年43岁。死因尚不清楚，但他给他的遗孀打点好了一切——至少以当时的标准来看是这样。如果以今天的标准来衡量，从斯密的父亲流传至今的遗产清单上可以看到，上流社会的生活也并不算奢华，毕竟连衣物都要逐件单列出来以显珍重。他拥有一件蓝色亚麻外套、一件猩红色外套、一件丝绸睡袍和一件白色亚麻西装。[①]

亚当·斯密出生时一家人住的老房子早已被拆毁，但他父亲的遗产清单却一丝不苟地描述了它的陈设。餐厅里摆着一张椭圆形的大桌子，配有15把藤椅，墙上挂着圣母玛利亚（Jungfrau Maria）和德国三圣王（Heilige Drei Könige）的照片。一家人用银餐具吃饭，有些碗也是银制的。卧室里摆放着一张蓝色的四柱床。此外，还有一个储藏室，里面放着老亚当·斯密的骑马装备：两个马鞍、靴子、马刺、一把猎枪和一对手

① 图书馆后来也完整列出大约八十卷。值得注意的是：虽然斯密的父亲是一名律师，但他几乎没有从事法律工作。相反，有记录的是32部宗教论文、24部文学书籍和10部具有历史内容的文本。受过良好教育的阶级特别喜欢阅读乔纳森·斯威夫特（Jonathan Swift）和亚历山大·波普（Alexander Pope）的作品，但斯密的父亲并没有阅读过这些畅销书作家的书。

枪。这些枪支的存在恰恰说明了，当时海关的工作以及打击猖獗的走私并不是一份舒适的办公室差事。

老亚当·斯密撒手人寰的时候，玛格丽特·斯密才29岁，年纪轻轻就成了寡妇，6个月后她生下了遗腹子亚当·斯密。她终生未再婚，将全部心血倾注于养育斯密成才。玛格丽特也是亚当·斯密一生中最重要的人。斯密终身未娶，一直都和母亲生活在一起。玛格丽特在90岁高龄时离开人世。母亲去世之后，亚当·斯密非常伤心，一度伤了身体，6年后，他也去世了。

但是，这种亲密无间的母子关系引来了同时代人的非议。显然，斯密的第一任传记作者杜格尔德·斯图尔特(Dugald Stewart）尽力用了一种客观而圆融的笔触来评价这种关系："斯密从小丧父，童年体弱多病的他更加需要母亲无微不至的照顾和呵护，世人对于母亲过于宠溺和放纵儿子颇有微词，但其实，母亲的爱并未对他的性格或性情产生不利影响。"①

斯密在柯克卡迪度过了早期校园时光，一位同学后来表示，中学时代的亚当就非常喜欢读书，并且记忆力极好。此

---

① Dugald Stewart, *Account of the Life and Writings of Adam Smith* LL.D., 1793. 斯图尔特（1753—1828）是一位著名的苏格兰哲学家和数学家，曾在爱丁堡任教，并且是斯密的朋友。斯密去世后，他受爱丁堡皇家学会的委托为斯密撰写传记。由于斯密销毁了所有私人文件，斯图尔特转而询问他还活着的同事和朋友。斯图尔特的传记是记录斯密生平信息的最重要来源之一。

外，他早早就显露了一生未改的脾性——独处时喜欢自言自语，与人相处时总是心不在焉。

柯克卡迪当时的人口约为 1 500 人，亚当·斯密在那里见证了封建中世纪最后的落日余晖。盐厂的工人仍然像奴隶一样被驱使，他们像农奴一样被禁锢在工作场所，不得自由移动。如果盐厂被卖掉，工人也随之被卖掉。① 在《国富论》一书中，斯密后来提出奴隶制是不经济的，只有自由才会创造经济效益。

令人失望的精英大学：亚当·斯密在牛津很无聊

14 岁时，斯密进入格拉斯哥大学（Universität Glasgow）读书，这么小的年纪入学在当时并不罕见，毕竟，苏格兰哲学家大卫·休谟 12 岁时就来到爱丁堡大学就读了。

格拉斯哥大学的学业在很大程度上沿袭了传统，前两年主要是研修拉丁语和希腊语。斯密早就熟练掌握了这两门语言，因而连跳两级直接进入三年级学习。

三年级的课程里，他每天学习两个小时的逻辑学，此外还有几何学、希腊语、形而上学，以及一个叫作“气体力学”或

---

① 人们对柯克卡迪的盐厂非常了解的一个重要原因是瑞典间谍 Henric Kalmeter 曾在 1719—1720 年在英国侦察工业工厂，该盐厂就是其中之一。工业间谍由来已久，并不是新出现的（Ross, *Life of Adam Smith*, S. 9）。

“气动学”的学科。

这个奇怪的术语背后隐藏着关于上帝和其他生灵本性的教义。然而，年轻教授们对这样的学科内涵嗤之以鼻。作为责任讲师，弗朗西斯·哈奇森也仅限于讲述“一些简单且几乎显而易见的事实”，除此之外，气动学被完全留给了当时仍被称为“实验哲学家”的物理学家们。

这门学科的教学计划也被进行了简单粗暴的改造：“新”气动学取代了“旧”气动学，人们不再关注生灵的本质，而是关注空气、液体和气体的机械特性。他们测量诸如压力、密度或弹性之类的物体特征。为此，格拉斯哥大学购置了可以用来证明地球大气层存在的气泵、气压计、天平和“马德堡半球”。

即便如此，斯密还是上了很多课时的“旧”气动学课程，他后来抱怨道：“关于灵魂的理论，人们知之甚少；关于身体的理论，研究者甚多，但是前者的文献资料居然和后者一样丰富。”

17 岁时，斯密作为斯内尔奖学金的获得者被推荐到牛津大学贝利奥尔学院深造，主修哲学。斯内尔奖学金至今仍然存在，专门授予来自格拉斯哥大学的学生。最初，奖学金获得者须接受教会的指令担任与基督教有关的职位，但在斯密的时代已不用再遵守这一规则。

有可能是斯密的优秀让他脱颖而出得到了斯内尔奖学金，也有可能是贵人暗中给予了帮助，他的堂兄威廉·史密斯

(William Smith）是苏格兰最大的地主之一，阿盖尔公爵二世(2. Duke of Argyll）的私人秘书，而这位公爵则是格拉斯哥大学大小事务的最终决定者。[①]

斯内尔奖学金每年有40英镑，但这笔钱还是不足以支付斯密在牛津的花费。不仅如此，就像斯密在给他的堂兄威廉(William）的一封信中所抱怨的那样，牛津还另外收取“非同寻常的高额费用”[②]。斯密很不喜欢贝利奥尔学院，因为学院总喜欢把斯内尔奖学金的名额辗转腾挪，以便将奖学金占为己有。不仅如此，斯内尔奖学金获得者们都觉得遭到了无礼对待，因为贝利奥尔学院总是习惯性地给他们安排条件最差的房间。1744年，大家忍无可忍，愤然向格拉斯哥大学校评议会提出了投诉，但贝利奥尔学院院方无动于衷，且回应十分傲慢，说“既然他们如此不喜欢学院，或许他们应该搬到其他地方去”。不用多想也知道，牛津想要保住这些钱。

然而，对于斯密来说，牛津让他跌破眼镜的不仅仅是苏格兰学生们受到如此粗鲁的对待，最让当时17岁的他痛心的，是大学风气的败坏。斯密在贝利奥尔学院才待了7个星期，就颇为自负地写信给他的堂兄威廉：“如果有人在牛津大学因为过度学习而危害了自己的健康，那一定是他自己的错；因为我们在

---

① 阿盖尔公爵也阻止了大卫·休谟在格拉斯哥担任哲学教授。休谟对他来说过于无神论了（Ross, *Life of Adam Smith*, S. 112 f）。

② 从1742年开始，史密斯的生活变得轻松了一些，他还获得了价值8英镑和5先令的华纳奖学金。

这里唯一要求做的正事就是每天去祈祷两次，每周讲课两次。”

牛津是一所富有的大学，拥有丰富的捐赠基金和教会捐款。此外，牛津和剑桥从不用担心生源问题，因为一直到19世纪，英格兰总共也只有这两所大学。但恰恰是富有和缺乏竞争造成了他们的沉疴痼疾。

牛津大学当时已经沦为未婚神职人员的养老天堂，他们将大学教席视为美差闲职，退可安逸度日，进可骑驴找马。在《国富论》中，斯密抱怨道：“好多年来，牛津大学大部分教授完全放弃了教学工作，甚至公开这样做，不加掩饰。”

教职员工只将牛津大学视为他们教会职业生涯的一个中转站。由于同事之间不得结婚，如果他们想要组建家庭，就必须换工作，所以，教职员工在教学和研究上投入的时间很少，正如圣经研究者乔治·斯坦利·费伯（George Stanley Faber）所说，牛津大学的一份工作用一句话概括就是“早餐丰盛、午餐标配、晚餐寒碜”。①

斯密在牛津大学做了些什么，已无从得知，但他的传记作者猜测他一定是疯狂自学，昼夜不停地在阅读，并且很可能在这段时间内阅读了大卫·休谟的著作《人性论》。不仅如此，后来斯密还和这位大他12岁的哲学家成为莫逆之交。

① 奉行禁欲的牛津大学不允许女性入学就读。第一批女学生于1920年被录取，但当时仍然存在严格的性别隔离，女性不得不就读于不同的学院。真正的男女同校直到1974年才实现。

休谟是英国最重要的哲学家之一，他所写的关于伦理学和认识论的文章至今仍被探讨。休谟算得上是大器晚成了，年轻的斯密在牛津大学读到他的《人性论》时，休谟还没什么名气。尽管他在27岁时就发表了他的主要著作《人性论》（1739—1940年），但这本书起初并没有引起关注，以至于休谟后来讽刺地写道："它就像死胎一样，没有媒体为它的降生感到兴奋，几乎无人在意，就连狂热者都只发出了一些微弱的低语。"①

6年后，斯密结束了牛津大学的学习，尽管斯内尔奖学金的获得者可以在牛津逗留11年之久，他还是毅然于1746年返回苏格兰。当时他23岁，面临的问题与今天大部分大学毕业生一样：他没有找到工作，实际上正处于失业状态。与他同时代的斯内尔奖学金的获得者们，绝大多数都进入了教会工作，但斯密拒绝选择这条路；无论如何，他都不想进入教会工作。于是，他回到母亲身边，继续读书。

正如他的第一位传记作者杜格尔德·斯图尔特所写，斯密在柯克卡迪待了两年，"对未来毫无规划"。好在，牛津的6年时间，他也并非一无所获，在英格兰的岁月，使斯密彻底摆脱了苏格兰口音，这正是许多爱丁堡大学的青年才俊想要实现的。要知道，那时候的苏格兰发音会被认为是"乡下口音"，1707年，英格兰和苏格兰合并形成了"大不列颠联合王国"，

---

① 在去世前不久，休谟简短地写下了他的生平，既有趣又自嘲。David Hume, *My Own Life*, 18.4.1776.

如果苏格兰人交流无障碍，那么英格兰的就业机会也将为苏格兰人敞开大门。[①]

据说，在爱丁堡大学期间，斯密曾帮助不少苏格兰同胞学习正统的英语发音。他在爱丁堡大学找到了一份编外自由讲师的工作，讲座的内容主要是修辞与文学，他通过开设公众讲座获得了超过 100 英镑的年收入。这一点可以从他的好朋友大卫 · 休谟写给他的信中窥知一二，休谟还以此调侃斯密，毕竟，当时一个顶级教授一年的年收入也不过 150 英镑。

不管怎样，这些讲座为他带来了不错的经济收益，以至于斯密坚持做了 3 年。直到 1751 年，他在格拉斯哥大学担任逻辑学和形而上学教授，第二年，斯密成为道德哲学教授，如愿以偿地接任了哈奇森教授当年的职位。这时，他的年收入已高达 300 英镑，因此他有经济能力将他的母亲和姨母珍妮特 · 道格拉斯（Janet Douglas）接来格拉斯哥为他料理家务，同时照顾那些以不菲租金租住在他的教授大院住房内的学生。

总的来说，学生的听课费是斯密最重要的收入来源。虽然

① 爱丁堡周围的苏格兰口音对英格兰人来说很陌生，它几乎是另一种语言。1876 年，在《国富论》一书出版一百周年之际，英国金融记者沃尔特 · 白芝浩（Walter Bagehot）为斯密撰写了一部简短的传记，他在其中大方地承认，斯密书写时用的英语并不高雅，但至少是正确的。但是休谟使用惯用语时“经常犯错”：“因此，他许多写得很好的段落也都异常不流畅且令人困惑。你会觉得它们非常接近英格兰人所说的话，但不知何故他们永远不这么说。”白芝浩解释了为什么会出现这种偏差，因为休谟从未在英格兰学习过，而是在爱丁堡完成了他的整个学业。（Bagehot, *Adam Smith as a Person*, S. 296 f.）

他也有薪水，但他可以靠学生为他的公众讲座支付的听课费维持生活。斯密的讲座颇受公众欢迎，后续统计的年收入就是最好的证明。1759 年，尽管格拉斯哥大学只有 300 名学生，但他却足足开设了一个有 80~90 名学生的公共班级和一个有 20 名学生的私教班级。据说当地书店都有斯密的石膏半身像出售，学生们喜欢买来放在自己的房间里。

斯密并不是一个出色的演说家，但学生们就爱听他讲话，因为他充满热情，极富感染力。不仅如此，他还想方设法使他的讲座有趣易懂。首先他会提出他想证明的论点，然后他会用日常生活中的许多例子来进行说明。斯密风趣幽默，善用悖论，不畏强权，大胆敢言，他不仅能够教导他的听众，还可以让他们从中获得快乐。

他的巨著《国富论》也秉承了这样的修辞风格，这本书也因为观照现实并反映了现实，从而成为经济学传世经典。

1759 年，他的著作《道德情操论》出版，这本书是斯密里程碑式的作品。多亏了休谟的大力宣传，第一版很快售罄。休谟为了帮助斯密宣传新书，将《道德情操论》送给了身边很多有影响力的朋友。当时休谟正在伦敦，他在给斯密的一封有趣的信中描述了上流社会对这本书的反应："您的作品太令人震惊了，它似乎非常受广大读者的追捧。"连三位主教都后悔没买来读一下，再打听打听作者是谁。阿盖尔公爵（Duke of Argyll）对这本书也是爱不释手，"他要么觉得它具有异国情调，要么觉得作者可能对格拉斯哥选举会有所帮助”。

从休谟与斯密往来信函中可以看出，他很乐于与斯密成为更亲密的朋友。但斯密为人矜持，他懒于写作，经常不回别人的书信，或者拖延多日再回，他只喜欢整日泡在书房里。尽管他很珍视和钦佩休谟，但他更愿意一个人待着。

斯密的《道德情操论》已经表明他想要了解现实。他不是一个抽象推导出道德体系的哲学家，而是真真切切地对道德行为在实践中的运作感兴趣。斯密这本书始终围绕着一个生活中人人会遇到的悖论：人们常常表现得自私，但与此同时，又都寄希望于一个良好的环境。但人不仅仅是自私的，就像斯密说的，人同时也具有同情心，你幸福，我幸福；你痛苦，我也感到痛苦。这是人人都有的。他意在指出：人是有道德感的，有感同身受的能力。20 世纪 90 年代，镜像神经元在人脑中的发现证实了斯密的论断是正确的。[①]

格拉斯哥的经济：垄断和奴隶贸易

在阐述了他的道德观之后，斯密开始了他的第二个大工程：解释经济学。尽管《国富论》直到 1776 年才出版，但斯

---

① 镜像神经元是大脑中的共振系统。当一个人只是在观察一个动作时，这些神经细胞就已经发出信号，并做出反应，就好像一个人亲身经历了他们所见的一切。镜像神经元使人变成富有同情心的人。

密其实很早就开始研究经济问题了。早在 1752 年，他就在格拉斯哥一家名为“文学会”（Literarische Gesellschaft）的俱乐部发表演讲，讨论休谟的《经济论文集》。不仅如此，斯密还是“政治经济俱乐部”（Politische Ökonomie Club）的成员，在这一公共空间中，格拉斯哥的商业精英们定期聚会，会上思想与实践相互碰撞。

格拉斯哥的经济主要依赖进口烟草，此外也发展炼糖业和朗姆酒酿酒业，并主要生产亚麻布、肥皂和绳索。正如斯密在现场考察时看到的那样，这种繁忙与古典市场经济并无关系。恰恰相反，通过巧妙的联姻政策，大型贸易公司已转变为控制所有进口的强大辛迪加。当时，三个最大的辛迪加占领了整个烟草进口的半壁江山。斯密绝不至于天真地相信仅靠市场就能解决问题。他很清楚商人逐利和喜欢垄断的本性，在《国富论》中，斯密多次讽刺了这种情况。

在格拉斯哥，斯密可能还遇到了另一个问题——奴隶制和财富有什么关系？苏格兰的商人们并没有直接参与奴隶贸易，但许多人通过持有在利物浦注册的奴隶船的股份而间接获益。除此之外，他们的商业模式都是基于强迫劳动，弗吉尼亚州（Virginia）种植烟草的约 300 000 名奴隶让格拉斯哥富裕了起来。

斯密不仅密切观察经济生活，也非常关注与日常生活息息相关的经济问题。尽管他总是被刻画成懒散、心不在焉的模样，[①]但他其实在行政上很有天赋，他在格拉斯哥大学的同事们很快就认识到了这一点，他们委任他处理棘手的外交任务，并将他派往行政部门担任职务。在此期间，斯密为格拉斯哥大学拉了不少捐赠基金，改进了簿记，翻新了教区大楼和解剖学用的人体结构，订购了一个新的化学实验室，并购置了一版狄德罗（Diderot）的《百科全书》，该书首次对当时所有可用知识进行了编目。

斯密参与到改变世界发展的工业革命中，或多或少有些偶然。21 岁的詹姆斯·瓦特（James Watt）当时担任格拉斯哥大学教学仪器的制作工，斯密曾为瓦特安排了一个蒸汽机生产车间。在这个车间里，瓦特开始尝试改良蒸汽机，从而引领了工业革命时代的到来。

瓦特得到了亚当·斯密最亲密的朋友之一——化学家约瑟夫·布莱克（Joseph Black）的赞助和部分资助。[②]尽管他们之间有密切的接触，斯密并没有意识到这项新技术后来竟然助力经济飞速发展。斯密见证了工业革命的开端，但在他的著作中并未提及这一段过往。机器对他来说并不是很重要，相反，他

① 所以，斯密的朋友亚历山大·卡莱尔（Alexander Carlyle）在他的自传中写道："在我的朋友圈中，他是我见过的最令人心烦意乱的人，他总是喃喃自语。如果他不得不从白日梦中抽离出来，参与谈话，那么他就会滔滔不绝地倾诉，直到他以最敏锐的哲学头脑把他所知道的一切都说出来。"（Ross, *Life of Adam Smith*, S. 143）

② 布莱克后来成为斯密的两个遗嘱执行人之一。

更关注劳动分工。

经济学家和传记作家非常想了解斯密的思想是何时形成的，以及他的著作是如何诞生的，但遗憾的是，他的讲座几乎没有任何课堂笔记流传下来。也许是斯密担心自己的思想被剽窃，因而拒绝了学生记笔记。他的讣告中这样写道："教授通常都很紧张他的讲座内容，甚至有些神经质……他总是担心这些内容会被转录和发表。当他看到有人做笔记的时候，他总是再三强调他讨厌这种行为。"

尽管如此，还是有一些学生偷偷做了记录，因为在 1895 年和 1958 年发现的课堂笔记恰好对应了斯密在 1762 年和 1763 年所做的讲座。尽管这些资料并不完整，但它们表明，斯密早在格拉斯哥的时候就形成了自己主要的经济学观点，这些思想后来也贯穿他的整部《国富论》。讲座结束时，斯密有意向学生们抛出了那个至今仍困扰着经济学家的问题：为什么经济增长这么晚才出现？为什么工业革命首先出现在 18 世纪的英格兰，而不是在古罗马时期？

斯密已无法在格拉斯哥找到答案，因为他在 1764 年突然辞去教授职务。斯密的《道德情操论》给当时一位颇有权势的政治家查尔斯·汤森（Charles Townshend）留下了深刻的印象，他是年轻的第三代巴克卢公爵（Duke of Buccleuch）的继父和监护人。这位当时年仅 18 岁的公爵是苏格兰最富有的地主之一，在英格兰也拥有大量庄园。为了让小公爵获得更好的教育，汤森花费重金聘请亚当·斯密担任家庭教师并陪同小公爵游学欧洲。丰厚的报酬让斯密颇为动心，毕竟，开出的条件是每年 300 英镑的薪资，外加出国旅行的费用，还可终身领取 300 英镑的年金。如此一来，斯密就再也不用工作了，他可以全身心地投入研究，于是，他立即欣然接受了邀请。

那时，贵族子弟们进行一次“大陆游学”（Grand Tour），即花几年时间把欧洲大陆游历个遍是很常见的事情。威尼斯（Venedig）、罗马（Rom）和那不勒斯（Neapal）这些城市基本都是游学的必经之地，但汤森对继子的大陆游学有自己的想法：他应该先去趟法国。因为一个历史学家至今都感兴趣的未解之谜同样让他也百思不得其解：法国怎么会输掉对英国的所有战争呢？是怎么做到的呢？为什么这个欧洲最伟大的国家总是打败仗？法国的不堪一击实在令人费解，毕竟当时它有大约 2 100 万人口，而英国只有大约 700 万。

自 1689 年以来，法国和英国几乎一直在交战，直到 1763 年，将整个欧洲卷入的七年战争才结束。德国人对这场战争尤其熟悉，因为普鲁士国王弗里德里希二世（König Friedrich Ⅱ）最终成功吞并了长期以来属于奥地利的西里西亚（Schlesien）。但不得不说的是，七年战争也是真正意义上的第一次世界大战，它的战场遍及各个大陆，并重组了世界殖民秩序。法国将其在印度和北美的大部分领土都割让给了胜利的英国，英国逐渐崛起成为欧洲无可争议的头号强国。

汤森认为，分析军事力量之前必须先了解法国的弱点。在写给小公爵的一封信中，他再三敦促他和斯密两人应该在法国研究以下内容：为什么“这个老谋深算又庞大的君主制国家，幅员辽阔、武器装备精良、海军让人闻风丧胆、经济繁荣兴旺，却因其国家宪法中的某些神秘缺陷，在七年的海陆作战中都战败了”。

斯密要陪同小公爵同游欧洲的消息，立刻在爱丁堡成了人们茶余饭后的谈资。历史学家大卫·达尔林普尔（David Dalrymple）在给作家霍勒斯·沃波尔（Horace Walpole）的信中有些尖酸地写道：“我担心查尔斯·汤森先生本以为自己聘请到了一位才华出众的伦理学教授，但最后发现他其实是一个非常平庸的旅伴。斯密先生固然学识渊博，但他很笨拙，也没什么语言天赋，他甚至都学不会用法语表达自己。”这种质疑并非毫无道理，但斯密的语言技能到底怎样确实已经无从考证，不过肯定足够他理解法语中非常复杂的经济话题的了。

直面竞争：重农主义者（die Physiokraten）

1764 年春天，亚当·斯密和小公爵抵达巴黎，在那里，他们受到了时任英国驻法国大使秘书的大卫·休谟的热情接待。但两人并未多做停留，只待了 10 天就动身去了图卢兹（Toulouse），因为汤森显然担心继子会被巴黎的美景分散注意力。

斯密和小公爵在图卢兹一共待了 18 个月，图卢兹是法国当时的第二大城市，但也是暮气沉沉。1764 年 7 月，深感无聊的斯密告诉休谟，“我已经开始写一本书来打发时间了”。从那时起，斯密的研究者们开始怀疑这本书就是《国富论》，但并无定论。因为也有可能斯密当时开始着手写的是另一部作品，在他去世前没来得及完成，被他付之一炬了。[①]

直到 1765 年秋天，斯密和他的学生才获准离开图卢兹，并于圣诞节抵达巴黎，他们在巴黎逗留了 9 个月。[②] 当时，休谟已经启程返回英国，不过他给各大沙龙都写了引荐信。斯密为了更游刃有余地混迹于法国上流社会，好好装扮了一番，以适应优雅的巴黎腔调，他还购买了好几件男士礼服。尽管如此，他给人留下的第一印象并不大好。女演员兼作家玛丽·珍妮·里科博尼（Marie-Jeanne Riccoboni）形容他“像魔鬼一样丑陋”，因为他的门牙很大，声音粗犷。

在巴黎的沙龙里，斯密还认识了一群自称为“经济学家”（Économistes）的知识分子。这次见面对他来说是一次重要的经历，他后来称他们为“法国最聪明的人”。经济学家们围坐

---

① 即使不清楚斯密何时开始写《国富论》一书，也可以很明显地知道，大部分前期工作都是他在格拉斯哥期间完成的。

② 斯密和他的门生在前往巴黎的途中绕道日内瓦。当时这座城市本身就是一个共和国，所以它的政府形式斯密以前也从未见过。此外，他终于有机会结识他所钦佩的哲学家伏尔泰，他甚至拥有他的半身像。然而，斯密的最终收获却很小，以至于日内瓦和伏尔泰都没有出现在《国富论》中。

在法国重农学派代表人物弗朗索瓦 · 魁奈（François Quesnay）周围，他也是皇家宫廷医师，于 1759 年发表了他的《经济表的分析》，描述了经济的循环系统。他的观念实际上很简单，但却是革命性的：一个人的支出就是另一个人的收入，在一个经济体中，每个部门都与其他部门息息相关，国家应该尽可能少地干预这个循环。因此，“自由放任”（laissez faire et laissez passer）成为这个学派的座右铭。

当斯密于 1766 年会见这些法国经济学家时，他们正在研究魁奈模型的理论和政治学延展。那是群星荟萃的一刻，在那个时代里，斯密提出的伟大的经济理论是唯一可以与魁奈的模型相媲美的。

魁奈也被汤森百思不得其解的那个问题所困扰：为什么法国如此不堪一击？这位皇家医师的答案是，传统的封建结构对农村的剥削造成了农村的贫穷。对此，魁奈提出了一句格言“Pauvrepaysan, Pauvreroyaume；pauvreroyaume, pauvreroi”，意为：农民穷，国家就穷，国王也穷。

直到今天，这一分析仍为历史学家所认同，但魁奈从中得出了过于激进的反面推论。他假设只有自然才能创造价值，只有农业才能使国家富裕。反之，手工艺人和制造业并不会为社会繁荣做出任何贡献；商人和摊贩更是“无产阶级”（sterile Klasse）。为了强调农业全覆盖的突出重要性，这种理论也被称为“重农派”（Physiokratie），这个词汇源自希腊语，意为“自然法则”（Herrschaft der Natur）。

魁奈认为贸易和商业不会产生任何价值，斯密却认为这是一个“致命错误”，并称其为“投机医生”，斯密有些自鸣得意地写道。幸运的是，魁奈的异端理论“并未在任何地方造成伤害”，因为世界上没有任何一个经济体系完全以农业为基础，还好这个想法只萦绕在“法国少数几个受过良好教育具有敏锐洞察力的人”的脑海中。斯密认为贸易和商业一定会创造价值，因为财富来自劳动，而不是来自大自然的馈赠。尽管在理念上斯密和魁奈分道扬镳，但并不影响斯密对魁奈的尊重，要不是魁奈在《国富论》出版前就逝世了，斯密一定会送一本给他。[①]

1766 年秋天，小公爵本应前往德国的游学突然中断。因为在 10 月份，几乎全程陪伴他的弟弟坎贝尔·斯科特（Campbell Scott）病倒了，连法国王后的宫廷医生也救不了他。坎贝尔·斯科特不幸在巴黎死于高烧，斯密和他的学生不得不先护送他的遗体回到伦敦。

---

① 斯密对历史背景和政治背景有着敏锐的洞察力，因此他将重农政体的出现归因于法国的特殊情况。当时，重商主义的思想不仅在欧洲各个王室，在巴黎也占主导地位。它鼓励出口和制造，抑制进口，轻视农业。在法国，农业受到的影响尤其严重，这里没有统一的全国市场，无法跨越省界出售粮食。因此，斯密将重农制解释为法国的一次典型尝试，试图恢复农业并使其摆脱行政桎梏。斯密大方地承认，重农主义者成功地做到了这一点。尽管斯密与重农主义者存在根本差异，但也有相似之处：像斯密一样，重农主义者也认为金币不会创造国家财富，它只是一种支付手段。此外，魁奈也赞成无限制的自由贸易。另见下一章。

退休后的著作：《国富论》

由于巴克勒公爵给斯密提供了终身养老金保障，斯密回到了家乡柯克卡迪。他在那里与他的母亲还有姨母一起安顿下来，并一直待在这个小镇上，埋头于下一个伟大而又艰巨的学术课题——政治经济学，直到 1773 年写出《国富论》。游学途中，他提前从法国寄来了四大箱书，这些书对他来说非常宝贵，以至于他花 200 英镑为它们上了保险，这几乎是他一整年的收入。

创作新书是一个缓慢而艰巨的过程，但斯密似乎并不介意因此而选择隐居般的生活。他在给休谟的信中写道："我的闲暇时光很多，我一个人在沙滩上散步。……我感到非常快乐、舒适和自足。也许，这是我的一生中最惬意的时光。"

亚当·斯密也有拖延症，而且还挺严重。尽管这本书于 1773 年已基本完成，但斯密后来又用了 3 年时间润饰、修改。不过，这一次他倒是找到一个特别好的借口：1776 年 7 月 4 日宣告美国独立战争爆发的独立宣言。

斯密真的很想将北美的事件写进他的书中，因为这个英国殖民地为他提供了剖析社会发展历程的绝佳案例，美国甚至没有历经封建主义便直接进入了资本主义时代。为了更好地了解政局发展，斯密结束了柯克卡迪的隐居状态，搬到伦敦，继续在那里完成他的写作。

1776 年 3 月 9 日，《国富论》终于问世。直至今天，这本书最初很少受到关注的传言仍然甚嚣尘上。[①] 但实际上，第一版在半年中即告售罄，而且经济上也取得了成功，出版当年年底，斯密获得 300 英镑的版税收入。

曾经获悉其动笔的休谟此时已经病入膏肓。他焦急地等待了很久，此书一出版，他立马一口气读完，并于 1776 年 4 月 1 日给斯密写了一封信，简明扼要地总结了这部作品的优点和些许不足。信中写道："亲爱的斯密先生，我为您感到高兴，细读之后，我焦灼的心情一扫而空。这是一部您自己、您朋友和公众都殷切期待的著作，它的出版是否顺利一直牵动着我的心，现在我终于可以放心了。虽然要读懂它非专心致志不可，而公众能做到这一点的并不多，它开始能否吸引大批读者我还是心存疑虑；但是，它有深刻的思想、完整的阐述和敏锐的见解，再加上很多令人耳目一新的实例，它最终会引起公众注意的。……如果您现在就坐在我的壁炉旁，我想我会对您的一些论点提出异议。我无法想象地租是农产品价格的一部分，因为我认为价格只由供求决定……但是这一点以及其他我不认同的地方只能见了面才好探讨；我自信您会很快回信告诉我，我们马上就能见面。我衷心希望它快点到来。我的健康状况很差，等不了太久了。"1776 年 8 月，休谟去世，死因很可能是

① 参见 Linß, *Die wichtigsten Wirtschaftsdenker*, S. 26。

结肠癌。

休谟选择价格这一主题进行温和的批评并非巧合，因为价格的产生一直是经济学家们无法解决的谜团。

斯密提倡自由贸易，却做了海关官员

《国富论》是斯密最后一部作品，他逝世前没有再发表任何作品，这也意味着他放弃了自由学者的身份。1778 年 1 月，英国首相任命他为苏格兰海关官员，斯密能获得这个职位多亏了他的前门生巴克卢公爵，这是当时薪水优厚的工作，年薪高达 600 英镑。[①] 不过，斯密对待海关官员的工作还是非常敬业的，也为他生命的最后几年增加了一抹亮色。

关税是当时政府收入的主要来源之一，英国约有 800 部关于海关关税的法律。此外，海关监察还必须监视执法人员。海关部门任务繁重，监事会每周必须开会 4 天，而且全年无休。斯密不久便抱怨道："压根没时间做其他事情。"

斯密的传记作者们直至今天仍想知道为什么他没有放弃这份并不清闲的工作，重新潜心钻研写作。无论如何，斯密成为海关官员这一事实颇有些讽刺意味，因为在《国富论》一书中，

① 此外，还有他从巴克卢（Buccleuch）公爵那里收到的 300 英镑陪伴小公爵游学的报酬。斯密本想放弃这笔钱，但公爵拒绝了，他不想给人留下他让斯密成为海关官员只是为了省钱的印象。

他是自由贸易坚定的倡导者。

1784 年 5 月，斯密的母亲去世，享年 90 岁。斯密一生中大部分时间都和母亲生活在一起，母亲去世之后，他非常伤心，大概从 1787 年 1 月起，他自己的身体也开始大不如前，于是，他把全部精力都用在反复修改他的那两本著作上，斯密说："我所能做的最好的事，就是让我已经出版的那些作品，能在我身后处于最好最完美的状态。"

斯密是一个完美主义者。他无法忍受自己未完成的作品将在自己去世后出版。因此，去世前几天，他一把火烧掉了几乎所有资料和手稿。

在他销毁手稿之后，他并没有惋惜、失落，而是"似乎大大松了口气"。焚稿完成后，朋友们照例来吃晚饭，斯密仍能像往常那样迎接他们。然而，他并没有支撑多久，临终前在床榻上留下最后一句话："我很感激你们的陪伴，朋友们，但我不得不和你们分手，到那个世界去了。"

目前尚不清楚斯密烧毁了哪些手稿，但从他写给法国人拉罗什富科公爵（Duc de la Rochefoucauld）的信中可以看出一些端倪。斯密在 1785 年写给他的信中写到，他本来"还有另外两部伟大的作品待完成"。一部打算写关于文学、哲学、诗歌和雄辩术的哲学史；另一部想写关于法律和国家权威的理论和历史。他"已经积累了很多可以利用的素材，但岁月不饶人，他依然难以抵挡时光荏苒"，他深感"自己年事已高，身体愈发惫懒，实在不敢保证自己能完成这两部作品（甚至其中一本）”。

1790 年 7 月 17 日，亚当·斯密逝世。他患有当时被称为“肠梗阻”（Blockade der Gedärme）的病症，因此，他很有可能和休谟一样，患有结肠癌。他从儿时就认识的著名建筑师罗伯特·亚当（Robert Adam）那里置办了他的坟墓。① 丧事朴素庄重，墓碑上写着一排字：“《道德情操论》和《国富论》的作者亚当·斯密安眠于此。”

在 18 世纪，请人为自己画肖像是很流行的，但亚当·斯密没有这么做，他没有留下任何画像，虽然他的朋友约书亚·雷诺兹（Joshua Reynold）就是肖像画家。② 斯密希望他被后人记住的是他费尽一生心血写的那两本书。

---

① 和斯密一样，建筑师罗伯特·亚当（Robert Adam）也来自柯克卡迪。他比斯密小五岁。今天仍然可以在爱丁堡的卡农盖特公墓看到他的坟墓。

② 令传记作者高兴的是，还好有一个带有斯密照片的小玻璃奖章，它是珠宝商詹姆斯·塔西（James Tassie）于 1787 年制作的，只有 7.3 厘米高。斯图尔特说，这可以让后人对斯密的样貌有一个“准确的印象”。

第三章
从面包师到自由贸易:《国富论》(1776)

亚当·斯密在《国富论》中提出了经济学中最著名的比喻:“市场的无形之手”。即使是那些从未听说过他的人,也大都知道这句可以概括他整本著作的名言。这个比喻暗示的意思可能是,斯密认为自由市场能引导一切,而国家干预只会干扰一切,因为市场就像有魔法一样可以自动带来财富。①

但这种解释有可能是一种误读。“看不见的手”在整本书中只出现过一次,而且在后半部分才出现。“市场”对斯密来说也不像今天的新自由主义者所以为的那么重要。在《国富论》序言中,斯密解释了整本书的结构,但“市场”一词并未

① 《国富论》的引述没有单独显示。它们是由作者从英文原版翻译而来的。

出现。[①]

斯密想解释财富增长是如何实现的。当然，市场也在其中发挥了作用，但对斯密来说，它只是起到了辅助的服务作用。因此，斯密将此书命名为《国富论》而非《市场自由》，绝非偶然。[②]

斯密想表明的是，劳动才是所有财富的源泉，而不是像重商主义者先前认为的只有金那样的贵金属才是财富的象征。为了正确评价他的《国富论》，我们必须先了解斯密试图推倒哪些学说，因此，很有必要对重商主义者做个简单介绍。

重商主义者的错误：拥有金银就是拥有财富

欧洲是一个特殊的大陆，尽管很多欧洲人都没有意识到这一点。世界上其他任何地方都没有像欧洲那样，有如此多的国家集中在如此小的区域内。自罗马帝国灭亡以来，战争不断，军阀们需要金银来奖励他们的士兵，因此只有那些有雄厚财力资助庞大雇佣军的国家才能幸存下来。各国很早就开始琢磨如何增加国库中贵金属的问题。他们想到了一个方法，即为了让

① Tony Aspromourgos, *Adam Smith on Labour and Capital.* In: Berry u. a. (Ed.), The Oxford Handbook of Adam Smith, S. 267—289, hier S. 267.

② 实际的标题其实更长：《国家财富的性质和原因调查》(*Eine Untersuchung der Natur und Ursachen des Wohlstands der Nationen*)。但是，正如斯密的墓碑上所显示的那样，其实“国富论”这一简短形式在他生前就已经多次使用了。

国家的金银越来越多，应该鼓励出口而不是进口，这在现代经济学中又被称为“经常账户盈余”。

因此，当权者们开始着手推动国内工厂主和垄断企业，以便生产出口商品。相反，进口则被禁止并征收高额关税。这个过程后来被称为“重商主义”(Merkantilismus)。[①]

重商主义者不是理论家，而是实践者。他们来自王室或者本身就是商人。他们并没有统一的理论体系，而是根据自身经验就如何增加国家的财富提出了大量的个人建议。因此，每个欧洲国家的重商主义看起来都有些不同。

第一位重商主义者可能是英格兰国王爱德华三世（König Ed-ward Ⅲ.)，他于 1327—1377 年在位。爱德华三世只穿英格兰羊毛织物做的衣服，以此来鼓励他的臣民购买本国商品，而不要盲目追捧当时时髦的佛兰德布料。不仅如此，爱德华还将佛兰德织工带回英格兰，以便他们可以将最新技术传授给英格兰商人。这种技术传播方式早在中世纪就已为人所知。

对于个别国家来说，重商主义确实大大促进了出口贸易的发展，但它有致命的缺陷，而且当时的人们也已经注意到了。

第一，所有国家都只出口而不进口，从逻辑上就说不通。如果是这样的话，贸易将陷入停滞。

---

① 重商主义者并没有自封“重商主义者”。这是他们的批评者使用的术语。重农主义者米拉波侯爵米拉波（Marquis de Mirabeau）在 1763 年首次谈到“商业制度”，亚当·斯密在《国富论》中采用了这种表达方式。

第二，重商主义服务于当权者，而不是消费者。普通臣民们都很讨厌高额的进口关税，这是国王的一种特别税收。此外，许多工厂主利用进口关税，规避了国外竞争，使普通人被迫接受次等品的价格飞涨，从而获得一种垄断利润。

第三，重商主义极易导致贸易战，破坏了欧洲的稳定，一场全世界范围内的领土争夺战一触即发。各国曾错误地认为国与国之间的贸易是一种零和博弈，一方所得即为另一方所失。直到斯密才指出，将贸易伙伴视为敌人，认为殖民地是多余的观点纯属胡说八道。

第四，最重要的是，重商主义的基本观点是一国拥有的黄金和白银越多，就越富有。西班牙的命运却让当时的人深感不安。根据重商主义的逻辑，这个国家应该是无比富裕的，因为它在南美殖民地发现了大量的黄金和白银，尤其是白银。但是，西班牙从 16 世纪开始迅速陷入贫困，而荷兰和英国则崛起为强大的贸易国家，尽管它们没有金银矿藏可以开采。因此，大量涌入的黄金和白银被证明是一种诅咒。这是为什么呢？

亚当·斯密的《国富论》对重商主义的贸易观点持反对态度。他自己后来将他的书形容为“非常暴力的攻击”，意在摧毁“英格兰的整个商业体系”。但这本书并不只意在和重商主义“算账”，斯密还想对财富是怎么从无到有被创造出来的做出一个新的解释。

这个问题之所以会出现，是因为英格兰国民收入首次稳步上升。经济从 18 世纪开始显著增长，英格兰人惊讶地看到自己的国家变得越来越富有。

正如斯密在《国富论》的开头指出的那样，即使是普通工人，他们现在的生活也比前人好得多。斯密细致地罗列了英格兰的临时工人也曾拥有的东西：一件羊毛外套、一件亚麻衬衫、一张床、刀叉、陶器、锡制盘子和玻璃窗。

即使偏远的苏格兰也日益繁荣并惠及最贫穷的人。那里不再有饥荒，就像换了一个天地。在 1695—1699 年，苏格兰五年内四次发生作物歉收。大约 15% 的苏格兰人在这场灾难中丧身。1740—1741 年苏格兰又发生了一次灾难性的作物歉收，不过，这次并没有造成人员死亡。因为当时交通网已经非常发达，可以从英格兰其他地方运来谷物。[①] 在收成正常的年份，下层阶级的生活更是比以前好了很多：他们买得起黄油、奶酪和鱼，他们不再用泥炭作为燃料，而是开始使用煤炭。[②]

尽管最贫穷的人不再挨饿，也吃得更好了，但经济新繁荣主要惠及的还是小部分中上层阶级，他们的生活品质显著提高。一个迹象就是苏格兰的纸张产量翻了两番，使更多的人买得起更多的书了。其他消费品的需求也越来越大，无论是马

---

① T. C. Smout, *Where had the Scottish Economy got to by the third quarter of the eighteenth century*? In: Hont/Ignatieff (Ed.), Wealth and Virtue, S. 45—72, hier S. 49.

② Ebd., S. 65.

车、香水还是旅馆的预订都大幅增加。[①]

但是，如果这些新财富不是像重商主义者所假设的那样来源于黄金和白银的累积，那么它是从何而来呢？斯密的回答是：人类劳动是财富的源泉，它可以生产后续用来消费的商品和服务。

对今天的我们来说，劳动创造财富不言自明。但是，这种洞见背后其实隐藏着一场经济学的理论大革命：以往认为黄金和白银都是资产，在经济学中也称为“存量因素”(Bestandsgrößen)，然而，斯密通过将劳动置于中心，将注意力转向了收入，这是一个“流动因素”(Strömungsgrößen)。财富也被重新定义：它不是存放在保险箱中的财产，而是通过生产过程创造的。

但单靠劳动并不能解释经济为什么会突然繁荣，因为人们一直都是辛勤劳动的状态。《圣经》里早已详细描述了人类被逐出乐园的过程，从而生动地说明了永远做不完的苦差事是多么令人绝望，但如果劳动一直是人类生存必不可少的一部分，为什么它能让 18 世纪的英国人比以前更富有呢？斯密对此有自己的解释，即分工原则。《国富论》开卷第一章的标题就是

① Ebd., S. 62. 苏格兰拥有特别早期的经济统计数据，这要归功于阿尔布斯特的政治家和农业作家约翰·辛克莱（John Sinclair）。他于 1790 年向 900 名苏格兰教区牧师发出了一份调查问卷，其中包含 160 个问题，涉及地理、人口、农业和工业生产等。辛克莱参考了德国人的调查统计资料，他是第一个使用“统计”一词并将其引入英语的英国人。

论分工，分工这一思想贯穿整本书。

核心原则：分工（几乎）解释了一切

“分工”一词出现在了书中的第一句话，斯密使用了别针工厂里别针的生产过程进行说明。“一个人将金属线展开，另一个人将它拉直，第三个人负责切割，第四个人削尖它，第五个人磨光针头。”这样，别针的主要过程被分为18个不同的工序。斯密指出，如果这些工人单独工作，他们每天生产的别针不会超过20个，甚至一个人连一根别针都做不了。而这样的分工使他们每人每天生产48 000个别针。

凭借这个缜密精细的例子，斯密成功假设了一种他很可能根本没有的经验。他声称自己参观了别针生产现场：“我看到了一家这种类型的小工厂，只有10名员工。”而事实上，斯密不太可能涉足任何一家工厂，无论是生产别针还是其他产品。因为在他那个时代，整个苏格兰只有一家真正的工厂：为英国海军生产火炮弹药的苏格兰卡伦铁工厂（Carron Works）。[①]

斯密也有可能有些不道德地从别处“借鉴”了这个例子，这个别处很有可能就是法国启蒙者德尼·狄德罗（Denis Diderot）。早在1755年，他就在他的《百科全书》一书中发

① Ebd., S. 63.

表了一篇关于别针的文章。狄德罗还提到，制造一根别针需要18道工序。[①]

众所周知，斯密很害怕自己的好想法会被人抄袭，但反过来在“借鉴”别人这一块，他似乎无所顾忌。他喜欢引用其他作者的观点却不标明出处，这一点在后来也被习惯于严谨地标记脚注的马克思取笑了。[②]

当然，狄德罗也不是第一个认识到组织生产的最佳方式是分工的人。早在17世纪，英国哲学家威廉·配第（William Petty）就描述了时钟是如何经过不同的工序而组合在一起的。[③]

分工的好处很多，自古以来就有相关案例。希腊哲学家亚里士多德（Aristoteles）、柏拉图（Platon）和色诺芬（Xenophon）均有提及。拉丁文记录了500多种不同行业的文字表达方式[④]，罗马人将其奉若圭臬。在古老的陶瓷、建材、纺织或玻璃工厂中，批量产品就是通过几个专门的工作步骤生产的。

---

① Kathryn Sutherland, Notes. In: Smith, Wealth of Nations, hier S. 467。大头针的主要生产地是英国的格洛斯特，1802年时这里有9家大头针工厂，雇用了1 500名工人。这座城市只有7 600人，这个工厂是最重要的生产部门。斯密极不可能去过格洛斯特，因为它不在伦敦和爱丁堡之间的路线上，而是靠近威尔士边境。

② 参见 Marx, Das Kapital, MEW, Band 23, S. 375, Fußnote 2。在这本书中可以看出，斯密从讽刺作家伯纳德·曼德维尔（Bernard Mandeville）那里的“从字面上”引用了一段话。

③ Kathryn Sutherland, Introduction. In: Smith, Wealth of Nations, S. XXIII.

④ Fellmeth, Pecunia non olet, S. 129.

如果分工在很久以前就已经付诸过实践，那么斯密的理论又有什么新意呢？和斯密同时代的人也提出过这个问题。斯密的第一任传记作者杜格尔德·斯图尔特被迫进行了冗长的辩护，最终他绞尽脑汁想出了下面这段解释："归根结底，斯密先生作品的价值或许不应该由单个理论的新颖性来衡量，而应该由支撑这些理论的论据，并以最恰当的排列组合来阐释这些理论的科学方法来衡量。"[①] 斯图尔特显然很激动，他补充说道，前人们只是"幸运地""偶然发现"了真相。

今天研究斯密的专家们和斯图尔特所见一致：当时斯密给出的各个具体的论据并不总是新的，但组合起来的论点却是全新的。在斯密之前没有经济理论，只有对经济的思考。斯密是第一个提出经济学整体理论框架的人，所有后续经济学家都可以在此基础上进行研究。

先公后私：宏观经济学是如何被发现的

分工听起来是个技术活，但斯密赋予了其社会属性。他想从这一理论中推导出所有重要的经济现象，即贸易几乎都是由劳动分工自动产生的，那些日复一日只生产别针的人不再能够满足自己的需求，而必须与也从事高度专业化活动的其他人

① Dugald Stewart, Account of the Life and Writings of Adam Smith LL.D., 1793.

进行商品的交易。由此可以得出，在生产以分工方式进行的地方，市场是必不可少的。

对斯密来说，交易就像语言和智力一样自然。每个人都会有一种与生俱来的“讨价还价、交换和交易的倾向”。可能这样说不是很有说服力，但很生动形象：“没有谁见过一只狗用一根骨头和另一只狗公平且慎重地交换另一根骨头。”①

人类的易货交易大多顺利进行，是因为人们可以永远相信市场参与者的自私本性。这一点可以用两句话来证明，这两句话也是整本书中最著名的一段：“我们的晚餐并非来自屠宰商、酿酒师和面包师的恩惠，而是来自他们对自身利益的关切。我们不用向他们祈求怜悯和爱意，只需唤起他们的利己心理；不必向他们说我们的需求，只需强调他们能够获得的利益。”②

新自由主义者（Neoliberale）认为斯密想证明自利本身就可以使经济正常运转。而其他很多读者则认为，斯密将无情地追求自己的利益视作一种美德。

这种误读并不新鲜，甚至在《国富论》一经出版后就存在

---

① 长期以来，社会学家和历史学家就贸易是否真的像斯密声称的那样是一种“自然”的人类特征存在争议。例如，卡尔·波兰尼（Karl Polanyi）曾试图表明，市场总是通过国家干预产生的。

② 今天对斯密的简短描述倾向于将他对面包师和酿酒师的论述与“看不见的手”联系起来，这个词在斯密笔下第一次出现的时间比较晚，而且是在另一个议题——异地贸易下才出现的。波兰经济学家奥斯卡·兰格（Oskar Lange）似乎在1946年才首次将市场事件与看不见的手联系起来。（Ross, The Life of Adam Smith, S. XXVI）

了。斯密去世几周后，一位匿名作者在《泰晤士报》上愤愤不平地写道，斯密沦为了商人的棋子，“好好的道德哲学教授不做，摇身一变成了商贸易和金融教授”[①]。

然而，斯密并不是捍卫自利，他对墨菲定律很感兴趣。尽管每个市场参与者都表现得自私，但最终每个人都会受益。因此，社会不是各个部分的总和，社会的运作会偏离个人内在逻辑的期望。这种认识是革命性的，由此，宏观经济学诞生，它研究的是塑造整个经济的机制，而不是关心个别公司或顾客。[②]

不过，斯密并不是第一个注意到个体的恶德也可以产生积极的整体影响的。讽刺作家伯纳德·曼德维尔（Bernard Mandeville）早在1705年就发表了他的《蜜蜂的寓言》，这本书很快成为畅销书，并深深影响了几代道德哲学家。他把人类社会比喻为一个蜂巢，最初，曼德维尔笔下的蜜蜂们大肆挥霍浪费，但整个蜂群反而兴旺发达：它们追求奢侈的生活，即使是最穷的蜜蜂也能从中受益，因为它们可以为富蜂工作。每只蜜蜂都有自己的生计，尽管谎言、欺骗、嫉妒、虚荣和贪婪充斥着整个蜂群。后来，蜜蜂们为自己不道德的骄奢生活感到羞

---

① Ross, Life of Adam Smith, S. 439.

② 对意外后果颇感兴趣的不止斯密。他那个时代的许多苏格兰启蒙者都致力于研究这种现象，而且他们也在其他学科中进行了探索。苏格兰历史学家亚当·弗格森（Adam Ferguson）说：“历史是人类行动的结果，而不是人类计划的执行过程。”引自Kurz / Sturn, Adam Smith für jedermann，S. 120。

耻，邪恶的蜜蜂变得善良、正直、诚实起来，它们甚至听从了哲学家们的建议，但结果却让人大跌眼镜：曾经富裕的蜂国因此而经济萧条，衰微破败。曼德维尔用很多生动的细节描绘了蜂群变得正义之后，失业是如何蔓延的。律师不再有客户了，因为违约的债务人不再拖欠债务。牧师也是多余的，因为所有的蜜蜂都变得诚实正直，没有什么可忏悔。主人不需要仆人了，狱警没有小偷需要逮捕了，卖帽子的也没有生意了。曼德维尔将这个出人意料的结局加在了标题中，以免信息缺失：私人的恶德，公众的利益。①

曼德维尔预料到重农主义者会认为一个人所得到的同时就是另一个人所失去的。他已经在思考宏观经济周期的问题，尽管他的预言主要想要激怒道德哲学家，因为当时许多伦理学家和神职人员不接地气，他们在讲堂上提出的不切实际的观念，让他很气愤。作为一名道德哲学家，斯密当然感到震惊，但与许多同事不同的是，他对曼德维尔的攻击反应平和，他没有否认面包师或酿酒师的行为是出于自利，并将这种认识纳入他的整个体系中。

斯密既没有赞扬自私，也没有谴责自私，前提是自私没有

① 曼德维尔进一步发展了他的蜜蜂寓言，1705 年他出版了讽刺诗《抱怨的蜂巢（Der unzufriedene Bienenstock）》。这个故事随后在 1714 年、1723 年和 1729 年扩展为散文。最后，这部作品共有 933 页，而最初的讽刺诗部分只有 24 页。凯恩斯将曼德维尔尊为他自己的需求理论的先驱，并广泛引用了蜜蜂寓言（Keynes, General Theory, Kapitel 23, VII）。

造成任何伤害。屠夫肯定想赚钱，这是不言而喻的，否则他一开始也就不会站在他的肉案后面了。然而，在斯密看来，这并不意味着市场永远是最好的解决方案。

斯密早在庄园遗迹仍然随处可见的时代就写到，苏格兰盐工属于他们的主人，英格兰的村民们不能随随便便搬到城市，行会主导了手工业，海外贸易被垄断企业控制。斯密通过证明这些特权不但没有经济功能还会造成损害，来与这些特权做斗争。当普通人被允许自由行动并且不受等级的限制时，经济才会运行得更好。

不管怎样，斯密并不认为国家应该被废除或削权。在这一点上，新自由主义者有意曲解了他。斯密并不是一个这样的理论家：只想把国家变成只关心安全和秩序的“自由放任(laissez faire)”的“守夜人”(Nachtwächterstaat)，斯密有不一样的追求，那就是让国家摆脱特权阶级的控制。

未解之谜：价格和利润是如何产生的

每一种商品都有它的价格。但它是如何产生的呢？很明显，一所房子的成本肯定比一个小小的别针高得多。所以以什么样的比例进行交换才是合适的呢？直到今天，经济学者还在讨论价格问题，亚当·斯密也对其进行了大量研究。

斯密先提出了一个在经济学史上被称为“经典价值悖论”

的现象：生存必不可少的水非常便宜，甚至完全免费，所以很少能交换到任何东西。而相反，钻石几乎没有任何用处，却非常昂贵，而且经常可以交换到大量的其他物品。也就是说，商品的价格不是由总效用决定。或者正如斯密所说：使用价值和交换价值分崩离析。①

斯密并没有解决这个悖论，而是转而关注交换价值直接忽略了它，因为他想解释的是，由分工而产生的贸易是如何运作的。但是，这个问题让他坐立难安，他担心他的价格理论在无法准确指出错误所在的情况下不起作用。他实在是不大确定，觉得似乎非常有必要在他的正文前敬告："我不得不非常认真地请求各位读者的耐心和专注。"一来，他希望大家给他多一些耐心，他需要查阅更多的细节资料，即使有些地方看起来毫无必要；二来，他希望吸引更多人专注，以便更好地了解有些可能还不清楚的地方。

这样的犹豫着实不像斯密的一贯作风，因为他一直都很自信，他坚信他的《国富论》一定会是一部具有划时代意义的巨著。但斯密在价格问题上受到了挫败，正如他间接承认的那样：这个话题"太抽象了"。

他确实会有些忐忑，毕竟，斯密的价格理论将在接下来的

---

① 钻石与水悖论并非由斯密发明，而是由德国哲学家塞缪尔·冯·普芬多夫（Samuel von Pufendorf）于1672年首次提出（Kathryn Sutherland, Notes. In: Smith, Wealth of Nations, S. 474）。

一百年中占据主导地位，连卡尔·马克思也以此为基础来证明自己的剩余价值理论。斯密的价格理论虽然不一定正确，但它已经触及了经济学的核心。

时至今日，“价格问题”仍主导着大多数经济政治辩论。如：什么才是合适的劳动价格，即工资、利润从哪里来？应该有多少？利率在信贷价格中扮演什么角色？

斯密倡导所谓的“劳动价值论”。他认为，商品的自然交换价值取决于生产该商品所需的劳动量。反过来，劳动的价值通过一个日工为养活自己和家人而付出的劳动量来衡量。[①]

在斯密看来，这个最低生活标准并不是刚够的那不足糊口的工资。后来，他的继任者大卫·李嘉图（David Richardo）才先行提出贫困化理论，此理论后来由卡尔·马克思进一步完善。与他们两位不一样的是，斯密认为即使是日工们也能从经济增长中受益不少。为此，他列举了许多日常生活中的生动案例：“土豆的成本只有30或40年前的一半了，甜菜、胡萝卜和卷心菜也是如此；过去只能用铁锹一颗一颗种，现在用上犁了。不仅如此，生产亚麻和羊毛的巨大进步也使工人们穿上了物美价廉的衣服。”斯密是个乐观主义者，他对于突如其来的经济增长和技术进步的惊叹贯穿《国富论》全书。

---

① 劳动价值理论也不是斯密一个人提出的。它最早可以在亚里士多德和英国哲学家约翰·洛克、伯纳德·曼德维尔，以及大卫·休谟的理论雏形中找到。（Sutherland, Notes, In: Smith, Wealth of Nations, p. 474）

虽然劳动量决定商品价值听起来很有道理，但又立刻出现了一个严重的问题：单从外表并不一定能看出生产一个商品需要多少个小时。那么，商品的“自然”价值是如何演变为最终实际支付价格的呢？

斯密在这里偷了个懒，他没有解决这个问题，而是通过简单地引入两个价格来绕开它。一个是以劳动量衡量的“自然价格”(natürlicher Preis)，一个是用货币表示的“名义价格”(nominaler Preis)，这个“名义价格”也被称为“市场价格”(Marktpreis)，因为它是通过供求关系形成的。正如斯密提到的钻石与水的悖论所表明的那样，他很清楚，丰富性和稀缺性是影响价格的关键要素。

但是，为一种商品预设两个价格又会产生新的问题，因为斯密必须证明“自然”价格和“名义”市场价格大部分时候是一致的。斯密的解决方案在今天看来并不令人意外，但也绝不是理所当然——他发展了平衡理论。也就是说，市场上的供求总是趋于平衡，当市场供求达到平衡状态时，该价格就称为“自然”价格。

这种平衡理论有一个巨大的优势，乍一看似乎是合理的，即如果供给远大于需求，则市场价格低于自然价格，劳动力成本无法覆盖，工厂主生产已经过剩的商品会亏本，这就导致供应持续减少，该商品价格上涨，直到市场价格再次与自然价格一致。相反，如果需求大于供给，则价格会飙升并远远超过劳动力成本，这样一来，更多商品被生产出来赚钱，导致市场价格逐渐压低，直到它等于成本，等于“自然”价格。

在这种趋于平衡的系统中，我们无法预见到今天对我们来说，是一个非常陌生的大范围经济危机。但斯密当时写作的背景是一个所有商品都稀缺，压根不会出现真正的销售危机的时代。那时，每一件商品都非常稀有，总会有人买；那时，压根没有经济波动，经济周期受到的干扰总是来自外部，如造成物价飞涨的主要因素往往是战争和自然灾害。统治者的突然去世，也可能会扰乱价格，这一点斯密非常细致地解释过，因为市场通常来不及为突如其来的持续数月的哀悼活动做准备，“公共哀悼活动提高了黑色面料的价格，并降低了彩色丝绸和布料的价格”。

只有价格一直自由波动，且没有出现垄断，供给与需求才能平衡。但是，实际情况是，垄断在 18 世纪的英国无处不在，正如斯密抱怨的那样。斯密的断言尤其出名：“同行业的人即使是为了娱乐和消遣也很少见面，但他们谈话的结果往往是对公众不利的阴谋，或是共同提高价格的诡计。”

今天，斯密经常被誉为“自由企业的守护神”，但他对商人和工厂主的印象并不好：“商人的利益在某些方面总是和公共利益不同的，甚至是相抵触的。商人的利益总是要扩大市场，缩小竞争的范围。”他们会收取垄断价格，从而为了他们自己的好处——“向其余的同胞课征一种荒谬的税捐”。

政府必须打破垄断，鼓励竞争来让市场运转，但正如斯密清晰地看到的那样，英国政府早就成了统治阶级的囊中之物。自 1688—1689 年“光荣革命”（glorious revolution）以来，英国一直是君主立宪制国家，虽然首相由议会选举产生，但离真正的民主还很远。只有大约 15% 的男性拥有投票权，因为这部分人的收入才能够达到投票权的门槛。而参选权就更受限制了，只有年收入达到 300—600 英镑的人才能成为议员。[①] 因此，议会往往由下层贵族和商人把持，立法也都优先考虑自身的商业利益。

英国的重商主义完全代表这些统治阶级的利益。一方面，通过征收高额的进口关税将外国竞争拒之门外；另一方面，由行会和同业公会确保国内垄断。想学一门手艺的，必须先跟师父学徒七年，因此，行会毫不担心竞争，完全可以单方面定价。

在政治上，斯密没法拒绝商人的这种统治，但是他可以从精神上反抗。作为一个手无缚鸡之力的知识分子，他尝试过启蒙的方法，这是他那个时代的特征，因为 18 世纪也被称为启蒙时代。在《国富论》中，斯密想说服吝啬的议员们允许竞争并放弃垄断利润，因为这同样能使他们达到最佳利益。

另一方面，正如《国富论》书名所指出的那样，斯密允诺特权者的财富会以前所未有的速度增长。这听起来似乎很矛

① Kraus, Englische Verfassung, S. 46 f.

盾，因为只有某些人放弃特权，其他特权者才能真正富有。今天，人们经常读斯密，把他当作商业游说团体的主要倡导者。但他的真正目标是解放那些被束缚在自己的工作上的，且被主人严苛剥削的日工和小工匠。“穷人的财富是双手的力量和灵巧；阻止他以他认为恰当的方式使用这种力量和灵巧，显然是对他最神圣的财产的侵犯。”

然而，为了结束这种剥削，斯密必须让统治阶级相信这种剥削对他们毫无用处。在斯密看来，工厂主和工人从自由市场中获益一样多。用现代经济词汇来说，就是“双赢局面”（win-winsituation）。但当时没有人预料到后来会发生阶级斗争，这个概念首先由大卫·李嘉图提出，后来由卡尔·马克思完善。

尽管斯密信誓旦旦地允诺大家以财富，但他的价格理论依然有两个巨大的漏洞，甚至让他的追随者们也感到绝望。

首先，最令人不满意的是，斯密提出的概念繁复冗杂。从价值上看，有使用价值和交换价值；从价格上看，有自然价格和市场价格。这种术语和概念的堆叠似乎与实际生活的现实并不一样，在真实的市场中，只有一个价格，它反映了一种商品的价值。

其次，更糟糕的是，斯密无法正确解释企业家的利润是如何产生的。他指出的都是些显而易见的结论，并未有所突破，如有盈余，才有利润。即如果工人只生产他们生存所需的产品，那么企业就无法盈利。只有当工人的生产量超过了他们自己的消费量时，利润才会产生。

就是这些一目了然的内容了。但是这些利润与交换价值和自然价格有什么关系呢？在这一点上，斯密也犯了难，他再次提出了一个重复的概念，且此概念依然自相矛盾。

第一种方法假设商品的交换价值仅由生产它所需的劳动量决定，然后从商品的总价值中扣除企业家的利润，工人只能得到剩下的，这就意味着这个量必须足够大才能养活他和他的家人。这种方法也称为“演绎法”。这种方法下，商人的利润是从商品的交换价值中减去的。

但与此同时，斯密又设计了第二个方案来解释企业家的利润。这一次，自然价格由工资、地租和利润构成。此时劳动不再是唯一重要的事情，重要的是短工、地主和商人各自拥有的收入，这种方法也被称为“归纳法”，这种方法下，将工资、租金和利润加起来才得出商品的自然价格和交换价值。[①]

这两种相互对立的方法令人困惑，特别是用“演绎法”和“归纳法”算出的值不相等。对此，斯密又选择了他常用的办法——直接无视。

回想起来，斯密的价值和价格理论其实漏洞百出，很容易拿来当笑柄，但这着实不匹配他的成就。尽管存在种种自相矛盾之处，斯密还是通过将地主、工人和企业家确定为三个核心

① 另见 Nerio Naldi, Adam Smith on Value and Prices. In: Berry u. a. (Ed.), Oxford Handbook of Adam Smith, S. 290—307。

群体，成功地彻底重组了经济。

尽管今天来看很不可思议，但是早期的理论家们完全忽视了资本家的重要性，例如，法国重农主义者就是这样，他们根据经济部门而不是根据社会角色来分门别类。对于重农主义者来说，整个农业是唯一聚集了地主和农场工人的“有产阶级”，而在“无产阶级”中，工厂主、手工业者和工厂工人也重新聚集在一起。

斯密是第一个将资本家归为一个阶级，把工人归为另一个阶级的人。在他看来，短工们是在乡下还是在工厂里打工已经不重要了，因为不管怎样他们都被雇用了。斯密虽然无法对利润是如何产生的给出终极解释，但他确实精准地描述了企业家投资于生产以实现利润最大化的这种现象。也许我们认为这种认识微不足道，但实际上，认识到资本家是资本主义的核心人物，已经可以称得上是一场理论革命了。①

工人的命运：比“很多非洲国王”还富有

谁会成为资本家，谁会成为工人？谁会变富？谁又得做苦工？对于这些研究，斯密确实遥遥领先于他的时代，因为他一针见血地指出：一个人成为短工还是哲学家，与他的天赋才能毫无关系。在这个问题上，斯密既不傲慢，也不是社会达尔文

① 参见 Meek (Ed.), Precursors of Adam Smith, S. VIII f.

主义者。他不认为穷人和富人有智商的差异，相反，他认为，那些有幸含着金汤匙出生的人，只是社会造就的偶然。他对于新自由主义“表现最好的人”的言论不置可否。

就在《国富论》一开始，他就明确表示:“实际上，人们天赋的差异比我们意识到的要小得多。两个性格极不相同的人，一个哲学家，一个挑夫，他们之间的差异，人们通常错误地认为不是由习惯、风俗与教育造成的，而是由其天赋造成的。但实际上，当他们来到这个世界，在人生的前七八年，他们的天赋或许极其相似，恐怕连他们自己的父母或玩伴也不能看出任何显著的差异。随着他们逐渐从事完全不相同的职业，他们的才能才逐渐表现出差异，而且这种差距逐渐增大。直到最后，哲学家为了虚荣，并不会承认与街头搬运工有任何相似的地方。”

斯密嘲讽哲学家并非偶然，他的笑话可能很尖锐，但他绝不想吓跑他的读者，毕竟读他这本书的基本都是精英。他只是想说服他们，他们的特权并不是理所应得的，但这要在他也自嘲的情况下才能成功。斯密甚至把自己和同事比作狗:“单纯就天赋来说，哲学家与挑夫的差异恐怕还不及獒犬与灰狗差异的一半，或灰狗与西班牙猎犬差异的一半。”

然而，尽管斯密清楚地认识到机会分布极不均匀，但他并不呼吁革命。在他看来，分工在经济上是非常必要的，如果经济要运转，挑夫和哲学家缺一不可。不仅如此，斯密还提出，劳动人民也应该从日益增长的财富中受益，毕竟干了大部分的活儿的是他们。但实际情况往往是“为整个社会提供吃、穿和住所的人从自己劳动果实中得到的不多，仅够自己吃穿用度和获得勉强凑活的住所”。

斯密在这个问题上再次从宏观经济角度进行思考，并且他已经意识到，没有工资就没有需求，如果太多人太穷而无法消费，就会损害整个经济。“仆人、工人和工匠构成了社会的最大部分，改善他们中大多数的生活条件决不能被视为是对整体的不公正。”①

斯密又一次领先于他的时代，因为大多数与他同时代的人都认为最好让穷人一直贫穷，以免他们变得过于叛逆。英国上层阶级担心，如果短工得到了更高的报酬，他们的工作量就会减少，没有这些任劳任怨的工人，上流社会将不得不过苦日子。但斯密认为，故意让下层阶级挨饿是无稽之谈，“人们营养不良而不是营养良好时，沮丧时而不是快乐时，经常生病而不是健康时，他们工作得更好”是不太可能的。

斯密确切地知道雇主和工人之间存在巨大的权利不平衡，而短工连获取自身合法权益的机会都几乎没有。“人数较少的雇主更容易联合起来；此外，法律也允许雇主们形成卡特尔，

① 在斯密的时代，将工资既视为成本又视为需求是罕见的。然而，他并不是第一个认识到高工资是增长引擎的人。1726 年，丹尼尔·笛福（Daniel Defoe）在其著作《英国商人手册》（The Complete English Tradesman）中已经解释过，增加大众购买力会刺激消费。参见 Kathryn Sutherland, Notes. In: Smith, Wealth of Nations, S. 481。

而工人的卡特尔组织却是被禁止的。我们没有任何法律是禁止降低劳动力价格的，但我们却有许多法规禁止为提高工资而采取的一致行动。”

18 世纪还没有工会，不然斯密肯定会为这个主意欢呼雀跃，因为他知道工人受到的是怎样的剥削，他们不得不靠每天的工资才能生存。“出现问题时，雇主总是可以挺到最后，无论他是大地主、地主、工厂主还是商人，即使他们不雇用任何一个工人，他们也可以靠已经获得的利润维持一两年；与此相反，许多工人如果失业的话，可能连一周都活不下去。从长远来看，工人对他的雇主来说可能就像雇主对他一样重要，只是这种关联性并不是那么直接。”

奇怪的是，今天，有许多新自由主义者认为斯密是捍卫利润无限最大化的理想且关键的证人。因为他对企业家们最喜欢的论点无从辩驳，这个论点宣称高工资意味着高价格，从而会给经济带来压力。斯密讽刺地写道：“我们的商人和工厂主经常抱怨高工资的不良后果，但他们对高利润的不良后果却只字未提。”

如果说斯密对工厂主是颇有微词，那么对高贵的大地主，斯密可以说得上是毫不留情了。毕竟，工厂主们总是投资于新产品和新工艺；他们必须发挥创造力才能获利。但是大地主就不一样了，他们基本上从不在意自己的田产，宁愿在伦敦过着奢侈的生活，躺赚租金，尽情挥霍。封建大地主们“不用耕耘，也照样收获”，不仅如此，还收取“垄断价格”，因为人们都依赖于在他们的田产上生产的粮食。

所以，斯密判断，对过度奢侈的人征税是安全的，尤其应该对“富人的懒惰和虚荣”征税。他还提议征收累进所得税，且富人应支付比穷人更多的税。“每个国家的每一个公民都应该为政府的维持做出贡献，使它能更好地尽职履责。”这些税收计划比我们今天听起来的更具革命性，因为斯密预料到了他有生之年还不存在的所得税的蓝图，而直到 1842 年它才被永久引入英国。①

此外，税收应用于资助学校，而这些学校也应该至少教短工们的孩子阅读、写作和算术。因为斯密很深刻地意识到，只有受过良好教育的阶级的后代才能接受到教育。在这一点上，与今天相比，斯密的观点甚至更具革命性。因为，直到将近一个世纪之后的 1871 年，英国才开始实行义务教育。

在这里，斯密很明显不想要一个只关心内部稳定和外部

---

① 斯密设想对租金、工资和利润（收入）征税。这在他的时代并未实现。取而代之的是征收财产税，但并没有起到多大作用，因为它们是基于过时且不可靠的土地登记册征收。因此，国家的两个主要收入来源是间接税，即被称为“国内货物税和交通税”的消费税和进口关税。这些税费给下层阶级造成了异常沉重的负担，他们的全部收入都被用来交税，而不再像富人一样有钱可以储蓄。（请参阅 Schremmer, Steuern und Staatsfinanzen, S. 8 ff。）其实，早在 1798 年英国就临时引入了所得税，以资助对拿破仑的战争。然而，这项新税非常不受欢迎，以至于 1816 年拿破仑在滑铁卢失败后，它立即被废除了。直到 1842 年，所得税才成为国家的永久收入来源。

安全，其他则完全放任市场统治的新自由主义式“守夜人政府”，而是呼吁建立一个积极有为的、对所有阶级的福利负责的政府。要做到这一点，就必须向重商主义说再见。政府不应征收进口关税，鼓励垄断企业，而应投资于基础设施和教育。当时，全面社会保障的想法还未出现，不然他一定也会为此振臂高呼。斯密明白，只有下层阶级也受益，社会才能繁荣。

斯密发现现实实在令人失望。尽管他认为分工是带来福祉的好事情，但他还是将其描述为一种暴力形式，因为它迫使短工们不得不陷入沉闷枯燥、日复一日的工作中，并使他们精神萎靡。长久的体力劳动导致智力开发不足，会使工人“愚蠢无知”，陷入“软弱的愚蠢”。他们将无法思考，也无法感受，健康状况也会恶化。[①]

就其社会批判的精准性和尖锐性而言，斯密与马克思相去不远。两位的区别在于斯密不是革命者，他信奉的是持续不断的、绵密且微小的进步。他倡导的初步教育应该至少可以防止工人变得愚钝麻木。此外，他还提倡“涓滴理论”（trickle-down-theorie），希望随着国家的繁荣，工人也能受益。

从历史的角度来看，斯密的信心是可以理解的，因为他

---

① 斯密从亚当·弗格森（Adam Ferguson）那里采纳了这个想法，后者已经总结出了分工的不利后果。关于这一点，斯密也省略了相应的脚注，不过，马克思没有遗漏。参见马克思 Marx, Das Kapital, MEW, Band 23, S. 383 f., Fußnote 70。

写作此书的那个年代，下层阶级也可以过得不错，只是在他死后，无产阶级才迅速普遍沦落到悲惨境地，对此，马克思言辞激烈地进行了抨击和谴责。与此相反，斯密显得乐观一些，当人们将穷人的生活与上流社会的“奢侈铺张”进行比较时，毫无疑问，穷人肯定还是贫穷的。但事实上，在英国，连农场工人住的都“比非洲的许多国王”好得多。

短工们不仅比某些外国统治者过得更好，他们甚至比 200 年前统治英国的国王都过得更好。斯密得意扬扬地写到，曾经的王室家具现在已飞入寻常百姓家，用来装点一个普通的苏格兰小酒馆：“英国国王詹姆斯一世的婚床，是他的王后从丹麦带来的嫁妆，彰显国王尊贵身份。几年前，它成了邓弗姆林一家酒吧的装饰品。”这说明，英国国民过得都挺好。即使是爱喝啤酒的短工也能躺在国王曾睡过的床上，毋庸置疑，这个国家就已经繁荣起来了。

全球自由贸易：全球化的开端

酒这个话题斯密提及的并不多，但它具有重要的战略意义，它能很好地解释进口关税造成的麻烦。斯密很清楚麻烦在什么地方，因为他和他同时代的人都受到了直接影响。关税使得来自法国的珍贵葡萄酒非常昂贵，这一政策也迫使英国人不得不寻找法国葡萄酒的代替品。于是，葡萄牙的波特酒成为新的宠儿，但是这种葡萄酒并不特别受欢迎。[①] 因为葡萄牙的波特酒的价格居然是法国葡萄酒的 30 倍左右。

斯密利用同胞的愤怒大力推动自由贸易。他嘲讽地写道："有了玻璃板、温床和防护墙，苏格兰也可以种植同样质量的葡萄。"斯密也没有回避要求免费进口葡萄酒可能引发的医学争论："廉价的葡萄酒似乎不是醉酒的原因，而是清醒的原因。葡萄酒酿造国的国民通常是整个欧洲最清醒的人。"[②]

对斯密来说，自由贸易只是劳动分工的一种特殊形式。每个国家都应该专注于生产自己最擅长且最有价格优势的产品，这样才能实现双赢，使每个国家都能繁荣起来。不过，斯密的同胞们仍然持怀疑态度，尽管他们并不反对廉价葡萄酒。他们担心的是，如果英国也毫无限制地进口其他国家的商品，那其他欧洲国家就和英国一样富裕了，这种对全球化的恐惧并不稀罕。

斯密试图通过指出一个至今仍能看到的现象来安抚他的同

---

① 英国和葡萄牙在 1703 年签订了一项贸易协定《梅休恩条约》。它规定英国可以以优惠关税向葡萄牙出口纺织品，而葡萄牙则可以提供给英国波特酒和葡萄酒。这个贸易协定看上去似乎是平等的，其实却对葡萄牙不利，因为葡萄牙的纺织业被来自英国的廉价布料摧毁了。但是葡萄牙人别无选择，因为他们不得不依靠英国的海上力量来保护自己免受西班牙的侵犯。

② 休谟早就抱怨对法国发动贸易战是疯狂之举："我们的羊毛产品失去了法国市场，现在我们正在从西班牙和葡萄牙购买葡萄酒，但在那里我们以更高的价格购买到的却是劣质酒。"（Hume, Of the Balance of Trade. In: Es-says, S. 315）

胞，即富裕国家基本都会和其他富裕国家进行贸易，因为只有在繁荣的地方才会出现对外国产品的需求。“一个想要通过对外贸易致富的国家，如果其邻国也是富有且勤劳的贸易国，便更有可能这样做。而一个四面八方都被野蛮的游牧民族和贫穷的野蛮人包围的大国，无疑只能通过耕种自己的土地和发展国内贸易来致富，它不需要依赖出口。”①

因此，出口国不应该为了让他们的贸易伙伴陷入贫困而发动贸易战和征收关税。对于这种壁垒政策，斯密创造了一个今天仍在经济学中使用的术语——以邻为壑（beggar your neighbour）。

然而，自由贸易并不仅限于商品，自由贸易还指，在没有关税和资本管制的地方，资金可以自由流动。这种资金侧的自由贸易对于与斯密同时代的人来说似乎特别危险，他们担心许多企业家会将他们的钱带到国外去并在那里投资，而不是在英国本土投资建厂。这种担忧至今也很普遍，现在经常用这样的说法来点缀：“资本就像一只害羞的鹿。”

---

① 休谟在1758年已经写到，用惩罚性关税在经济上毁掉邻国是一种耻辱。七年战争进行到一半的时候，他告诫政府不要把军事对手当作商业对手：“如果我们心胸狭窄的恶毒政策取得成功，就会迫使我们所有的周边国家回到怠惰和无知状态。但结果会是怎样呢？他们不能销售给我们东西，我们也不能卖给他们东西……很快我们就会发现自己处于和他们同样悲惨的境地。因此，我敢于作为一个英国公民祈祷英国与德国、西班牙、意大利甚至法国一起实现贸易的蓬勃发展。”（Hume, Of the Balance of Power. In: Essays, S. 333）

斯密认为这种担忧很荒谬，并提出了以下五点予以驳斥：

1. 每个企业家都想最大化他的利润。

2. 在自由市场中，竞争确保了利润都是一样的。因为如果一个国家的利润高于另一个国家，那么利润高的国家就会投资太多，不久，利润就会下降到平均水平。

3. 在国外投资隐藏着更大的风险，因为很难远程进行管控。

4. 更高的利润并不能覆盖这种增加的风险。

5. 结论：企业家更愿意在本国投资。①

这些论述出现在《国富论》的最后三分之一处。在这一部分中，斯密用了他那举世闻名的比喻。这是他第一次也是唯一一次谈及“看不见的手”，它可以确保企业家不是一心想着移民国外，而是先致力于促进国内产业发展，尽管他们眼里只看得到自己的利益。

斯密一直坚持，当他发现其实可以利用企业家们的私心时，它并不是为企业家们准备的免费门票，恰恰相反，他想要

---

① 休谟之前就自由贸易为何无害提出了另一个论点，即所有国家的进出口贸易差额都会自动趋于平衡。如果一个国家的出口量始终大于进口量，资金就会流入。久而久之，就会因为货币供应量增加导致价格上涨。由于价格上涨，进口变得更有吸引力，出口因不再具有竞争力而导致出口盈余逐渐消失，直到再次达到新的平衡。诺贝尔经济学奖获得者保罗·克鲁格曼（Paul Krugman）称休谟的理论是“现代经济思想的第一个例子”（参见他的在线博客文章 Conscience of a Liberal, New York Times, 8.5.2011）。斯密也熟悉这一理论，但《国富论》中没有提及。

的是打破那些安逸地躲在海关壁垒后面，索要高价的工厂主和商人的特权。他想表明的是，自由竞争也适用于全球范围，企业家们不需要特权，只有这样，一个国家才可以蓬勃发展并与其他国家保持竞争。

尽管斯密以巨大的热情阐述了他的理论，但还并不能完全令人满意，与他同时代的人也很快发现了这一点。大家都明白，因为气候原因，法国比英国更容易生产出好品质的葡萄酒。但关税不仅影响葡萄酒，还影响了欧洲各国都生产的商品，包括谷物、牛肉、盐或羊毛织物等。为什么交换这些商品是有益的呢？实行纺织品的自由贸易，让法国向英国供应织物，英国向法国供应面料有什么意义？这些问题看起来似乎非常荒谬，却只有斯密的继任者大卫·李嘉图才能给出答案。

殖民地和奴隶制：剥削使得贫穷加剧

亚当·斯密立足全球视野进行思考，指出自由贸易不仅应该包括欧洲，而且如果可能的话，应该覆盖全球。因此，他毫不避讳地承认，美洲的发现和通往亚洲的海上航线是“人类历史上最伟大和最重要的两个事件”。

这个评价听起来可能很惊人，但它又与分工理论有关。斯密提出了一个今天的教科书都还在引用的观点：分工的前提并不仅仅是有市场，而且这些市场应该尽可能大。在一个自给自足的小村子里，建一个大头针厂，每个短工只磨针，再装上针头，那是不值得的。基于分工的企业只有在适销对路的情况下才能盈利。或者正如斯密所说："分工总是受到市场范围的限制。"①

作为乐观主义者，只有当"非洲国王"或亚洲和美洲土著人民也有机会购买英国工业产品时，斯密才会对此表示欢迎。所有地球公民都应该通过自由贸易变得更加富有。斯密承认欧洲中心主义，并希望将欧洲启蒙运动输出到世界各地。但他不是沙文主义者，他将自由贸易想象成平等伙伴之间的交换，他强烈反对奴隶制和殖民剥削。

他多次抱怨"对土著人的虐待"和"对手无寸铁的土著居民的掠夺"。斯密并没有将欧洲人正在征服整个世界的过程归因于卓越智慧，相反，他认为从16世纪开始欧洲人在军事上战无不胜并建立了大英帝国是一个历史巧合。

斯密希望欧洲人尽快失去霸权："未来，殖民地的土著居民可能会变得更强大，或者欧洲人可能会变弱，而世界各地的居民有机会获得同等的勇气和力量，从而激起欧洲的恐惧，这是唯一能够震慑至少会部分尊重他国权利的那些独立国家的东西。"

在斯密看来，对殖民地的贪欲清晰地反映了重商主义谬误

---

① 这得益于斯密在格拉斯哥大学的两篇讲义。可以看出，斯密于1763年4月首次提出了劳动分工需要大市场的论点（Phillipson, Adam Smith, S. 178）。

的危险性，他们宣称贵金属（货币）是衡量财富的唯一标准。西班牙人只是征服了南美洲并奴役了土著人民，以满足他们“对黄金的神圣渴望”。

英国在印度和美国的财产没有贵金属，但即使是英国人也无法摆脱金银致富的信念，他们只好用了一种间接策略，要求他们的殖民地提供可以用黄金或白银高价出售的产品。于是，他们从美国买来烟草、咖啡和糖，从印度买来香料、靛蓝、棉花、丝绸、硝石、大米和茶叶。

18 世纪的大英殖民帝国仍然是拼凑而成的一盘散沙，没有统一管理，而是由皇家殖民地、私人土地、军事基地和贸易公司的财产组成的大杂烩。当时，英国直接或间接控制了加拿大、美国东海岸、部分加勒比岛屿和印度东北部。他们还在非洲西海岸设立了一些军事基地来处理奴隶贸易。[①] 这个庞然大物在今天被称为“大英第一帝国”。

殖民地被指定要种植哪些作物，他们只被允许用有英国船

---

① 非洲在 18 世纪的世界有着特殊的地位。那时，英国在那里还不是全能的殖民主宰者。那时的非洲海岸海浪很强，沙洲几乎无处不在，并不适合入侵。因此，欧洲船只大多停泊在公海上，靠当地船夫把人和物运上岸。奴隶贸易之所以成为可能，是因为当地统治者心甘情愿地合作。他们在内陆猎杀族人，并将战利品交给欧洲人，以换取织物、珠宝，尤其是武器。由于西非统治者能够通过奴隶贸易武装自己，最初各国并没有起征服非洲的念头。但从 1808 年起，英国开始禁止奴隶贸易并且不再向非洲运送武器，这使得当地统治者的军事力量被削弱了。（Darwin, Unfinished Empire, S. 43 f.）19 世纪末，一场争夺非洲殖民地的竞赛正式开始了。1884 年的柏林会议上，欧洲列强瓜分了非洲。

员并停靠英国港口的英国船只运输货物。与此相对的，他们必须从英国母国购买所有进口商品。这些严苛规定不仅是为了保证英国政府的海关收入，所谓的航海法规其实也是军事政策，大型商船队拥有很多经验丰富的水手，可以很快地转变为军舰。可见，重商主义的逻辑损害性极大：对殖民地的争夺挑起了资助殖民地的战争。

贸易总是伴随着征服：英国人在有些殖民地上行事暴虐残忍，导致数百万人丧生。在斯密完成《国富论》前不久，孟加拉遭遇了灾难性饥荒，很大程度上要归咎于英国东印度公司。

从 1769 年起，恒河平原发生了大面积干旱，由于之前大量田地被用于种植出口作物，农作物歉收十分严重。当时的农民不得不种植罂粟科植物并生产鸦片，而不是种植谷物，英国东印度公司再将鸦片卖给中国，从中牟取暴利。结果，当干旱来临时，仓库里没有一粒谷物。但英国人却没有从印度其他地方送来粮食救济百姓，而是置若罔闻，只关心自己的利益。干旱使得农民们可生产的鸦片也大幅减少，为了弥补这一点，他们更加厚颜无耻地向农民征税，最后，多达三分之一的孟加拉人在饥荒中死去。[①]

---

① 印度在 18 世纪并不是英国的正式殖民地，而是由英国东印度公司控制，该公司是一家私营上市公司。在 1757 年的普拉西战役中，该公司有效地推翻了孟加拉的统治者，成为印度的一个国中国。它不仅拥有征税权，还拥有自己的军队。1857 年，印度真正成为英国的殖民地，整个国家都隶属于英国议会，维多利亚女王成为印度实际上的首领。

尽管东印度公司在干旱期间税收收入保持了稳定，[1]事实上它在1772年已经破产。但倒闭是不可能的，因为它会引发伦敦的金融地震，毕竟有太多的商人和银行家直接或间接地参与了东印度公司的事务，所谓“百足之虫死而不僵”。[2]而对于许多英国人来说，东印度公司沦为不得不救的状态也足以令人震惊了，殖民地本应该使英国变富，而不是变穷。

英国东印度公司是一家私营股份公司，其股份主要为贵族和富商所有。不仅如此，公司员工极度腐败已是公开的秘密，他们只要在印度待上几年，回到英国就可以摇身一变过上富人的生活。英国间谍们为了自己的利益在亚洲经营着一项利润丰厚的贸易——他们通过挪用从印度人那里强制征收的税款来敛财。

在英国，印度的新富海归们有一个专门的称呼——印度回来的财主（Nabobs），这个词汇源自孟加拉统治者的头衔“纳瓦布”（Nawab）。英国人非常憎恨这些新财主，因为他们用从印度掠夺的战利品获得了传统的贵族席位，从而又获得议会议员席位。他们挤进了英国下议院议会休息室，并利用职权继续为东印度公司谋取特权。

斯密因此非常确定，如果他指责东印度公司“通过允许低薪官员经营自己的私人生意，从而导致了腐败猖獗”，许多读

① Habib, Indian Economy, S. 31.

② Darwin, Unfinished Empire, S. 77.

者都会同意。然而，斯密并没有仅仅停留在道德谴责上，他想彻底取缔东印度公司及其“垄断贸易”。因为被掠夺的不仅仅是印度人，连国内的英国人民也一样被剥削。“英国人民不仅要为该公司的超额利润付出代价，还要为欺诈和管理不善造成的极度浪费付出代价。”

英国人侵占外国领土，可能是为了展现日不落帝国的耀眼荣光，但实际上统治这些偏远殖民地区的代价非常高，要不断地征服、管理，还要防备其他欧洲国家的争夺。随着战争成本的飙升，英国政府非但没有盈利，反而持续举债。1700 年英国国债为 1420 万英镑，1763 年为 1.3 亿英镑，1800 年达到了 4.56 亿英镑。[①]

斯密说，世界贸易也可以不用那么费钱，只要放弃对殖民地的控制。[②] 这个预测后来证明是正确的。1776 年 3 月，《国富论》付印没多久后，美国就于 1776 年 7 月 4 日宣布独立。与许多英国人担心的相反，在失去对美国这个定居者殖民地的控制后，英国与美国的贸易并没有土崩瓦解，不仅如此，跨大西洋的贸易往来反而不受干扰地蓬勃发展。

---

① Kathryn Sutherland, Notes. In: Smith, Wealth of Nations, S. 558. 随着大英帝国越来越大，许多英国人开始觉得可以将英国与古代强大的罗马帝国相提并论，但这个类比带来了太多不安。几乎与斯密的《国富论》同时，爱德华·吉本斯（Edward Gibbons）的划时代著作《罗马帝国衰亡史》的第一卷也于 1776 年出版。吉本斯坚信，罗马帝国是由于“过度扩张”而分崩离析，而英国似乎正在重复这个错误。（Darwin, Unfinished Em-pire, S. 272 f.）斯密和吉本斯彼此很熟，经常光顾伦敦的同一家俱乐部。

② 斯密并不一定赞成殖民地的完全独立。他更希望建立一个联邦联盟，让大西洋两岸的英国公民在一个共同的政府下享有平等的权利。

斯密反对一切形式的压迫。他不仅反对印度和美洲原住民的无法无序状态，也抵制北美和加勒比地区种植园里的奴隶制。他不是唯一致力于终结英国奴隶贸易的先行者，但其他废奴主义者总是引用斯密给出的道德理由。而这一次斯密的反对则首次增加了经济论据。

他想证明剥夺权利是得不偿失的。“历史经验和各国的经历表明，奴隶的劳动是最昂贵的，虽然他们只需要维持生计。”因为奴隶们没有更多动力去拼命工作或小心对待工具。“一个不被允许获得财产的人，除了尽可能多吃饭和尽可能少工作之外，对其他事情都毫无兴趣。”

斯密无法奢望他的同时代人能立即明白为什么奴隶制无利可图，因为美国南部各州和加勒比地区的种植园确实赚取了巨额利润。但斯密确实扭转了这个论点：高利润并不是奴隶制带来的，仅仅只是，奴隶制的存在实现了高利润。棉花、烟草和糖是利润丰厚的产品，为此，即使奴隶很贵，商人也愿意投入。相反地，谷物种植几乎无利可图，所以在康涅狄格州或宾夕法尼亚州并没有使用昂贵的奴隶而是使用普通短工。“种植甘蔗或烟草的利润可以承受奴隶经济的成本。但在主要产品是小麦的英国殖民地，到目前为止大部分工作是由临时工完成的。”

斯密提出了一个悖论：如果奴隶制真的是低成本的，它应该会在整个北美盛行，因为那里的短工非常昂贵。工人们要求高工资，因为他们总是以此来要挟，要么给钱，要么就让他们安顿下来成为独立的农民。因为有足够的土地，短工们放弃固定居所多争取些收入也是划算的。但是尽管临时工成本很高，与奴隶比起来还是很有竞争力的，其成本总体来说比奴隶的成本低，即使在波士顿、纽约和费城也是如此，因为那里的普通工人工资非常高。

奴隶真的很贵吗？奴隶制在资本主义中的作用以及为什么这种强迫劳动的形式在 19 世纪会被废除，今天仍在谈论。斯密提出的问题再一次让经济学界争论不休。[①]

斯密直言无畏，他在《国富论》的最后一段中又一次取笑了那些仍然做着帝国梦的殖民狂热分子："大英帝国的统治者使他的国民沉浸在美梦中，让他们以为英国在大西洋西岸拥有一个伟大帝国。然而，这个帝国至今只存在于想象中。迄今为止，它不是一个帝国，而是一个帝国计划，不是一个金矿，而是一个金矿计划；一个昂贵且持久昂贵的计划，而且很可能无利可图。"因此，他建议他的祖国"根据其实际情况调整其蓝图和计划"。

这应该是第一次大胆发言了。斯密的《国富论》，似乎为英国允诺了财富，又偏偏以接受自己平庸的忠告告终。对斯密

---

① 对此话题的最新贡献来自德裔美国历史学家斯文·贝克特（Sven Beckert）。在他的著作 King Cotton: A Global History of Capitalism（2014）中，他提出工业资本主义之所以能出现，是因为"战争资本主义"的存在，它主要由非洲、加勒比海和欧洲之间的三角贸易组成，而这其中必然也包括奴隶制。

来说，这并不矛盾，毕竟大家好才是真的好。平庸并不可怕，它是平等的同义词。斯密想让他的同胞们明白，剥削会使剥削者也变得更穷。

斯密这部划时代的巨著成为传世经典，连大卫·李嘉图都将其奉为圣典。他完善了斯密的理论，也做了一些改变：他表述了自己的观点，并将其转化为模型。李嘉图确立了斯密"古典经济学"（klassiche Ökonomie）学派的创始人地位。顺便说一下，"古典经济学"这个术语来自卡尔·马克思。

从斯密到马克思的桥梁：大卫·李嘉图（*1772—1823*）

1799年英国温泉小镇巴斯（Bath）的一个借阅图书馆里，大卫·李嘉图捧起了一本《国富论》。他只是稍微翻了翻，这次与斯密的偶然"邂逅"却使他的人生轨迹发生了重大变化。从此，李嘉图开始对经济学感兴趣。他仔细地读了斯密这本书，一遍又一遍地读，直到他确切地知道他认同什么，不认同什么。

李嘉图在理论史上是独一无二的，因为他深刻影响了经济学中的两股截然相反的潮流：一股潮流流向了马克思，另一股启发了新自由主义者。

大卫·李嘉图于1772年出生于伦敦城，在17个孩子中排行第三。他的父亲亚伯拉罕（Abraham）来自一个犹太-葡萄牙家庭，他经由意大利的里窝那（Livorno）移民到荷兰阿姆斯特丹（Amsterdam），从事证券交易工作。1760 年，亚伯拉罕被派往伦敦，照顾家族的生意。[①] 大卫从小耳濡目染，很早就了解了股市情况。14 岁时，他加入父亲的公司学习如何交易股票和债券。

但很快，他不得不开始自力更生，因为他在 21 岁时拒绝了家庭的正统犹太教信仰，与贵格会（又称贵依会，或教义派，是基督教的一个新派）信徒普丽拉·安妮·威尔金森（Priscilla Ann Wilkinson）结婚，父母对此不理解、不认同，并与他断绝了关系。与父母的隔阂却在某种程度上成为李嘉图事业的新起点，他向朋友们借钱创立了自己的证券公司，他在证券界的投资很成功，很快青出于蓝而胜于蓝，超过了他的父亲。1823 年，大卫·李嘉图死于中耳炎，小小一只耳朵的感染就夺取了这位天才的生命，他是英国当时最富有的 500 人之一，留下了约 700 000 英镑的巨额财富。[②]

尤其值得一提的是，英国与拿破仑的战争使李嘉图大赚了

---

① 在七年战争（1756—1763）期间，荷兰人在英国投资了大量资金以确保他们的资金安全，并押注英国会赢得战争的胜利。为了在当地管理这些投资，许多荷兰经纪公司将员工派往伦敦。亚伯拉罕·李嘉图（Abraham Ricardo）就是其中之一。参见 Arnold Heertje, Jewish Bankground. In: Kurz/Salvadori (Ed.), The Elgar Companion to David Ricardo, S. 216—224。

② 在 19 世纪早期，英国有 179 位百万富翁，约有 338 人拥有超过 50 万英镑的财富。（King, David Ricardo, S.16）按照今天的购买力，李嘉图拥有 3.5 亿到 4 亿英镑（ebd., S.）财富。相比之下，李嘉图父亲的遗产显得就不起眼了：亚伯拉罕于 1812 年去世，留下了约 45 000 英镑(Arnold Heertje, Jewish Bankground. In: Kurz/Salvadori (Ed.), The Elgar Companion to David Ricardo, S. 219），按照今天的标准约为 2 300 万英镑（King, David Ricardo, S. 3）。

一笔，他为英国政府的军事贷款提供了中介和担保，并准确预测了 1815 年滑铁卢战役英军的胜利。在滑铁卢战役的前一天，他买进大量政府债券，结果英军确实大败拿破仑。在这辈子最大的赌注成功后，他于 43 岁时选择了退休。他离开了证券交易所，转入了房地产投资，从此过上了贵族生活。退休后，李嘉图搬到了宏伟的盖特科姆庄园，它现在的主人是伊丽莎白二世女王的女儿安妮公主。

李嘉图生命的最后几年主要致力于经济学，但从 1819 年起，他不得不偶尔通勤到伦敦，因为他进入了英国议会。这与自由和民主的选举毫无关系，他只是在英国议会上院购买了一个代表爱尔兰的席位，他一生中从未去过爱尔兰。①

李嘉图是自学成才，他只上过几年学。李嘉图的父亲认为他的写作、阅读和算术已经完全够用②，并希望他可以子承父

① 大卫·李嘉图是爱尔兰波塔灵顿（Portarlington）的议员，那里只有 12 名登记选民。然而，他们无法自己决定投票给谁，只能服从大地主波塔灵顿勋爵（Lord Portarlington）的命令。李嘉图一次性支付了 4 000 英镑，并获得一笔 25 000 英镑的贷款，利率为 6%。（参见 Murray Milgate, Member of Parliament. In: Kurz/Salvadori (Ed.), Companion to Ricardo, S. 322—331）尽管 1688 年发生了“光荣革命”，但英国距离真正的民主还有很长的路要走。直到 1867 年的选举法改革，议会席位事实上的私有制才最终被废除。李嘉图有三个儿子和五个女儿，两个儿子成为议员。

② 11 岁时，李嘉图被送到阿姆斯特丹的亲戚家两年，在此期间学习了荷兰语、法语和西班牙语。但是李嘉图非常想家，根据他自己的说法，他什么都没法接受，“除了荷兰语之外，因为这是必须得学的”。参见 Arnold Heertje，Life and Activities. In: Kurz/Salvadori (Ed.), Companion to Ri-cardo, S. 264—272。

业，从事国际贸易和金融行业，因此对他进行了针对性的相关教育。由于李嘉图性情严谨，作为经济学家，他最初也只对他作为金融投机者非常熟悉的话题发表见解。1809 年李嘉图在英国《晨报》上匿名发表了一篇题为《黄金的价格》的文章，立即引起了关注。在其他文章中，他发表了《论谷物价格的低廉对资本利润的影响》(1815)，提出了《关于一种经济而稳定的通货的建议》(1816)。

要不是詹姆斯·穆勒（James Mill）不断敦促李嘉图将这些文章扩充成一本大作，也许李嘉图一本书都不会写，这些零篇散帙也只会孤独地在角落蒙尘。詹姆斯·穆勒是一位平庸的哲学家和经济学家，曾在英国东印度公司工作，他非常欣赏他的朋友李嘉图的卓越天赋。1815 年，穆勒写信给李嘉图并鼓励他："因为你已经是最优越的政治经济学的思想家，所以我决心让你成为最优良的写作家。"

但是，尽管穆勒不断地鼓励和敦促李嘉图，他仍不得不无奈且沮丧地向他的笔友们宣布，他几乎没有取得任何进展。[①]1815 年 8 月，他抱怨道："我恐怕不能胜任这一工

① 李嘉图的信件往来都被完整地保存了下来，共计 555 封。其中，259 封是李嘉图写给别人的，296 封是别人写给他的。与他信件往来最密切（167 封信）的是经济学家托马斯·马尔萨斯（Thomas Malthus），其次是詹姆斯·穆勒（James Mill）（107 封），然后依次是李嘉图在证券交易所的朋友 Hutches Trower（99 封）、他后来的传记作者 JR McCulloch（76 封）和法国经济学家 JB Say（17 封）。参见 King, David Ricardo, S. 53 f。

作。”1815 年秋天，他又沮丧地写道：“书的基本结构安排我都毫无头绪，没有任何进展。”

1816 年 2 月 7 日，他在信中详细说明了这个问题：“如果我能克服障碍，对相对价值或交换价值的起源和规律形成清晰认识，我就成功了一半。”而直到 1816 年 4 月，这本书依然没有什么进展：“几乎无法逾越的障碍阻碍了我继续向前，我发现最大的困难就是在最简单的叙述中也不能避免混乱。”1816 年 11 月，情况也没好到哪里去：“我切盼写出一些值得出版的东西，但我诚恳地说，这恐非我力所能及。”不仅如此，李嘉图对于已经完成的手稿也不满意：“确定价格定律让他很抓狂。”①

这部来之不易的著作最终于 1817 年以《政治经济学及赋税原理》的名称出版。虽然这是一本大部头的书，但它取得了巨大成功。第一版 750 册很快售罄，因此又在 1819 年和 1821 年陆续出版了 1 000 册。

李嘉图不是修辞学家，他的句子破碎跳跃，并喜欢以“如果我们假设……”开头。李嘉图在思维上像数学家一样，但当时经济学领域还没有大范围引入数学。那个时候，图表和公式还没有用来表达经济关系，而他又列举了大量计算实例，以至

---

① 李嘉图和穆勒之间的通信的所有引文均来自：Piero Sraffa, Introduction to Ricardo’s Principles. In: Sraffa (Ed.), The Works and Correspondence, S. XIII—LXV..

于这些例子并不总是能得到充分解释。

让读者不好理解的不仅仅是繁多的数字，事实上，李嘉图连书的框架结构都捋不清。这并没有夸大其词，因为他的行文的确非常混乱，以至于为他的书建议更好的结构，成为当时的理论历史学家们的一项流行活动。就连马克思也对李嘉图如何以更易于理解的方式表达自己，有不同的想法。①

李嘉图犯了很多典型的低级错误：他没有先确定内容的架构，而是随着思绪流动想到哪儿写到哪儿。当然，他写作的初心是补充和纠正他的前辈们的观点。尽管李嘉图很钦佩斯密和法国经济学家安·罗伯特·雅克·杜尔哥（Anne Robert Jacques Turgot），但他发现二人的研究领域有很大的空白需要填补，如他们几乎从未谈论国民收入的分配方式。李嘉图的思考围绕着“为什么企业家富有而工人贫穷？”这个明显而残酷的问题展开，且他的表达方式相对来说更抽象。他认为，到目前为止，经济学家们提供的“关于租金、利润和工资的自然流动”信息

① Ebd., S. XXII, Fußnote 3。有关文章结构的更多建议，请参阅 King, David Ricardo, S. 55。正如李嘉图自己也知道的，他的书不仅整体结构混乱，甚至个别章节内部也很混乱。因此，他在 1821 年的第三版中对第一部分“价值”重新进行了布局。在第三版的前言中，他自称他只对第一章做了“一些补充”。但这完全是谎言，正如 Sraffa 指出的那样。实际上整个段落顺序都进行了调换，前面的移到了后面，后面的移到了前面。（Piero Sraffa, Intro-duction to Ricardo’s Principles. In: Sraffa (Ed.), The Works and Correspondence, S. XXXVII ff.）

很少令人满意。[①]

但在李嘉图将自己的精力投入利润、工资和租金之前，他首先必须解释究竟是什么构成了当时在雇主、工人和土地所有者之间分配的财富。因此，他又回到了让斯密绝望的问题上——商品的价值是如何产生的？李嘉图在这个问题上绞尽脑汁考虑了大约一年时间，从他信中的叹息可以看出其中的挣扎。最后，他干脆借用了斯密提出的那些概念，并更加极端。

斯密一直未能确定究竟是什么构成了商品的交换价值，他留下了两个并行不悖，互不相关的版本。首先，他采用了“演绎”法，即假定商品的交换价值完全由所需的劳动量决定，然后从这个总价值中扣除企业家的利润。工人只得到了仅够养活自己和家人的剩余价值。

其次，斯密又提供了一种“归纳”的视角，这也是他本人更为赞同的一种方法。他认为自然价格，即商品的交换价值，由工资、地租和利润构成，这样一来，它便与工人、地主和企业家的收入都有关。但斯密也留下了一个亟待解决的问题，即“演绎”和“归纳”两种视角下的交换价值并不相等。

虽然李嘉图在思维上比斯密逻辑严密得多，但也依然是一团乱麻。对他来说，商品的交换价值只是一个概念，而不是

① 大卫·李嘉图，The Principles of Political Economy and Taxation, 1821 (Dent 1911), S. 1。除非另有说明，所有进一步的引用均来自本书。它们是由作者从英文原版翻译而来的。

两个相互竞争的术语，因此，他做出了一个重大决定：他选择了演绎法。这个选择也直接导致了马克思政治经济学理论的诞生。

在李嘉图看来，商品的交换价值仅由生产所需的劳动量来衡量。理解这一句话并不费力，但李嘉图忽略了这句话的争议性：如果只需要工人就能创造社会财富，那么利润从哪里来呢？工厂主显得完全多余，他们只需要剥削工人就可以赚取利润。其后果不言自明，以至于不仅是马克思注意到了这个问题。

回想起来，极其富有的投机者李嘉图含蓄地宣布他自己所属的阶级已经过时，是非常令人震惊的。为什么他会这么做呢？有一个解释是说李嘉图实在没有更好的理论，不止他没有，其他人也没有。但这个解释并不像听起来那么稀松平常，因为直到今天，经济学家们依然无法解释不平等是如何产生的，以及为什么富人如此富有。2016 年 1 月，诺贝尔经济学奖获得者保罗 · 克鲁格曼（Paul R. Krugman）在他的博客中写道："我们对如何模拟个人收入分配束手无策，在最好的情况下，我们有一些可行的临时方法。"[①] 尽管自李嘉图以来的主流理论已经发生了变化，但人类共存的核心问题仍然困扰着经济学家。

---

① Paul Krugman, Economists and Inequality, New York Times, 8.1.2016.

我们回到李嘉图身上来：他首次谈到了“阶级”和“资本家”这两个马克思后来也使用的词汇。李嘉图还没有使用“阶级斗争”这个词，但一种新的不可调和性已经贯穿他这本书始终。亚当·斯密乐观无比地在任何地方都看到了双赢的未来和一个更美好的世界，相比之下，李嘉图要悲观得多，在他看来，工人最终会消亡是不可避免的。

因为李嘉图吸收了他的好朋友，同是经济学家的托马斯·罗伯特·马尔萨斯（Thomas Robert Malthus）的人口理论。马尔萨斯提出了一个著名的悖论：即使经济增长，普罗大众也不会变得更富有。相反，它只会增加需要照顾的人数，因为有更多的孩子出生，直到农业因需要供给这些人口而不堪重负，然后会发生饥荒，以至人口再次减少。因此，李嘉图得出结论，工人们根本无法摆脱贫困，因为他们不断生儿育女，导致可用的食物总是在最低限度上徘徊。

李嘉图不仅对工人的未来持悲观态度，他还预见到资本家将度过一段晦暗时期。在他看来，当人口增长过多时，企业家们也间接受到了损失。尽管这种联系看起来牵强到让人难以信服，但李嘉图还是特别注意到了这一点，以至于他预测了“利润率下降的趋势”。

一点警告：接下来的7个段落里，我们将探讨古典经济学派更有趣的分支，如果您不感兴趣，可以选择跳过。如果您坚持读下去，您将会了解到经济史上最重大的几个拐点。

对于李嘉图来说特别矛盾的是，资本主义的未来是一种封建主义，最终，只有地主贵族才能受益。

李嘉图进一步发展了马尔萨斯理论，并作出这一非凡预测。马尔萨斯正确地观察到，当时人口的急剧增加意味着即使是贫瘠的土壤也得有人耕种。然而，这些劣质的土地需要更多的劳动量，收成也更少，因此，粮食价格必须大幅上涨，耕作才值得。但是，涨价的不仅是有贫瘠土地的地主，那些富田的地主们也会借机抬高粮食价格，尽管这些人不费吹灰之力就能获得大丰收。这些生产领域的所有者不需要付出劳动就获得了额外的收入，马尔萨斯称之为“地租”。

李嘉图将这个基本地租整合到了他的劳动理论中去。在他看来，商品的交换价值完全取决于生产它所需的劳动量。当粮食价格上涨时，虽然生产鞋子或毛织物所需的劳动量保持不变，但是工人必须得到更多的报酬，因为粮食变得更贵了，否则他们和家人将无法生存。此时，商品的价值保持不变，但劳动力价格上涨，企业家的利润也随之下降。

李嘉图是一个现实主义者。他发现英国的现实远没有他的理论预测的那么惨淡。“一个英国工人会觉得他的工资实在少的难以维持全家人生计，他只买得起土豆，只住得起泥屋。现在英国家庭中常见的许多便利设施在过去那个时代都会被认为是奢侈品。”但正如李嘉图本人所言，英国工人并没有过着最低水平的生活，他们比德国工人或意大利工人的境况要好得多。现代历史学家算出，1825 年伦敦的实际工资几乎是维也纳的三倍。[①]

那时的企业家们也获得了丰厚的利润。李嘉图意识到，只有当人口增长速度快到农业技术进步不足以生产足够的食物时，他的悲观预测才会变成现实。所以李嘉图没有将其描述为一种斩钉截铁的事实，而只是认为大地主再次推翻资本家在未来有可能变成现实。因此，他没有预测利润率的绝对下降，而是更加谨慎地进行表述，并谈到“利润率有下降的趋势”。[②]

但是，尽管李嘉图在理论表述上很谨慎，他还是想确保，万一大地主们收取更高的租金，他自己不会成为输家之一。因此，他将几乎所有的财富都投资于田产。他收购盖特科姆庄园不仅是因为喜欢，更是对自己理论的自信。[③]

在李嘉图死后不久，人们发现，他出于悲观预测的人口爆炸并没有发生。英国人的数量增加了，不是因为出生率急剧上升，而是因为人们寿命变长了，最重要的是，儿童死亡率正在缓慢下降。

此外，李嘉图还低估了农业的效率。1811 年之后的几十

① Allen, The British Industrial Revolution, S. 39.

② 李嘉图对他自己预言的究竟是什么有些模糊不清，有时他说“总体利润率下降”，有时他又说的是“利润下降的自然趋势”。

③ 1819 年，李嘉图在地产上一共投资了 27.5 万英镑，并让土地所有者以地产为抵押向别人贷款了共计 20 万英镑。他购买法国公债 140 000 英镑。他的年利息和租赁收入约为 28 000 英镑 ，按照今天的标准约为 1 500 万英镑。(King, David Ricardo, p. 6 f.)

年里，尽管英国人口在1841年翻了一番，从1 250万人增至2 670万人，但食品价格基本保持了稳定，[①]因此，可以说地主将地租抬高到资本家无利可图的地步，几乎是无稽之谈。基于此，李嘉图的继任者们不再提及“利润率下降的趋势”。但马克思除外，因为他将从完全不同的角度论证为什么资本家会注定失败。

马克思将李嘉图的理论琢磨得非常透彻。他从百万富翁的观点中提出了阶级斗争不可调和的理论。他继承了李嘉图的核心观点，即只有劳动才能创造价值，资本家将不是自己生产的价值占为己有。

李嘉图不仅启发了马克思，而且还是自由主义学派的始祖。自由主义学派特别热衷于研究他的“比较成本优势”理论，在过去的200年里，没有其他任何计算实例能被如此频繁地引用。但时至今日，任何经济教科书都无法解释自由贸易的好处。自由贸易对李嘉图本人所处的时代几乎没有任何影响，因此这样巨大的影响力更为引人注目。但根据经济历史学家精心计算，比较成本优势理论在李嘉图的书中占2%的篇幅。无论是在他的其他著作中，还是在他的大量信件中，李嘉图并未重复提及这一理论。[②]

---

① Ebd., S. 108 ff. 李嘉图犯了典型的思维错误——他从自己所处的当下来推断未来。而在他的一生中，人口增长实际上比农业增长得更快。1760—1820年，实际工资仅增长了4%。（同上，第82页注释3）

② Ebd., S. 82 ff.

李嘉图重启了亚当·斯密未能继续下去的研究。对斯密来说，自由贸易是劳动分工的一种方式，每个国家都应该专注于自己最擅长或者最优成本优势的产品，那么，法国应该种植葡萄和出口葡萄酒，而苏格兰可以提供鱼和盐。尽管这个想法看似合理，但它无法解释真正的贸易关系。因为，对于这些国家来说，他们不仅要出口全世界只有他们才生产的商品，也要交换在任何地方都可以生产的商品。以纺织品为例，为什么每个国家都生产布料，但是纺织品还是会在整个欧洲范围内进行交易？

和斯密一样，李嘉图选择了以酒为例来阐释他的比较成本优势理论。假设葡萄牙和英国都可以生产波特酒和纺织品，且英国能够生产比葡萄牙更便宜的波特酒和纺织品，此外，英国在布料生产方面的生产力高于葡萄种植。在这种情况下，尽管英国人实际上可以比葡萄牙人以更低的成本生产波特酒，但英国只生产纺织品并将波特酒的生产留给葡萄牙人去做才是有利可图的，因为只有当人们专注于自己生产力最高的业务板块时，才会获得最大的利润。

李嘉图的比较成本优势理论很吸引人，因为它不涉及数学。事实证明，人们认同了自由贸易对所有参与进来的国家来说都是双赢的。但是，随着后来数学更广泛地运用于经济学研究，这一理论似乎不再正确，因为即使是与李嘉图同时代的人们也开始注意到英国越来越富裕，而较贫穷的葡萄牙则停滞不前。

数学和经验主义分道扬镳后，这是经济学中经常发生的现象。但是，既然自由贸易的形式已经经过充分论证和支持，为什么它会有害呢？在李嘉图去世后，几乎等待了漫长的两个世纪，经济学家们才能合理地解释为什么自由贸易并未使所有国家受益，反而常常损害发展中国家和新兴国家的利益（见第十章）。

李嘉图的酒和布料的例子已经表明，他生活的时代依然是前工业化的世界，当时的居民主要是“农民、制帽匠、布匠和鞋匠”。李嘉图谈及的“资本家”，不应理解为现代工业企业家。李嘉图偶尔也提到了“工厂主”，但他们统治着小企业。在当时，技术只起到次要作用，只有在纺织厂中才有以蒸汽为动力的织造机械和纺纱机，而将彻底改变欧洲经济的铁路还没有发明出来。

亚当·斯密和大卫·李嘉图描述的都是农业占主导地位且生产大部分为原材料的贸易经济，两人都认识到技术会变得更加重要，但还未能预测今天的工业社会。他们写到了资本，但他们并不了解现代资本主义，而马克思则不同。

马克思生活的年代，不仅发明了铁路，还发明了螺旋桨、打字机、照相、化肥、缝纫机、发电机、电报、自行车、灯泡、电话、炼钢、轮转印刷、干电池、铁丝网、人造黄油和第一批疫苗。不仅商品发生了变化，工厂也发生了变化。

斯密和李嘉图生活在一个真正的市场经济中，许多小企业相互竞争。与此相反，马克思则亲眼见证了大型公司的出现，以及由这些公司合并成的托拉斯和卡特尔，也就是说，曾经有竞争的地方出现了垄断。马克思则成为描述这种新兴现代资本主义的第一人。

第四章
一个共产主义者分析资本主义：卡尔·马克思

卡尔·马克思在父母的疼爱和庇护下长大。他的父亲很早就发现了他天赋异禀，并充满爱意地鼓励他。弟弟赫尔曼（Hermann）远没有他那么有才华，所以父亲把希望完全寄托在了他身上。在马克思还在读书时，他的父亲曾写信给他："有时我的心绪完全沉浸在你和你的未来中。"而对卡尔的兄弟赫尔曼："我希望他能更加勤奋一些，但是智慧我就不强求了。太遗憾了，这个好孩子的脑子里实在没什么智慧！"①

卡尔·马克思（Karl Marx）1818年出生于德国特里尔

① 马克思父亲的来信可以在《马克思恩格斯全集（MEGA）》，第三部分（信函），1，第289—290页中找到。

(Trier)。[①]父母双方都来自犹太拉比家庭。[②]他在九个孩子中排行老三，但实际上是长子，因为长子莫里茨（Moritz）于1819年不幸夭折，年仅三岁。

马克思的父亲亨利希·马克思（Heinrich Marx）出生于1777年，原名希尔舍（Heschel)。希尔舍学习的是法律，他的家族以前从未有过这样的机会。1794年，特里尔被法国军队占领，从那时起特里尔开始适用“拿破仑法典”(Code Napoléon)，从而从法律上保障了犹太人的平等权利。但是好景不长，希尔舍·马克思刚成为一名律师，这样的平等就结束了。因为在1815年的维也纳会议上，莱茵兰（Rheinland）被

---

① 除非另有说明，否则马克思的生平信息均遵循美国历史学家乔纳森·斯佩伯（Jonathan Sperber）的传记《卡尔·马克思——十九世纪的人生》(*Karl Marx-a Nineteenth-Century Life*)（2013）写成。正如标题所暗示的那样，斯佩伯在19世纪的背景下解释了马克思及其理论。从传记的细节性来看，斯佩伯的介绍是非常成功的。然而，如果马克思的思想被完全历史化且仅被视为法国大革命、黑格尔哲学和英国早期工业化的结果，实在无法解释为何其至今依然魅力无穷（Sperber, S. XIII）。正如记者Gerd Koenen指出的那样，“他（Sperber）错过了这种精神混合物的激动人心或‘革命性’的东西”(《法兰克福汇报》，2013年5月26日)。

② 马克思的祖先早在17世纪就已经是特里尔的拉比，他的曾祖父、祖父和父亲的长兄也是拉比。特里尔的犹太人墓地在纳粹的铁蹄肆虐中幸存了下来，且基本毫发无损，而那里仍然有四块马克思家族的墓碑。其中，马克思的祖父Mordechai Halevi ben Schmuel Postelberg（死于1804年）和他的曾祖父Abraham Mosche ben Heschel Lwow（死于1788年）的墓碑尤为重要。马克思的祖母和曾姑姑的墓碑也被保存了下来。祖父Mordechai Halevi也被称为马克思·路易。因此，当法国人于1808年颁布法令，所有犹太人都必须有固定的姓氏时，这个家庭决定将马克思作为他们的姓氏。在那之前，子辈习惯于以父辈的名字作为姓氏。

并入普鲁士，犹太人被禁止进入公务员队伍，而在普鲁士，律师也被划归为政府工作人员的一类。

马克思的父亲不得不因此放弃工作并改变信仰，最终他决定受洗，名字也由希尔舍改成了亨利希。这样的做法并不罕见。许多犹太人后来都改信基督教，以便能够参与公共生活。当时，天主教主导了主教城市特里尔，大多数皈依者也都选择了这一信仰。然而，亨利希·马克思并没有选择改信天主教，而是改信了基督教路德教派，成为一名新教徒。特里尔的新教教区比犹太教区大不了多少，因此他实际上是从一个少数教派转向了另一个少数教派。①

亨利希·马克思并不介意不定期举办的教区活动，但他受到了约翰·洛克（John Locke）、艾萨克·牛顿（Isaac Newton）和戈特弗里德·威廉·莱布尼茨（Gottfried Wilhelm Leibniz）等启蒙者的影响。他虽然信奉上帝，但也认为上帝不应该是一个直接干预世间命运，慈悲照顾信徒的神。他信仰的上帝是一个遥远且理性的存在，所以有着更少特里尔新教徒的教区相对更适合他。

亨利希·马克思何时受洗不得而知，但可以肯定的是，他根据犹太婚俗与妻子罕利达·普列斯堡（Henriette Presborck）结了婚。罕利达比他小 11 岁，来自荷兰奈梅亨（Nimwegen），

---

① 特里尔的新教直到 1817 年成立，当时由于普鲁士人接管了政府，更多的新教徒搬到了这座城市（Limmroth，Jenny Marx，第 46 页）。

她的家人在那里发了大财。[①] 这是一场包办婚姻，双方因经济原因而结合。罕利达带来了 8 100 荷兰盾的丰厚嫁妆，相当于大约 4 500 普鲁士塔勒。有了妻子这笔钱，亨利希得以更好地安顿家人。1819 年，他们搬进了黑城门（Porta Nigra）附近的一所房子，里面有四个大房间、两个小房间、两个壁龛、一个厨房和三个阁楼房间。[②]

马克思一家生活富足、衣食无忧，但仍然算不上富贵人家。因为即使是当时的上层阶级，生活花销也比较节制，每一张餐巾纸都省着用。从马克思母亲的嫁妆单就可以看出。其中每一笔都被记录得很清楚，除了现金外，她还带了 68 张床单、69 张桌布、200 条餐巾和 118 条毛巾。[③]

卡尔·马克思和他的兄弟姐妹于 1824 年 8 月 26 日在家中受洗。他们的母亲则直到 1825 年才皈依新教，还是因为她怕让丈夫为难，毕竟当时亨利希已经是奈梅亨犹太教区的领读祈祷文者。

卡尔·马克思长大的地方可以称得上是乡下。虽然特里尔

① 马克思母亲的妹妹苏菲（Sophie）嫁给了商人莱恩·菲利普斯（Lion Philips），后者在 1838 年亨利希·马克思去世后接管了姐姐罕利达的财富。苏菲和莱恩·菲利普斯的孙子后来创立了电子公司。

② Körner, Karl Marx, S. 17。这所房子现在位于 Simeongasse 8。当马克思全家搬到那里时，他才 15 个月大。马克思的出生地 Brückenstrasse 10 于 1928 年被社民党买下，并改建为“卡尔·马克思故居”历史博物馆。

③ 1838 年亨利希·马克思去世后，详细列出了所有遗产。这份清单便来自此。

曾经是一个重要的罗马行政中心，黑城门和众多废墟都是这段历史的重要印记。但在 19 世纪初，这座城市其实很小，也没有工业，铁路也直到 1860 年才开通。

在这座宁静小城，亨利希·马克思是最受尊敬的名人之一。1820 年，他做了律师，除了处理收入低得多的刑事案件，还被允许代理收入更高的民法案件。1831 年，普鲁士政府授予他“司法顾问”的荣誉称号，他还成为只有特里尔上层绅士才能进入的“赌场协会”的会员。

像所有受过良好教育的中产家庭里的天才儿童一样，卡尔·马克思就读于人文文法学校。当他的大多数同学还在吃力地学习希腊语和拉丁语时，他已经在这些科目上取得了最好的成绩。不仅如此，他还养成了一个保持终生的习惯，那就是在课文中加入原始引语。但是，他在数学方面很差，1835 年高级中学毕业证书中的成绩可以证明这一点。

亨利希·马克思不想放任儿子的数学这么差下去，他为马克思进行了职业规划。就这样，马克思被送往波恩学习法律。波恩这座城市和特里尔差不多大，当时的人口为 13 721 人。波恩大学一共招收了 700 名学生，其中不少都来自特里尔。马克思的 8 位高中同班同学也选择了波恩大学，不仅如此，波恩大学的高年级学生中也有很多来自特里尔。他们一起组成一个叫作“Corps Palatia”的同乡会。[①]

从父亲的一封信中可以了解到，马克思也至少卷入了其中一场决斗，他的父亲向波恩寄了120塔勒，以便私了这桩丑闻。

大学时期，马克思也想做个诗人，这在当时的学生中很流行。他的诗《感想》以下面的诗句开头：

我不能安安静静地生活，
假如整个心灵都热气腾腾；
我不能昏昏沉沉地生活，
既没有风暴也没有斗争。

社会主义者弗兰茨·梅林（Franz Mehring）在他1918年的《马克思传》中评价了这首诗：“总的来说，马克思十八岁时的这首诗歌散发出一种细腻的浪漫气息，他的雄心壮志还没

① “Corps Palatia”直到1838年才成立，在马克思时代，它仍被称为“Trier Table Society”。一些传记仍然声称马克思主导这家俱乐部，但没有证据证明这一点。流传下来的只有一张1836年马克思在特里尔就读时的学生照片。在David Levy Elkan的这幅版画上，马克思可能是后排右数第六个。然而，石版画上并没有标记名字，他们在1890年晚些时候才被认出来。由于马克思青年时代并没有其余照片留存，而“右六”似乎与他有很多相似之处，所以，这幅版画出现在了所有带插图的马克思传记中。参见Bodsch, Karl Marx und Bonn. 1835/1836 und 1841/42. In: Bodsch (Hg.), Dr. Karl Marx, S. 9—27, hier S. 18 ff。

有完全的释放。”[①] 马克思的父亲对此也不大热心，他在信中写道：“孩子，我坦白地说，我对你的才华感到由衷的高兴，我对你充满了期许，但如果你想要成为一名蹩脚诗人，我却实在高兴不起来。”

尽管马克思写了不少风花雪月的诗歌，亨利希·马克思也从不怀疑他的儿子在专业课学习上的勤奋。在他写给马克思的信中，他一再叮嘱儿子学习不要太过于刻苦，多保重身体。1835 年 11 月 18 日，他在信中写道：“上 9 所学院的课我觉得似乎有点太多了，我不希望你太累了，那样会有损身心健康。”1836 年年初，他又再次提醒马克思“一定要保持健康。没有比生病的学者更可悲的了”。1836 年 11 月 9 日，他再次警告马克思说：“我唯一要求你的就是不要过分刻苦。”[②]

相比学业，亨利希·马克思对儿子花钱方面不太满意。“亲爱的卡尔，你的账目毫无关联，也没有结果。你应该记录得更简短、更简洁，定期将花的每一笔金额列出来，这样就一

---

① Kiem, Karl Marx, S. 27.

② 马克思在波恩的讲座只有一个为人所知：每周二下午 6—7 点，他都会与其他 68 名学生到老奥古斯特威廉·施莱格尔（August Wilhelm Schlegel）的家中，一起研读“选定的财产挽歌”（ausgewählten Elegien des Propertius）。后来，成为诗人的伊曼纽尔·盖贝尔（Emanuel Geibel）也参加了这次讲座，并写信给他的母亲讲关于施莱格尔的事：“当然，几乎每次讲座中，他的虚荣心都藏不住，但我们必须让老人家这样做，因为即使是雄辩如西塞罗，当他老了的时候，也止不住要吹嘘自己的荣耀。”（Ingrid Bodsch, Karl Marx und Bonn. 1835/1836 und 1841/42. In: Bodsch (Hg.), Dr. Karl Marx, S. 9—27, hier: S. 16 ff.）

目了然了。条理清晰是一个学者，尤其是一个实践律师必须有的素养。”

但马克思从未满足过这一要求，这让他颇为无助。他当然想要自己的天才儿子好好读书，花多少钱培养他成才都心甘情愿。但他希望马克思能够确切地告诉他在学校需要花多少钱，以及做什么用。“亲爱的卡尔，我再重复一遍，我很乐意做任何事情，但作为好几个孩子的父亲，你也知道，我并不富有，我不想为超出你的幸福和进步之外的需求做任何事情。”9个月后，他再次告诫马克思：“所以，你必须大致告诉我每个月应该给你多少钱。现在你应该已经学会怎么计算出这个金额了。”

惊世姻缘

在1836年的学期休假期间，马克思第一次回到特里尔，并与他从小青梅竹马的燕妮·冯·威斯特法伦（Jenny von Westphalen）私订终身。燕妮的弟弟埃德加尔（Edgar）是他的同班同学，燕妮本人则是马克思的姐姐苏菲（Sophie）的闺蜜。双方的父亲都属于特里尔的小众新教教徒，也都经常光顾专属的“赌场协会”（Casino-Gesellschaft），因此非常了解彼此。

对马克思来说，燕妮的父亲路德维希·冯·威斯特华伦（Ludwig von Westphalen）就像是他的第二个父亲，因为这位受过良好教育的自由公务员非常照顾他，经常把他带回家里玩。威斯特华伦有一半苏格兰血统，① 除了能说一口流利的英语外，也能阅读西班牙文、意大利文或法文原著。他经常带着孩子们一起去远足，途中向他们介绍了亨利·德·圣西蒙斯（Henri de Saint-Simons）或法国大革命的社会主义思想。

燕妮家并不是世袭的“原始贵族”，而是属于所谓的官贵族。燕妮的祖先曾是平民，直到 1764 年，为了表彰她的祖父在七年战争中的军事贡献，他们才被授予“贵族”中的最低头衔。②

此外，特里尔城的人都知道燕妮并没什么嫁妆。她的父亲投机失败，只能靠作为普鲁士区政府部门负责人的收入生活。当时他的薪水很高，每年 1 800 塔勒，但 1834 年退休后，却只有 1 125 塔勒。这笔收入虽然足以雇用两个女佣，但还是经常无法按时偿还债务。③

马克思当时 18 岁，燕妮比马克思大 4 岁，且马克思没有

---

① 燕妮的祖母是皮塔罗的珍妮·威沙特（Jeanie Wishart），她的母亲安妮·坎贝尔（Anne Campbell）是果园主约翰·坎贝尔（John Campbell of Orchard）唯一的女儿。燕妮与阿盖尔位高权重的公爵们关系密切，他们对亚当·斯密的一生也产生了重要影响。

② 燕妮以“男爵夫人”的身份经商，并经常出席伦敦的社交圈，这大大提升了她的地位。与德国不同，男爵在英国已经是贵族下层的一部分。

③ Limmroth, Jenny Marx, S. 51. 同样在特里尔，人们并没有忘记燕妮已经订婚。1831 年，17 岁的她与 28 岁的卡尔·冯·潘内维茨少尉（Karl von Pannewitz）订了婚约。但大约半年后，燕妮解除了婚约。

任何收入。而当时的社会习俗是，大学生们毕业后应先开始工作，当他们赚的钱能够养家糊口时，才会寻找一个通常比自己年轻得多的女人结婚。

尽管卡尔和燕妮从小就认识，但他们在1836年才坠入爱河，之后便爱得轰轰烈烈、海誓山盟。关于这段甜蜜的热恋期，燕妮在三年后写给马克思的信中有所描述："卡尔，当你那样吻我，拥抱你，紧紧抱住我，我颤抖着，害怕得无法呼吸；你又那样看着我，那么专注，那么温柔。哦，亲爱的，你第一次用那样的眼神看我，我们对视了很长时间。你是那么专注，那么深情，我根本无法移开视线。"从1836年坠入爱河开始，直到45年后燕妮去世，两人才分开。

不过，他们等了7年才结婚。因为马克思必须得先完成学业然后找到一份工作。父亲再次接管了他的职业规划，并让马克思离开波恩，继续到柏林大学去深造，这所大学在当时被认为是一所严格的"工作大学"（Arbeitsuniversität）。[①]

此后，马克思一直住在柏林，直到1841年。在1836—1841年的这5年中，柏林的居民人数从275 202人迅速增加到331 994人，成为仅次于维也纳的德意志联邦第二大城市。而且，1830年柏林只有300名机械工人，1840年则增长到了

---

① 1836年，柏林招收了1 696名学生，其中法学院511人，哲学学院322人。当时柏林大学有88名教授、37名私人讲师和7名语言及运动大师。律师中只有8位正教授，哲学系相当可观，有21位（Kiem, Karl Marx, p. 18 f.）。

3 000 人。[①]

在柏林，到处都是贫穷和营养不良的人，即使那些有工作的人也难以为生：1830 年，一名成年男性短工的年收入在 102—107 塔勒，但一个五口之家需要 255—265 塔勒才能维持生计。此外，正如一份当时的清单所示，许多柏林人根本没有固定收入，生活拮据。在 1846 年的柏林，有“10 000 名卖淫女、12 000 名罪犯、12 000 名皮条客、18 000 名女佣、20 000 名织布工（他们难以靠工作维持生计）、6 000 名被慈善机构接收的人、6 000 名贫困儿童、3 000—4 000 个乞丐，监狱和刑罚机构有 2 000 个罪犯，济贫院里收纳了 1 000 人，市辖区居住了 700 人，此外还有 2 000 名非婚生子女、2 000 名寄养儿童、1 500 名孤儿”。[②]

马克思当时一定每天都在面对这种肆虐的贫困，但作为一名学生，他还没有对社会或经济问题产生兴趣，而只是通过阅读法律、哲学和文学书籍略有了解。1837 年 11 月，他给父亲写了一封信，对他在柏林学习的第一年进行了总结。此外，他还阅读了海内丘（Heineccius）、蒂鲍（Thibaut）和费希特（Fichte）的作品，将潘德克顿的前两本书翻译成了德语，他还翻译了塔西佗的《日耳曼尼亚志》（*Tacitus's Germania*）以

① Materna/Ribbe (Hg.), Brandenburgische Geschichte, S. 436 ff. 尽管该行业在接下来的几十年里迅速发展，但在 1875 年，有 94.5% 的柏林员工仍然在少于 5 人的公司里工作。

② Ebd., S. 450 ff. “偷渡者”是指向警方隐瞒住所或住所不明的人。

及奥维德（Ovid）的《哀歌》（*Tristium Libri*）。他摘录了莱辛（Lessing）的《拉奥孔》（*LAOKOON*）、索尔格（Solger）的《埃尔温》、温克尔曼（Winckelmann）的《古代艺术史》和鲁登（Luden）的《德国人民史》，还阅读了所有新的文学出版物，以及恩斯特·费迪南德·克莱因（Ernst Ferdinand Klein）的《刑法和年鉴》。这些读物中有一部分本应构成马克思的法律哲学论文的内容，但是那个“将近300页的作品”最后被马克思遗弃了，因为他对自己写的内容并不满意。[①]

这封信充斥着一种浪漫却浮夸的语气，就像马克思写的诗。有些句子本该妙语连珠，但实则是在堆砌辞藻。这封信的开头是这么写的：“亲爱的父亲！生活中的某些时刻，就像时间流逝前的一个界碑，同时又指向了新的方向。在这样一个转折点，我们感到必须用锐利的思想审视过去和现在，以便认清我们的真实处境。”

但仅仅十年后，马克思便写出了《共产党宣言》，并成为世界文学史上的巨著，全书不但没有任何空洞的词句，还

① 这是马克思在学生时代留下的唯一一封信。Johann Gottlieb Heineccius（1681—1741）和 Anton Friedrich Justus Thibaut（1772—1840）是德国法律学者，主要研究“pandects”，这是古代晚期罗马法律学者作品汇编。最重要的是，Thibaut 试图将罗马法律文本发展成为一个科学的法律体系。通过这些努力，终于诞生了1900年的《民法典》（BGB），它主要基于对罗马法的理解接受。律师 Ernst Ferdinand Klein（1744—1810）是普鲁士刑法方面的专家。卡尔·威廉·费迪南德·索尔格（Karl Wilhelm Ferdinand Solger，1780—1819）是德国浪漫主义和理想主义者，后来担任柏林大学校长，他在任命黑格尔去柏林大学任教一事上起了决定性作用。

展现了一种简洁而具体的力量。显然，此时年轻的马克思离写出《共产党宣言》还有很长的路要走，但是，从他身上已经可以看出一些潜质。他喜欢阅读，并且博览群书。无论怎样晦涩难懂、冷门古怪的文章他都可以读，他充满着对知识的无限好奇和渴望，勤于摘录并喜欢琢磨。所以，早在学生时代，马克思就发现自己很难完成工作，因为他总是不断地投入新的阅读中，并且总是在非常大的维度中思考。他当时就想着要设计“一个新的形而上学基本系统”，但正像他写给父亲的信里说的那样，“不得不认识到我以前所有努力都白费了”。

黑格尔（Hegel）的遗产：过程辩证法

在不停地阅读中，马克思做出了一个影响他一生的决定——索性“把黑格尔的著作从头到尾读了一遍”。[①]在那之前，他和这位哲学家八竿子打不着，只知道一些“我不喜欢他的怪诞摇滚旋律”的片段。

但是，读完黑格尔的著作后，马克思几乎成了他的崇拜者。遗憾的是，马克思没能见过黑格尔本人，因为后者于1831

---

① 除非另有说明，否则此引用和以下引用，同87页注释1或98页注释1。

年死于霍乱。[①] 不过黑格尔留下了两种思想流派，而且他的学生还在柏林任教。

保守的黑格尔主义者执着于国家观念。在黑格尔看来，君主立宪制是“世界精神”能找到的最高自由形式。当黑格尔说出“凡是现实的都是合乎理性的，凡是合乎理性的都是现实的”，他被认为是普鲁士君主制的辩护者，因为没有任何现行制度的代表人能说得比黑格尔这句话更好了。

而激进的“青年黑格尔派“（Junghegelianer）则主要采用黑格尔的“辩证法”（dialektische Methode），即“正题、反题、合题”三步过程。通常，这些希腊语术语也会被翻译成拉丁语版本的“肯定、否定和否定之否定”。马克思加入了青年黑格尔派，并成为他们“博士俱乐部”（Doktorenclub）的成员，穿梭于柏林的各大酒吧间。马克思作为一个年轻的学生显然给俱乐部里的资深哲学家们留下了深刻的印象，不然也不可能允许他加入他们的研究。

黑格尔的文字修辞很复杂，他的哲学艰深晦涩，每读一个长句子都要绞尽脑汁思考其意思。[②] 所以，即使是像奥托·冯·俾斯麦（Otto von Bismarck）或作曲家理查德·瓦格纳（Richard Wagner）这样脾气好、有耐心的读者也会因很快就受

① 霍乱从印度经俄罗斯传播到普鲁士。到 1831 年 12 月，仅柏林就有 2 249 人生病，其中 1 417 人死亡。贫民窟的疫情尤为猖獗，除了黑格尔之外，普鲁士将军冯·格奈森瑙（General von Gneisenau）也死于柏林。

② Clark, Iron Kingdom, S. 433.

不了折磨而选择放弃。但是辩证法的理论却很容易理解，尤其黑格尔爱用形象生动的爱的例子进行阐释。

爱情要产生，首先得有一个所爱之人，即必须先有一个自我设定，这就是这个事件中的“正题”。但爱也意味着要走出自我，把自己交给所爱之人，忘却自己，疏远自己。这就是“反题”，或者说是一种自我异化。这个过程中，最重要的是通过所爱之人忘却自己，也以这种方式发现自己。这种“合题”消除了矛盾，意味着意识达到了更高层次。[①]不论是在自然界中还是在世界历史中，黑格尔都看到了正题、反题和合题的辩证法。他曾称赞拿破仑，说他是“骑在马背上的世界灵魂”。

将拿破仑视为世界精神的化身，在今天看来似乎很荒谬，但不得不承认黑格尔拥有以发展观来思考问题的罕见天赋。他强调成为，而不是存在，其他哲学家则倾向于坚持静态地看问题。这使他从他所属的时代的哲学家中脱颖而出。几十年后，弗里德里希·恩格斯（Friedrich Engel）写道，“黑格尔体系”的伟大价值在于“将整个自然、历史和精神世界理解为在不断运动、变化、转变和发展之中”。[②]

黑格尔是一个理想主义者。事实上，他相信绝对精神的统治。马克思和恩格斯后来将这一理论“彻底颠覆了”。对他们来说，起决定作用的不是精神上层建筑，而是物质基础。或

① Weischedel, Philosophische Hintertreppe, S. 213 f.

② Engels, Eugen Dührings Umwälzung der Wissenschaft, S. 22 f.

者用马克思的话就是："不是人们的意识决定人们的存在，相反，是人们的社会存在决定人们的意识。"[1] 尽管马克思和恩格斯对黑格尔有诸多批判，他们依然是黑格尔主义者，因为直到他们生命的尽头，他们都是从矛盾和变化的角度进行思考的辩证者。

在"博士俱乐部"中，马克思遇到了哲学家布鲁诺·鲍威尔（Bruno Bauer）。他将黑格尔的辩证法应用于基督教，从而得出耶稣只是文学创作，根本不存在的结论。鲍威尔使用了黑格尔的自我异化概念：人利用宗教自我意识创造出一个对应物，再将其人格化为基督。[2] 后来，哲学家路德维希·费尔巴哈（Ludwig Feuerbach）又在此基础往前走了一步，他直接否定了上帝的存在。

马克思的父亲对他追随了黑格尔感到震惊，并批评他"埋头于无序、沉闷的知识中，枯坐昏暗的油灯下苦闷沉思；通宵达旦、废寝忘食、蓬头垢面"。

亨利希·马克思每年的收入约为 1 500 塔勒，用这笔钱他不仅要养活儿子卡尔，还要照顾其他孩子。五个女儿需要嫁

---

① Marx, Zur Kritik der Politischen Ökonomie, Vorwort. In: MEW, Band 13, S. 7—11, hier S. 9.

② 左派黑格尔对宗教的批评始于大卫·弗里德里希·施特劳斯，他主要著有《耶稣传》（Das Leben Jesu），此书出版于 1835—1836 年。与鲍尔（Bauer）不同，施特劳斯并不怀疑基督的存在，而是将福音书置于其历史和文化背景中。新约不再启示上帝的圣言，而是人造产物。

妆，此外，还得资助不太聪明的赫尔曼接受职业培训。与今天不同的是，当时的学徒没有钱拿，必须先付费才能获得学徒资格。亨利希以为马克思很清楚这些情况，因为他很自然地透露过家里有笔大开支："今天赫尔曼去了布鲁塞尔，在那里他的房子很好，但必须马上付 1 000 法郎的房租。"

亨利希·马克思收入下降是因为他一直饱受长期未根治的咳嗽的折磨，这使他几乎无法继续他的工作。1838 年 5 月，他死于肺结核，享年 61 岁。马克思的四个兄弟姐妹也死于肺病，其中，最小的弟弟爱德华死于 11 岁，卡罗琳死于 23 岁，赫尔曼和亨丽埃特则都是死于 24 岁。

马克思一直对父亲的去世心怀愧疚，他把父亲的照片放在上衣内侧口袋里，永远随身携带。马克思和母亲的关系不是很好，这种关系一直持续到 1863 年母亲去世。从往来信件中可以清楚地看出，罕利达其实非常爱马克思。

早在十几岁的时候，马克思就曾向他的母亲明确表示，他们的精神是平等的，因为她给马克思的信中有一种低三下四、充满歉疚的语气："你不能把我好奇你是怎么过日子的行为看作是女性的弱点，贫贱夫妻百事哀，无论是大户人家还是小户人家，钱都不可或缺。你可爱的缪斯也不会因为我的这些文字感觉受到侮辱的，你应该告诉她，勤俭持家才能过得很好。"

拿到应得的遗产后，马克思的经济状况得到了很大改善。为了节省时间和金钱，他决定在大学攻读"远程博士学位"，他只需要将论文交给负责的教师，支付 12 弗里德里希的费用，不用口试就可以被“远程”授予博士学位。

1841 年，马克思提交了他的博士论文，题目为《德谟克里特（Demokrit）的自然哲学与伊壁鸠鲁（Epikur）的自然哲学的差别》。这两位古代哲学家早在 2 000 多年前就已经论证了世界是由原子构成的。

但马克思的博士学位到底是不是在耶拿读的，还有待商榷。因为他 1841 年 4 月 6 日才将论文从柏林寄出，而博士学位证书在 1841 年 4 月 15 日便已经印制，且成绩是“优秀”。[①]这就是为什么在一些传记中总有传言说这是一个“买来的博士学位”。[②]但也因此马克思的博士学位变得微不足道，它既没有被古典研究学派接受，马克思也未再提及过。但这种恶意的揣测是不公平的，因为马克思的博士论文写了两年，一共 68 页，参考了 46 个文献。[③]

马克思的朋友对他寄予厚望。当时 29 岁的作家莫泽

---

① 耶拿大学还有一个优势，那就是可以用德语提交博士论文，而柏林大学则需要用拉丁语（Kiem，Karl Marx，S.81）。1840 年 2 月，作曲家罗伯特·舒曼（Robert Schumann）在耶拿大学提交了几篇至今依然很有影响力的音乐理论论文作为博士论文，从而“远程”获得了博士学位。（Joachim Bauer, Tho-mas Pester, Die Promotion von Karl Marx an der Universität Jena 1841. Hinter-gründe und Folgen. In: Bodsch (Hg.), Dr. Karl Marx, S. 47—82, hier S. 51）诗人伊曼纽尔·盖贝尔（Emanuel Geibel）甚至设法在耶拿大学“远程”攻读博士学位，因为他没有提交任何论文。

② Siehe etwa Nasar, Grand Persuit, S. 34.

③ MEGA, Abteilung I, Band 1, Erster Halbband, S. 13—81.

斯·赫斯（Moses Hess）写信给他的朋友贝特霍尔德·奥尔巴赫（Berthold Auerbach）时提道："你将会很高兴在这里认识一个人，他现在也是我们的一个朋友。你可以准备好迎接这位最伟大的，也许也是在世的唯一真正的哲学家，他很快将会吸引全德国的目光。他是马克思博士，还非常年轻（不到24岁）。他将对中世纪的宗教和政治发出最后一击。他的语言诙谐幽默，尖锐犀利，蕴含最深刻严肃的哲学原理，集卢梭（Rousseau）、伏尔泰（Voltaire）、霍尔巴赫（Holbach）、莱辛（Lessing）、海涅（Heine）和黑格尔的核心理论于一体。我说的是融合，而不是拼凑，这就是马克思博士。"

博士学位的主要目的是获得大学授课资格。然而，马克思并没有得到计划中的大学授课资格。[①] 在当时的普鲁士，马克思无论如何都不可能得到教授席位。但与此同时，一个与他的才能相匹配的机会也出现了。1842年春天，马克思在科隆担任《莱茵报》的编辑，10月成为该报主编，主持报纸工作。《莱茵报》这份自由派报纸是由莱茵省工厂主、医生、银行家和律师，也就是马克思后来所反对和鄙视的"资产阶级"创立的。当时，马克思还不是共产主义者，与此相反，马克思成为主编

① 马克思曾想与布鲁诺·鲍威尔（Bruno Bauer）一起写大学授课资格论文，但后者于1842年3月失去了在波恩的职位，因为普鲁士当局因鲍威尔批评宗教而感到不满，这也使他原本将马克思提携到波恩大学的计划泡汤了。

没多久，便不再允许共产主义者记者给他撰稿了。

马克思当时是一个自由主义者，他将共产主义者赶出报纸有其战术原因，当时报纸的发展势头很好，他不想惹恼普鲁士的审查员。在马克思的带领下，《莱茵报》发行量从 1 027 份增加到 2 300 份，实现了盈利。

但在 1843 年 4 月 1 日，《莱茵报》被普鲁士政府查禁了，因为马克思通过巧妙地钻空子破坏了严格的新闻法。书报审查员大多只是纯粹的官员，看不懂马克思的遣词造句，他们删除了大量无害的段落，却忽视了真正具有挑衅和煽动性的文字。因此，普鲁士政府希望通过停刊来避免这种永久性的耻辱。

尽管马克思只是短暂地管理了《莱茵报》，但这几个月对他来说至关重要。“社会问题”第一次出现在他的人生轨迹上，此外，他还就摩泽尔河沿岸地区贫苦农民的状况和柴荒问题撰写了文章。在此之前，马克思从未对经济学或贫穷发生过兴趣。最重要的是，他的文风发生了变化。如果之前的马克思以浮夸的伪浪漫主义或模仿黑格尔的顾影自怜的散文文风为主，那么现在的他开始忠实于调查分析，笔触愈发辛辣犀利。

突然间，马克思声名鹊起。他给三个不同的读者群体都留下了深刻的印象：首先，整个欧洲的激进知识分子开始把他当回事；其次，科隆的无产主义者也非常喜欢他，并在接下来的几年里持续在经济上支持他；最后，普鲁士当局也知道了马克思的影响力，不得不开始忌惮他。

马克思与无产阶级

就这样，马克思因惹怒普鲁士政府而不得不离开普鲁士。一半出于自愿，一半受到邀请，马克思于 1843 年 10 月底移居巴黎。在那里，他想与哲学家阿诺德·卢格（Arnold Ruge）一起出版《德法年鉴》，但这个计划最终没有成功。不过，在 1844 年 1 月出版的双刊号年鉴中有一篇马克思的短文，题目是《黑格尔法哲学批判：导言》。[①]

这篇小文章是马克思文笔最优美的文章之一，它记录了马克思思想上的迅速变化。在科隆和巴黎之间穿梭的几个月里，马克思从自由主义者转变为共产主义者。现在的他确信阶级斗争是不可避免的，作为革命的代言人，他将致力于扫除德国君主制和资产阶级社会。

不过，当时马克思对资本主义的观察仅仅是基于个人经验，他尚未对工人的真实情况产生兴趣，所以还没有发现无产阶级革命的作用。[②] 相反，他选择了用哲学演绎来提供令人信服的论据，以证明无产阶级革命迫在眉睫。在一种快速

① 马克思和鲁格没能赢得法国读者的喜欢，因此没有法国人购买《德法年鉴》。不仅如此，普鲁士边防警察还截获了 800 份德文版图书，给了这个计划最致命的一击。

② 在马克思的著作《黑格尔法哲学批判·序言》（*Zur Kritik der Hegelschen Rechtsphilosophie. Einleitung*）中只一带而过地揭露了一个经济事实：保护性关税。

而激烈的思辨中，马克思从批判宗教开始，以一个无产者联盟的无阶级社会结束："这种解放的领袖是哲学，心脏是无产阶级。"①

这些早期的信念，马克思坚持了终身。他根据费尔巴哈的理念，指出是"人创造了宗教，而不是宗教创造了人"，后来马克思又说："宗教是被涂炭的生灵的叹息，是麻醉人民的鸦片。"②

所以，马克思认为一场革命势在必行："人是最高的存在，必须推翻所有使人受辱、受奴役、被遗弃、可鄙的存在的条件。"

但不幸的是，正如马克思痛苦地意识到的那样，德国资产阶级并不倾向于造反。同一时期的法国已经通过了1789年和1830年的两次革命，英国也实现了君主立宪制，但是普鲁士依然由国王绝对不受限制地统治着一切。

正如马克思必须承认的那样，不能只是对叛乱进行哲学思考："想法不会主动变为现实，现实却可以促进新思想

---

① Marx, Zur Kritik der Hegelschen Rechtsphilosophie. Einleitung. In: MEW, Band 1, S. 378—391. 本章节以下所有引文均取自本文。

② 马克思并不是第一个将鸦片与宗教结合起来的人。1840年，诗人海因里希·海涅（Heinrich Heine）写道："祝福这种宗教，它朝受苦的人类的苦涩咽喉里滴下几滴甜蜜的精神鸦片，浓缩了几滴爱、希望和信仰"。马克思又把这个想法更加地浓缩在一起。马克思在巴黎会见了海因里希·海涅。因为马克思的母亲罕利达的关系，他们两个有共同的曾祖父母，但他们自己并不知道。（Limmroth, Jenny Marx, S. 99 f.）

的产生。”一个激进的阶级才能进行同样激进的革命，而德国资产阶级却只是培养了“精致的利己主义”和“世俗的中庸”。

因此，他们正在寻找一个生活差到没什么可失去的阶级。一个不会为了挽救自身的小利益而与统治者做出放弃抵抗的妥协的阶级，因为他们已经没有什么需要挽救了。这个激进的阶级就是无产阶级。对无产阶级来说，只有解放整个社会才能解放自己；只有把所有人从私有财产中解放出来，才能不成为私有财产的牺牲品。“在德国，不尝试打破任何一种奴役，就无法打破所有奴役。”

而让第一版也是唯一一版《德法年鉴》出名的除了马克思的文笔，还有弗里德里希·恩格斯（Friedrich Engels）的一篇文章。这篇文章有一个纲领性的标题——国民经济批判的纲要，后来的马克思的《资本论》也有一个听起来非常相似的副标题——政治经济学批判。

不仅仅是“人才”：弗里德里希·恩格斯

恩格斯首先将德国哲学与亚当·斯密和大卫·李嘉图的自由经济理论联系起来。马克思是在阅读了恩格斯的文章后，才对黑格尔的辩证法如何与资本主义的经济现实联系起来有了初步的了解。马克思本人一直都知道他的成就有多少归功于恩格斯，以至于很多年后，他仍然称恩格斯的那篇短文是“巧妙地勾勒了经济范畴批判的草图”。[①]

恩格斯本人也为自己的文章感到无比自豪。为了其他人不错过关键信息，文中的大写字母起到了关键作用。恩格斯的目标是否定“私有财产权”(BERECHTIGUNG DES PRIVATEIGENTUMS)，为此他采取了经典的辩证法。[②]恩格斯首先赞扬了亚当·斯密在推动完整经济理论方面的成就，并推崇他为“经济学界的路德”(ÖKONOMISCHER LUTHER)。

很快，恩格斯便得出了反题：任何想要废除垄断的人都不能容忍私有财产，因为这意味着只有所有者可以处置这项财产，其他人都被排除在外。恩格斯指责自由派经济学家：“你们摧毁了小垄断，为的是让一个更大的垄断，即私有财产，更自由、更不受限制地运作。”并由此得出合题，完全废除私有财产才能克服竞争和垄断。

23 岁的恩格斯不仅巧妙地吸取了亚当·斯密和大卫·李嘉图的精华，还是最早描述经济波动并最先提出初步的经济

---

① 更令人惊讶的是，一些马克思传记作者倾向于略过恩格斯的文本。例如，斯珀伯（Sperber）就简单两行一笔带过（Sperber，Karl Marx，第 139 页和第 144 页）。不然的话，读者会误以为他都是从恩格斯那里得到了灵感，显得他不够天赋异禀。

② Engels, Umrisse zu einer Kritik der Nationalökonomie. In: MEW, Band 1, S. 499—524. 除非另有说明，本节中以下所有引文均来自本文。

危机理论的经济学家之一。[①] 法国经济学家让·巴蒂斯特·萨伊（Jean-Baptiste Say）曾声称供应总是会创造自己的需求，而且普遍的生产过剩永远不会出现。恩格斯嘲讽地写道："这位经济学家带来了他美丽的理论，向你们证明'生产永远不会过剩'，实践却以贸易危机作为回应，这些危机像彗星扫过天空一样，平均每五到七年就会发生一次。"在这一点上，恩格斯比约翰·梅纳德·凯恩斯（John Maynard Keynes）更有预见性，后者发现萨伊理论的可笑之处比恩格斯晚了差不多一百年。

经济学家们从 1840 年左右开始思考经济危机的问题并非巧合。当时，货物囤积，商品很难卖出去，这是之前从未出现过的现象。在那之前，连年饥荒，各种物资基本都是紧缺的，人们吃不饱穿不暖，任何商品，无论是谷物还是衣服，只要一上市，马上就会被一扫而空。尽管 19 世纪仍然存在普遍的贫困，但越来越多的人已经能够相对自由地选择是否进行消费。[②]

对于黑格尔的追随者恩格斯来说，这些新的经济危机可以说是辩证法的具体应用，因为它们最终形成了一个惊人的悖论：恰恰是财富造成了巨大的贫困，因为"人们确实因绝对过剩而饿死。一段时间以来，英国一直处于这种活生生的荒谬

---

① 恩格斯自己指出过，他的危机理论归功于英国公关家约翰·韦德（John Wade），后者于 1835 年出版了《中产阶级和工人阶级史》一书。从韦德那里，恩格斯采纳了贸易危机每五到七年发生一次的观点，后来他把这段时间延长到十年。

② 关于危机的历史另请参见：Herrmann, Sieg des Kapitals, S. 153 ff.

之中”。

恩格斯心思缜密，注重细节，对于经济危机中出现的矛盾他作了如下描述：“一部分资本以极快的速度流动，另一部分则一潭死水；有的工人一天工作十四至十六个小时，有的则无所事事。”危机爆发的速度似乎同样自相矛盾：“今天贸易进展顺利，一切运转正常，资本以惊人的速度周转，农业繁荣，工人拼命挣着血汗钱；第二天一切突然停滞不前，农业耕作无利可图，大片土地荒芜，资金冻结，工人失业，整个国家被过剩的财富和过剩的人口所困扰。”

然而，恩格斯并没有形成成熟的理论体系以解释这些危机是如何发生的。但他已经在解决股市投机问题，而且他还看到，个别工厂主和工人并没有全面了解正在发生的事情，只是作为“分裂的原子”被自己的欲望所驱使。

马克思是否独自一人提出了他的那些理论，已无从得知。有可能并不是，因为，毫无疑问，恩格斯给这位德国哲学家带来了太多极不寻常的实践经验。恩格斯并非出生于受过良好教育的资产阶级家庭，他没有上过大学，甚至没有高中文凭。他是一个工厂主的儿子，完成了贸易专业的学徒培训，并在当时的英国纺织工业中心曼彻斯特度过了21个月。

恩格斯比马克思小两岁，1820年出生于乌珀塔尔市（Wuppertal）的巴门（Barmen）。他是九个孩子中的老大，与父亲同名，都叫弗里德里希（Friedrich）。从取名也可以看出父母期望恩格斯能够子承父业。作为长子，恩格斯后来也确实接管了家族的纺织厂，并在巴门生活，因为他是个虔诚的基督徒。但是后来，正如大家都知道的那样，情况发生了变化。[①]

巴门和邻近的埃尔伯费尔德（Elberfeld）在当时很特别，它们虽然是德国最早的工业城市之一，但农业和手工业仍然占主导地位。1840 年，工业化进程导致超过 70 000 人涌向乌珀河流域，而乌珀河谷非常狭窄，工厂主无法与短工们分开生活，因此，他们的别墅就建在工人宿舍旁边。空气中到处弥漫着臭味，混杂着油漆、漂白剂、下水道的味道。与在岁月静好的特里尔城长大的马克思不同，恩格斯很早就知道了早期资本主义的样子，并闻到了它的气味。

像乌珀河上的许多工厂主一样，恩格斯一家也非常虔诚。即使是平庸的小事物他们也能联想到上帝的恩赐或惩罚。恩格斯的母亲在比利时海滨度假胜地奥斯坦德（Ostende）逗留时，恩格斯的父亲曾这样向她写信："亲爱的伊莉丝（Elise），马铃薯看起来很悲伤，它们之前腰杆挺直，精神抖擞，现在却被流行疾病感染了。这个时代好像那些被上帝遗忘的时代，上帝想要让人类明白他们对自己的依赖程度以及如何被自己玩弄于

① 除非另有说明，恩格斯生平的介绍以加雷斯·斯特德曼·琼斯（Gareth Stedman Jones）、恩格斯和马克思主义史的简要概述为准。请参考：Hobsbawm (Ed.), History of Marxism, S. 290—326, sowie Hunt, The Frock-Coated Communist.

股掌之中。”[①] 后来，恩格斯宁愿称他的家乡为“蒙昧主义的天国”。[②]

恩格斯的父亲很早就开始担心长子会误入歧途。即使是无害的休闲小说在他看来也是很危险的。恩格斯 14 岁时，他提心吊胆地向他的妻子写道：“好吧，今天我悲痛地在他的书柜里找到了一本从图书馆借来的低俗书籍，一个 13 世纪的骑士的故事。他居然这么粗心，把这种书留在了柜子里，被我发现了。看来老天爷也想要帮我拉一把这个在悬崖边的孩子。我这个优秀的儿子什么都好，可我就是操碎了心，生怕他走了歪路。”

恩格斯的父亲坚持要他接手家族纺织厂。为了不让他继续读书，父亲甚至阻止他去参加高级中学毕业考试。最终，尽管成绩优异，恩格斯还是不得不从高中辍学，并于 1838 年到不来梅（Bremen）的一家商行中当学徒。

这份工作让恩格斯开始参与全球化，而全球化并不是一个新现象，它早就深深影响了整个 19 世纪。恩格斯在语言方面非常有天赋，他的老板的业务主要在英国和海地之间，他娴熟地处理了老板的国际通信。工作让恩格斯得以了解不同货币的套利业务以及进口关税的陷阱。

① Knieriem (Hg.), Die Herkunft des Friedrich Engels, S. 600.

② Engels, Briefe aus dem Wuppertal. In: MEW, Band 1, S. 413—432, hier S. 413.

同时他还有个秘密的副业——以笔名弗里德里希·奥斯瓦尔德（Friedrich Oswald）撰写诗歌、散文和批评性报纸文章。尽管没有接受过任何新闻培训，这位 19 岁的年轻人却成为一名出色的记者。特别值得一提的是，他在乌珀塔尔时期的信件中生动地描述了劳动人民的苦难。“他们在低矮的房间里工作，吸进的碳蒸气和灰尘比氧气还多，而且他们大多数从六岁就开始长期超负荷工作了，这样做就是为了压榨他们所有的劳动力，浇灭他们对生活的热情。土生土长的制革工人中，也有些身强体壮的，但三年时间便足够将他们摧残得形销骨立，萎靡不振；他们中每五个人就有三个死于肺结核。”①

尽管恩格斯已经开始进行社会批评，但这位 19 岁的年轻人距离宣传阶级斗争或详细分析经济现象还有很长的路要走。他虽然对剥削感到愤慨，但目前还主要是将笔触指向家乡的宗教狂热：“整个地区都被虔诚和庸俗的海洋所淹没。”②他想撰文讨伐这种“神秘主义”，也顺便提到了尽管虔诚派假仁假义地“每周日去教堂两次”，其实却变相地加深了对其雇员的压榨。“人们心照不宣，在工厂主中，虔诚派对工人的态度最差。”

在不来梅，恩格斯终于丢弃了父母灌输给他的对上帝的信仰。但是，如果他没有找到新的上帝，他将永远无法与基督教彻底脱离关系。和马克思一样，恩格斯也开始转而追随黑格尔

① Engels, Briefe aus dem Wuppertal. In: MEW, Band 1, S. 413—432.

② Ebd.

的理论，他迫切地想去柏林认识青年黑格尔派并投身于哲学。为了不让他的父亲起疑心，恩格斯在学徒期结束后自愿到柏林的普鲁士炮兵部队服役一年。

1841 年秋天，恩格斯的好日子终于来了。由于父母的慷慨支持，他不必住在军营里，而是住进了私人房间。他终于可以远离父亲控制，为所欲为了。恩格斯偷偷进入了柏林大学，旁听柏林大学的哲学讲座，并在谢林讲座（Schelling-Vorlesung）上结识了一些后来也同样举世闻名的同学，如丹麦哲学家索伦·克尔凯郭尔（Sören Kierkegaard）、俄罗斯无政府主义者米哈伊尔·巴枯宁（Michail Bakunin）和瑞士艺术文化历史学家雅各布·伯克哈特（Jacob Burckhardt）。

由于恩格斯并没有停止记者的副业，远在乌珀塔尔的父亲很快就知道儿子误入了哲学的歧途，因此，服役期一满，恩格斯就在父亲的安排下前往了曼彻斯特（Manchester）。他的父亲在那里拥有一家生产棉纱的子公司，雇用了大约 400 名工人。从哲学世界被强行带回工业资本主义的现实世界，更加深刻地影响了恩格斯，并使他的思想更加激进。也正是在这一阶段，恩格斯勾勒出经济学批判的轮廓，并深刻地影响了马克思。

在曼彻斯特，恩格斯还结识了爱尔兰女工玛丽·伯恩斯（Mary Burns），他们没有登记结婚，恩格斯也并不总是对她忠诚，但两人一直生活在一起，直到 1863 年伯恩斯去世。

21 个月后，恩格斯从曼彻斯特返回巴门，中间稍稍走了一些“弯路”。1844 年 8 月，恩格斯第一次去巴黎会见马克思。本来应该是一次短暂的拜访，但两人却一见如故，并发现彼此完美互补。马克思提供了哲学上层建筑和革命干劲，而恩格斯则提供了实践经验。他不仅是工厂老板的儿子和训练有素的商人，而且还在曼彻斯特亲眼见证了即将到来的工业化。此外，恩格斯已经读完了英国经济学中最重要的书籍，而此时马克思才刚刚开始理解亚当·斯密和大卫·李嘉图的重要性。

马克思和恩格斯在巴黎相处了 10 天，在这 10 天里，他们建立了终生的友谊和革命情谊。双方的定位从一开始就很明确，马克思可能很厉害，但恩格斯也从不怀疑自己的重要性，他已经做好了辅助马克思的准备。

恩格斯也深信马克思是他们两者中的天才，他们互相信任、互相扶持。马克思逝世后，1886 年恩格斯写道：“大部分主导思想是马克思提出的。我所贡献的那部分，没有我，马克思可能也能完成。而我却无法完成马克思所做的工作。马克思站得更高，看得更远，他的全局理解能力比我们所有人都强。他是个天才，我们其他人最多只能称为人才。”[①]

事实上，恩格斯的写作风格也不如马克思的散文那般恢宏华丽，但他拥有的绝不仅仅是“才华”。实际上，他不仅是一名出色的商人，还是一名出色的记者。他的文章基于严密的调

① Engels, Ludwig Feuerbach. In: MEW, Band 21, S. 291—307, Fußnote 1.

查，行文流畅，诙谐有趣，深入浅出，易于理解。这正是马克思所缺乏的。譬如，马克思的《资本论》对于外行来说十分晦涩难懂，为此，恩格斯不得不特意写了一篇通俗易懂的摘要，以便读者能够理解马克思想说的话。此外，恩格斯行动迅速，执行力强，他总能在截止日期到来前发表他的文章，而马克思则总是埋头于摘录节选中，截稿十分困难。

英国工人阶级的状况

在接下来的半年里，恩格斯执行力之强让人瞠目结舌。他刚从曼彻斯特（和巴黎）回到巴门不到 6 个月的时间，就写完了《英国工人阶级状况》(Die Lage der arbeitenden Klasse in England)，这本书至今仍然被认为是 19 世纪最好的社会学研究书籍之一。

事实上，当时有很多作者将“社会问题”作为一个论题来考量。下层阶级的困境是如此明显，以至于关于“贫困”的文章不断涌现。仅在德国，1822—1850 年就发表了大约 600 篇谴责贫困肆虐的文章。①

但只有恩格斯的书脱颖而出，因为他第一次以工业革命为中心，试图捕捉所有工人的情况，而不是仅仅描述个别工业部

① 甚至作家 Bettina von Arnim 也写了一部关于贫困的作品，标题是《这本书属于国王》(Dies Buch gehört dem König) (1843)。

门。另外，他的观点和见解不是在空中楼阁里形成，而是基于实地调研和查阅相关资料形成的。不仅如此，恩格斯还抨击了他的哲学家同胞们："德国社会主义者和共产主义者比任何其他国家的同行都更喜欢从理论预设出发；我们的德国理论家们对现实世界知之甚少。"①

与绝大多数社会主义者不同，恩格斯并没有让工人只是成为他著作的讨论对象，他与他们主动交谈并向他们学习。恩格斯自己也知道这种好奇心是多么的罕见，他在《英国工人阶级状况》的英文前言中写道："我放弃了社交和宴会，放弃了中产阶级的波特酒和香槟，我把我的业余时间几乎全部用于与普通工人交往。"②

恩格斯用官方统计数据和其他印刷资料补充了这些谈话，并首次使用了马克思后来在他的《资本论》中采用的技巧。最重要的是，恩格斯引用了意识形态的反对者，即自由主义者的例证。"凡是缺失官方文件的地方，我总是喜欢用自由主义者的例证来描述产业工人，以便让他们自己把自己钉在耻辱柱上。"是的，如果资产阶级也不得不承认工人生活在有辱人格

---

① Engels, Die Lage der arbeitenden Klasse. In: MEW, Band 2, S. 225—506.

② 恩格斯使用了"中产阶级"这个词，这在德语中并不常见，因为他最初是用英文写的这篇前言，目的是让英国工人能读懂这个简短的版本。在英语中，"中产阶级"一词被用来表示企业家和富人，而不是"资产阶级"。尽管有英文写的序言，但恩格斯的作品并未在英语世界中被接受。直至1887年和1892年才先后在美国和英国出现了英文译本。

的环境中，那么这将比社会主义者的任何控诉都有效。

与马克思在巴黎的会面对恩格斯产生了巨大的影响。如果说在此之前恩格斯主要抨击的是私有财产，那么，现在他考虑的则是会导致无产阶级革命的阶级矛盾。他的书中列举的种种证据表明这场革命不会太远。

恩格斯从新技术所带来的各种奇迹开始，列出了他那个时代最重要的发明：机械化织机、纺纱机、蒸汽动力、铸铁、钢铁、化肥、铁路、电报。恩格斯并不是一个梦想回到风景未受过破坏的理想世界中去的浪漫主义者。相反，他更为“1760 年以来英国工业经历的巨大繁荣”和“人类史册中无与伦比的这一段历史”而着迷。

但是，尽管他对技术充满热情，作为革命派，他还是十分清楚一件事：“这场工业革命最重要的成果是英国无产阶级的出现。”穷人在历史上从来没有发挥过作用，但现在他们变成了一个具有阶级意识的革命群体。至少在恩格斯看来是这样的。

他详细描述了这场对工人犯下的“社会谋杀”——资产阶级把无产阶级圈禁在潮湿的房间里，不给他们吃饱饭。恩格斯引用了他从官方政府委员会的会议记录中看到的情况。一位目击者这样讲述爱丁堡逼仄的地下室住房：“工人住在没有床的房子里，有的甚至连稻草都没有。地下室里黑得白天都看不见人，里面还有一头驴。”

官方的健康统计数据也佐证了贫困："在1840年的利物浦（Liverpool），上层阶级（绅士、职业男性等）的平均寿命为35岁，商人和富裕工匠的平均寿命为22岁，体力劳动者、短工和服务阶级的平均寿命仅为15岁。"当时，恩格斯感到非常愤慨，因为上层阶级的寿命是无产阶级的两倍。而对于今天的读者来说，那时的富人居然也活不了多久，倒是挺有意思的。

如此短的预期寿命主要反映了高儿童死亡率。恩格斯报道了曼彻斯特的情况："超过57%的工人阶级儿童活不到五岁，而上层阶级儿童五岁前死亡的比例是20%。""天花、麻疹、百日咳和猩红热"剥夺了儿童的生命。[①]

虽然工厂主们总是无休止地剥削他们的工人，但恩格斯也没有故意挑衅地把所有工厂主都描绘成不道德的怪物。他看到许多企业家也有在努力提高员工的素质。但对于整个资产阶级

---

① 此外，恩格斯还是城市社会学的先驱，因为他是第一个描述英国城市如何被隔离并划分为"坏区"和"好区"的人。他这样报道曼彻斯特：上层阶级"呼吸着自由、健康的乡村空气，住着华丽、舒适的公寓，每半小时或一刻钟就有一辆开往城镇的公共汽车。最美妙的是，这些有钱的贵族可以穿梭于工人阶级生活区，沿着下一条路线到达他们在市中心的商店，他们只需左右瞥上一眼，就可以看到最肮脏和最潦倒的景象。从证券交易所出城的主要街道两边几乎都是一排排商店，它们都落入了中小资产阶级手中。出于自身利益，街道两岸维持着更加得体、干净的外观。"恩格斯苦涩地说"这种虚伪的建筑风格或多或少是所有大城市的通病"，到处都"禁止工人阶级出现在主要街道上，对任何可能冒犯资产阶级眼睛和神经的事情都进行了如此温柔的隐瞒"。（Engels, Lage der arbeitenden Klasse. In: MEW, Band 2, S. 225—506; S. 279 f.）恩格斯甚至绘制了图解来说明工人阶级社区的居住环境有多不健康。

来说，竞争比个体的存在更强烈，资本家不想倒下就必须盈利，要想盈利就必须剥削无产阶级。

恩格斯已经观察到资本主义越来越趋于集中，大工厂在不断吞并小工厂。不过，在他看来，无产阶级集中在越来越大的公司中是一件好事情。只有通过这种“人口集中化”，工人才会开始“感觉自己像一个阶级集体，才会意识到虽然个体很弱，但他们团结在一起便能构成一股强大的力量”。从这一点来看，大城市必然是工人运动的中心。

与德国不同，英国不仅有工人，还有工会。恩格斯很高兴地看到，“这个国家几乎每天都上演着罢工，不是这儿，就是那儿，两次罢工间隔不到一个星期”。

不过，正如恩格斯所指出的，工会有一个弱点，即一旦出现经济危机，他们就完全无能为力，绝望的工人不得不接受最低工资来争夺稀缺的工作岗位。恩格斯当时还没有使用“后备军”这个词，但是过剩无产阶级的想法正是从他那里来的，这对马克思产生了非常重要的影响。

恩格斯从服兵役开始就爱用军事词汇，他认为阶级斗争是唯一的出路：“这些罢工只是前哨战。罢工改变不了什么，但是，罢工是工人战斗前的学校，他们通过罢工积累经验，为无法避免的伟大战斗做准备。”

恩格斯确定最后一战“最迟在 1847 年”，因为他预计这一年会出现下一次经济危机，“这次经济危机将掀起前所未有的暴力和愤怒”。他的预言让人害怕：“穷人对富人的战争将是有史以来最血腥的战争。革命必将到来，现在想和平解决问题已经太晚了。”事实证明，至少在时间表上，恩格斯是正确的，因为在1848年欧洲确实爆发了革命。

但恩格斯首先必须亲自解放自己，逃离家人。他在巴门的家里住了6个月，一直在写他的书。这6个月他过得很不容易，他在给马克思的信中愤怒地写道：“我不能吃、不能喝、不能睡、不能放屁，因为我那父亲的脸总是出现在我面前……”

此外，恩格斯因在埃尔伯费尔德（Elberfeld）发表共产主义演讲而遭到普鲁士警察的追捕。整个乌珀塔尔已经在议论恩格斯家族的事情了，这也是为什么恩格斯的父亲认为他应该尽快离开普鲁士的原因，他第一次为恩格斯打点了继承家族工厂之外的生活。幸亏父母的资助，恩格斯不必在国外忍饥挨饿，他终于能够成为一名不差钱的全职活动家。而此时，革命也要来临了。

1845年春天，恩格斯搬到布鲁塞尔（Brüssel），马克思也在法国政府驱逐他之后同时抵达了比利时。[①] 法国人并不在意马克思在一张名为《前进报》的流亡报纸上用德语写了什么，

① 比利时以前是荷兰的一部分，属于新教，而比利时瓦隆人和佛兰德人则是天主教徒。1830年，在短暂的独立战争之后，比利时成为一个自由民主的国家，其国王只有代表职能。人民有言论自由，因此，来自欧洲各地的激进民主人士都来布鲁塞尔定居。

但普鲁士人却用尽所有的外交力量逼迫他离开巴黎。对马克思来说，他在整个欧洲都受到普鲁士政府的追捕实在是一件令人讨厌的事情，但间谍们的忙碌工作也从侧面表明他已经被视为一个令人闻风丧胆的革命者了。

革命加快了脚步：《共产党宣言》

从 1845 年开始，几次歉收加剧了普遍贫困。普鲁士的黑麦价格上涨了 88%，小麦价格上涨了 75%，马铃薯价格上涨了 135%，灾难降临，饿殍遍野。[①] 普鲁士政府对此非常紧张，整个欧洲也蠢蠢欲动，很不太平。不仅马克思和恩格斯预言会爆发一场革命，就连君主们自己也开始忌惮他们的人民。

欧洲统治者本可以毫发无损地安然度过困境，但受过教育的资产阶级却因为传统的职业上升道路被封锁而群情激愤。他们的孩子受过良好教育，却无法找到工作。因为学者实在太多了，如果谁想成为牧师或司法陪审员，就必须等待 12 年才可能开始他们的第一份带薪工作，然后才能结婚。而这段时间足够让这种挫败感发酵为参加革命的强烈意愿。[②]

马克思就是他那一代人的典型代表。他也出身于受过良好教育的资产阶级家庭，但同样没有找到合适的工作。不过，他

---

① Materna/Ribbe (Hg.), Brandenburgische Geschichte, S. 450.

② Wehler, Deutsche Gesellschaftsgeschichte, S. 210 ff.

接下来的人生道路却是个例外。随着十九世纪五六十年代经济状况的改善，大多数其他学者都与统治者们达成了妥协，并成为银行家、商人、记者和成功的政治家，而马克思则终其一生都是革命者。①

时间回到1847年，马克思和恩格斯加入了“正义者同盟”。后来，在他们的倡议下，该组织更名为“共产主义者同盟”。由于这个革命秘密团体缺少政治纲领，马克思便被委以重任参与编撰纲领。马克思的交稿困难症一如既往，以至于他不得不在最后的期限到来前奋笔疾书七天七夜。但这样集中的创作过程反而使得《共产党宣言》全文简洁优雅、尖刻犀利、诙谐有趣。简短精练、不容置疑的语句几乎具有圣经般的语言力量。即使在今天看，它仍具有预言效果，因为它晦涩而戏剧性地勾勒出了一个即使在21世纪也并不奇怪的资本主义世界。②

《共产党宣言》中的许多句子已成为人人皆知的格言。它切入点更是举世闻名：“一个幽灵，共产主义的幽灵，在欧洲大陆徘徊。”同样著名的还有它的结尾：“无产阶级在这个革命

① Hobsbawm, The Age of Capital, S. 34 f.

② 马克思独自撰写了《共产党宣言》，但恩格斯总是被列为合著者，因为他之前提交了两份草稿。他们仍然采用基督教教义问答的风格，其中共有25个问题和答案。但即使是问题4——“无产阶级是如何产生的？”，答案也是如此的广泛，以至于恩格斯意识到这种共产主义教义问答其实不起作用。参见：Engels, Grundsätze des Kommunismus. In: MEW, Band 4, S. 361—380.

中失去的只是锁链，他获得的将是整个世界。”①

马克思很快切入正题，他认为：“至今一切社会的历史都是阶级斗争的历史。”但这个论断并不像今天听起来那么具有革命性，因为当时每个人都希望推翻贵族特权。工匠和市民即使不用阅读《共产党宣言》也知道他们的利益与贵族地主、王子和诸侯的利益不同。

其实，马克思从未声称自己发现了阶级斗争的原理。1852 年，他在给移居美国的朋友约瑟夫·魏德迈（Joseph Weydemeyer）的信中写道：“资产阶级历史学家早在我之前就已经介绍了这场阶级斗争的历史沿革，资产阶级经济学家也早已介绍了它的经济结构。而我所做的，不过是证明阶级的产生仅仅同一定的历史发展阶段相联系，阶级斗争必然导致无产阶级专政。”②

但在马克思在《共产党宣言》中谈到无产阶级之前，他首先肯定了资本主义以及“在历史上曾经起过非常革命的作用”

---

① Marx/Engels, Manifest der Kommunistischen Partei. In: MEW, Band 4, S. 459— 493. 除非另有说明，本节中以下所有引文均来自本文。

② 引自 Misik, Marx verstehen, S. 67.《共产党宣言》的描述性部分借鉴了很多其他作者的观点。黑格尔派的爱德华·甘斯（Eduard Gans）写道：“自由民和奴隶、贵族和平民、领主和农奴，一句话，压迫者与被压迫者，始终处于相互对立的地位。然而，我们的时代——资产阶级时代，却有一个特点：它使阶级对立简单化了。整个社会日益分裂为两大敌对的阵营，分裂为两大相互直接对立的阶级：资产阶级和无产阶级。马克思曾师从甘斯（Gans），甘斯是他最重要的老师，1839 年中风去世，年仅 42 岁。（另见 Sperber, Karl Marx, S. 208 f.）

的资产阶级。没有资本家，不可能有无产阶级。(他认为）没有资产阶级，就没有无产阶级。

马克思愤慨地总结了企业家重塑社会的方式："资产阶级在它已经取得了统治的地方把一切封建的、宗法的和田园诗般的关系都破坏了。它使人和人之间除了赤裸裸的利害关系，除了冷酷无情的'现金交易'，就再也没有任何别的联系了。宗教虔诚、骑士热忱、小市民伤感这些神圣的情感，一并淹没在利己主义精打细算的洪流之中。总之，它用公开的、无耻的、直接的、露骨的剥削代替了由宗教幻想和政治幻想掩盖着的剥削。"

马克思对他那个时代的技术成就也不吝夸赞，他认为，资产阶级"第一个证明了人的活动能够取得什么样的成就。它创造了完全不同于埃及金字塔、罗马水道和哥特式教堂的奇迹"。他细数了资产阶级的成就："自然力的征服，机器的采用，化学在工业和农业中的应用，轮船的行驶，铁路的通行，电报的使用，整个大陆的开垦，河川的通航，仿佛用法术从地下呼唤出来的大量人口……"

马克思比其他任何人都明白资本主义是动态变化的，不能用静态的视角来理解："不断的生产革命，一切社会关系的不停动荡，永远的不确定和骚动不安，这就是资产阶级时代区别于过去一切时代的特征。在这个时代，一切坚固的东西都烟消云散了，一切神圣的东西都被亵渎了。"

他很早就认识到资本主义是世界性的，并不会局限在德国境内：

“不断扩大产品销路的需要，驱使资产阶级奔走于全球各地。它必须到处落户，到处发展，到处建立联系。资产阶级开拓了世界市场，使一切国家的生产和消费都成为世界性的了。不管反对者怎样惋惜，资产阶级还是挖掉了工业脚下的民族基础。如今，各民族之前的往来和依赖已经代替了过去那种自给自足和闭关自守的状态。”

《共产党宣言》也严格遵循了黑格尔的正题、反题和合题的辩证法。资产阶级的迅速崛起是正题，并在文章的最后进行了简要概括：“简言之，它（资产阶级）按照自己的面貌为自己创造出一个世界。它使人口密集起来，使生产资料集中起来，使财产聚集在少数人的手里。”

但随后马克思就提出了反题，他预言了资产阶级的垮台。因为资本主义存在一个致命“死穴”，恩格斯已经就此描述过，那就是由资本主义制度自身决定的“生产过剩”的矛盾。商业危机“在周期性的重复中越来越危及整个资产阶级的社会生存。不仅如此，在危机期间，发生一种在过去一切时代看来都好像是荒唐现象的社会瘟疫，即生产过剩的瘟疫。社会突然发现自己回到了一时的野蛮状态，仿佛工业和商业全被毁灭了。这是什么缘故呢？因为社会上文明过度，生活资料太多，工业和商业太发达”。

此时，资产阶级将无以为继，马克思对此做出了如下预测：“资产阶级不仅锻造了置自身于死地的武器，它还产生了将要运用这种武器的人——现代的工人，即无产者。可以说，它首先生产的是它自身的掘墓人。”

共产主义社会当时是辩证的合题。它应该满足一些要求，其中某些对今天的我们来说不再是革命性的，却依然是可以借鉴的，这包括累进所得税、铁路国有化、中央银行和儿童义务教育。

集中在少数上层阶级手中的私有财产当然也应该废除。马克思尖刻地讽刺了抨击他的资产阶级读者：“我们要消灭私有制，你们就惊慌起来。但是，在现存的社会里，这种私有制之所以存在，正是因为私有财产对十分之九的成员来说已经不存在了。你们责备我们，是说我们要消灭你们的那种所有制。的确，我们是要这样做的。”

《共产党宣言》以举世闻名的“全世界无产者，联合起来！”这一精辟有力的语句作结束。①

1848 年 2 月，《共产党宣言》发表后不久，便赶上 1848

---

① 《共产党宣言》是有时代烙印的作品，因为它不仅包含具有永久生命力的表述，更有大约三分之一的篇幅涉及了今天已经不再提及的社会主义竞争观。就连马克思和恩格斯也不得不承认，这个内容已经“过时了”。但他们没有再更新《共产党宣言》，他们在 1872 年新德文版的前言中指出：“‘宣言’是一份历史文件，我们无权更改。”（参见 Marx/Engels, Manifest, neue Ausgabe. In: MEW, Band 18, S. 95 f.）

年在巴黎爆发的欧洲革命。《共产党宣言》还油墨未干，欧洲诸多国家便已被卷入其中。随后，在 3 月，奥地利、匈牙利和意大利北部爆发起义，柏林发生了巷战；5 月，德国国民议会在法兰克福成立，希望为统一的德国制定民主宪法。

马克思和恩格斯急忙回到科隆创办另一份报纸《新莱茵报》。报纸取得了出版上的成功，发行量约为 5 000 份。但与共产党人的预期相反，该报纸并非写给工人的，因为对工人们来说，马克思的学术风格过于晦涩难懂。不仅如此，报纸上也几乎没有提及工人运动。当时，马克思和恩格斯想的还是先与资产阶级谈判和探讨，因为他们认为德国进行无产阶级革命的时机尚未成熟，尤其是德国还缺乏真正的无产阶级，毕竟当时还没有大型工厂可以让工人聚集在一起并表现出团结的力量。

此外，当时德国由 39 个邦国组成，大大削弱了革命运动的力量。基于此，马克思和恩格斯在《共产党宣言》中冷静地分析了德国首先需要进行“资产阶级革命”，然后才能进行无产阶级革命：“在德国，共产党同资产阶级一道，反对君主专制、封建土地制度和小资产阶级。”

但是资产阶级革命在德国失败了，甚至在整个欧洲也都失败了。从来就没有哪个地方实现了真正的议会民主，最迟到 1849 年 7 月，君主们再次牢牢占据了王位。尤其让马克思感到失望的是，即使在经过革命洗礼的法国，改革也没有发生。相反，动乱之后，拿破仑的侄子路易·波拿巴（Louis Bonaparte）

上台掌权。

波拿巴实施了军事独裁，马克思随后在他的著作《路易·波拿巴的雾月十八日》中对此进行了分析，且时至今日，它仍是现代革命理论和纪实文学最重要的著作之一。马克思远见卓识，他认为这种军事独裁是全新的形式，它第一次将自由与压迫这两样曾经不相容的东西合二为一。在政治上，法国资产阶级没什么施展空间，但它却可以在经济和文化上不受干扰地发展。国家不再干预公司和银行，这些公司和银行也开始保障宗教自由、促进研究和资助普通教育。①

这种政治独裁和经济自由的新结合也在德国发展起来。虽然 1848 年的欧洲革命失败了，普鲁士依然由同一位国王统治着。但就连弗里德里希·威廉四世（Friedrich Wilhelm Ⅳ.）也意识到中世纪阶级秩序的时代已经结束了。因此，他在 1850 年破格接受了议会，并开始采用三级选举法。这种选举法下，几乎所有男性都有选举资格，并根据纳税收入对他们进行分类，最富有的 5% 决定国会议员的第一个三分之一，另外 11%—15% 决定第二个三分之一，剩下的可以决定最后的三分之一。

这种安排非常适合自由派上层阶级，他们与贵族一起，确保了自身在议会中占多数，而不必担心工人、农场工人和无产者会造成太大影响。至此，资产阶级与国王结成联盟，以保护

① Hauke Brunkhorst, Kommentar. In: Karl Marx, Der achtzehnte Brumaire des Louis Bonaparte, S. 226 f.

自己的权利不受贫困群众的侵害。

正如马克思所看到的，资产阶级革命失败了，但是他也指望不上无产阶级揭竿而起。许多工人不是阶级斗士，而是忠诚的臣民，正如马克思本人在1848年所经历的那样。1848年8月弗里德里希·威廉四世访问莱茵兰时，《新莱茵报》未能出版，因为印刷商宁愿站在路边夹道欢迎普鲁士国王的莅临。①

1849年5月，马克思被普鲁士驱逐出境，②并最终迁往伦敦，因为英国是当时欧洲唯一接纳外国社会主义者的国家，仅德国就有大约20 000名革命者逃到伦敦。

英国对流亡者的容忍迷惑了马克思和恩格斯，因为那里的工人聚集在城市和工厂里，但实际情况是，英国政府不可能容忍外国社会主义者的"阴谋诡计"，无产阶级革命毫无可能。

1848年后，马克思不再沉迷于政治幻想。他知道社会不会再发生进一步的革命，甚至是阶级斗争。但是，既然他不想放弃辩证唯物主义，就必须有一个对象，即使无产阶级作为革命主体失败了，也能带来社会主义，而这个对象只能是资本主

---

① Clark, Iron Kingdom, S. 483. 保守的弗里德里希·威廉四世（Friedrich Wilhelm IV.）在所有阶级中都非常受欢迎，因为他喜欢谈论"德国统一"，而且经常挂在嘴上。当时，对许多德国人来说，建立民族国家比实现议会民主更重要。

② 马克思作为"不受欢迎的外国人"被普鲁士驱逐，因为他在1845年放弃了普鲁士公民身份。马克思本希望，如果他不再是普鲁士公民，普鲁士的间谍就不会再对他感兴趣。但是这个愿望没有实现，马克思依然继续被密切监视。

义本身，因此，必须要发现资本主义这个复杂系统中先天存在的矛盾。马克思早就读过亚当·斯密和其他资产阶级理论家的著作，但直到现在他才成为一名经济学家。对他来说，社会主义不再是乌托邦，它变成了一门科学。

流亡之苦：伦敦

马克思在流亡伦敦时第一次体会到了什么叫穷困潦倒。一直以来，他都是靠捐款、预支稿酬和小额遗产维持生计的，但当他流亡伦敦时，几乎所有的资金来源都枯竭了。他不得不搬到“廉价公寓区”苏荷区，他的积蓄只够租一套连自来水和厕所都没有的两居室公寓。

对于人数不断壮大的家庭来说，这所房子太小了。因为在结婚的头 14 年里，燕妮·马克思先后生下了 7 个孩子。依次为：长女燕妮（Jenny）（1844 年），次女劳拉（Laura）（1845 年），长子埃德加（Edgar）（1847 年），次子海因里希·吉多（Heinrich Guido）（1849 年）、三女儿弗兰齐斯卡（Franziska）（1851 年）、四女儿艾琳娜（Eleanor）（1855 年）。1857 年，最后一个孩子出生了，但还没来得及取名字就夭折了。

马克思一家的生活有多么艰辛，已经生动地流传了下来。这还多亏了一位名叫威廉·施蒂伯（Wilhelm Stieber）的普鲁士警探，他颇有文学天赋，而且很可能戏剧化夸大了一些东西。

他曾这样向柏林汇报："马克思住在伦敦一个最糟糕、房租最便宜的地区。他有两个房间，临街的那间是客厅，后面那间是卧室。在这一整套住房里，东西随处乱扔，没有一件家具是干净和牢固的，一切都破破烂烂，到处都布满灰尘。客厅的墙上挂着一张打蜡的帆布，中央有一张老式的大桌子，上面放着马克思的手稿、书籍、报纸，以及孩子们的玩具，还有女人针线包里的零碎散物；旁边有几个破边的茶杯，勺子也脏脏的，刀叉、烛台、墨水瓶、水杯、荷兰泥烟斗、烟灰缸等乱七八糟地摆放着，堆得满满当当，总之，什么都摆在唯一的这张桌子上。就连一个旧货商人都会对脱手这样一堆令人惊讶的破烂货感到羞耻。当你走进马克思一家的房子里，眼睛立刻被煤和烟草熏得模糊一片，就像摸黑走进了山洞一样，四处摸索，直到你的眼睛逐渐适应这些烟雾，并在一片朦胧迷雾中费劲地感知身边的物体。但所有这一切都没有让马克思和他的妻子感到尴尬，他们热情地拿着烟斗、烟草和任何东西，以最友好的方式招呼客人，妙语连珠的对谈一定程度上弥补了居住环境的不足，让艰辛的生活变得可以忍受，甚至可以慢慢地与社会和解，因为他们发现这个圈子很有趣，甚至是独特的。这就是共产党领袖马克思的家庭生活的真实写照。"①

"共产党领袖"听起来颇有派头，但实际上马克思在伦敦只有大约 12 名追随者，他们每周三晚上在苏荷区一家名为

① Zitiert nach Limmroth, Jenny Marx, S. 146.

“玫瑰与皇冠”的酒吧会面。普鲁士派出最能干的警探[①]来监视马克思，这当然不可能只是因为这个小团体，其实还有一部分原因是出于个人好奇，因为当时的普鲁士内政部长斐迪南·冯·威斯特华伦（Ferdinand von Westphalen）是燕妮同父异母的哥哥。他对妹夫马克思在伦敦的生活非常感兴趣。

或许真的像许多传记作者怀疑的那样，正是因为小公寓逼仄和局促的环境，除了最后一个孩子，马克思有三个孩子都没能活下来。海因里希·吉多因癫痫突然夭折；弗兰齐斯卡死于百日咳或支气管炎；埃德加则于1855年4月去世，年仅8岁，死因可能是阑尾炎，也可能是肠结核。几个孩子里，只有女儿燕妮、劳拉和艾琳娜长大成人。

马克思意识到他在没有资本的时候写关于资本的文章颇有些讽刺意味。在给恩格斯的一封信中，他用他们两人在流放时习惯用的语言抱怨道：“我认为从来没有人在这么缺钱的情况下写过关于‘钱’的文章。大多数讨论这个主题的作者都对他们的研究主题保持审慎。”[②]

幸运的是，恩格斯已经准备好为他提供终身资助。

第一次伦敦之旅对恩格斯来说并不容易，因为他的父母没有再寄钱给他。就连善良而耐心的母亲也对恩格斯想成为一名

① 威廉·施蒂伯（Wilhelm Stieber）拥有法学博士学位，后来升任俾斯麦总理领导下的特勤局局长。同时，他从1859—1874年也是俄罗斯间谍。

② Zitiert nach Misik, Marx verstehen, S. 83.

永久的革命者感到震惊，并写信给他："你说你要走自己的路，对此我们并不同意，说得客气一点，你别想指望我们在这方面会支持你，尤其是你已经长大成人了，你必须得自己养活自己。"

后来，恩格斯破产了，他不得不眼睁睁地看着马克思一家陷入悲惨境地。即使百般不情愿，恩格斯也明白他必须回到家族企业去。他的父亲也很乐意继续派他到曼彻斯特去，因为老弗里德里希有充分理由怀疑自己被他的搭档欧门兄弟出卖了，他急需一个现场监工。他希望儿子可以前去仔细翻阅账簿并检查账目。起初，恩格斯只是一名普通员工，但出乎父亲的意料，他很快就成为一名能干的经理，并且很快获得了分红。

从此，恩格斯是一家德国公司的代表，为人正派，住在一个受人尊敬的郊区，是曼彻斯特所有重要俱乐部的成员，甚至还会骑马打猎，过着只有贵族和社会精英才能负担得起的生活。不仅如此，他还另有一个公寓，他将玛丽·伯恩斯（Mary Burns）和她的妹妹丽兹（Lizzy）安置在那里。

从 1851—1869 年，恩格斯在他父亲的公司里至少赚了 23 289 英镑，其中共向马克思汇款 3 121 英镑。不过，最初几年资金却十分紧张。1853 年，恩格斯只得到了 100 英镑，他将其中的 60 英镑寄往伦敦。

好在马克思本人也找到了收入来源。1848 年，他结识了美国记者查尔斯·达纳（Charles A.Dana），后来查尔斯·达纳成为《纽约每日论坛报》的编辑，这份报纸发行量达到 20 万份，是当时美国最大的报纸。马克思雄健的文风令达纳印象深刻，从 1852 年起，达纳便让马克思担任他的特约欧洲通讯员。

马克思在《论坛报》上发表了 487 篇文章，稿酬是 1 英镑一篇。然而，由于马克思经常身体不适或状态不佳，恩格斯便不得不为其代笔，以至于大约四分之一的文章都是恩格斯所作。直到 1861 年，美国内战爆发，纽约便没有人再对欧洲感兴趣了。不管怎样，报纸刊登的文章占据了马克思生前发表文字的大部分比例。

自 1848 年革命以来，马克思一直希望很快就会出现一场重大的经济危机，将资本主义推向深渊。但遗憾的是，什么也没发生。不仅如此，他在伦敦的那些为数不多的忠实追随者们甚至开始取笑他预测的危机从未应验。直到 1857 年，股市崩盘席卷了美国、欧洲和印度，马克思的预测似乎才被验证是对的。这场危机是前所未有的，因为之前的危机都是区域性现象，但这一次的破产浪潮却席卷了每一个国家，无一幸免。仅在美国，就有 5 000 多家公司和银行破产。①

完成他辛劳多年的巨著《政治经济学批判》的最佳时机终于到来了，马克思为此通宵达旦地写作。但就在他奋笔疾书之际，危机又一次结束了。从 1858 年起，世界经济重回增长轨道。

与之前一样，马克思把他的工程设计得太宏观了，以至于 1859 年《政治经济学批判》出版后，反响不佳，许多读者根

---

① Herrmann, Sieg des Kapitals, S. 156 ff.

本不明白马克思想要表达什么。其中就包括威廉·李卜克内西(Wilhelm Liebknecht)，他后来成为社会民主党的创始人。这位忠诚的马克思主义者坦言，他从未对一本书如此失望。而今天，人们则只需读5页序言，就能对唯物史观有一个简明扼要的了解。序言里不仅会发现“现实基础”和“法律的和政治的上层建筑”这对对立关系，还有马克思最著名的名言之一：“不是人们的意识决定人们的存在，相反，是人们的社会存在决定人们的意识。”

又过了8年，也就是1867年，马克思的主要著作《资本论》终于得以出版。这本巨著的出版工作进展如此缓慢是因为马克思从1863年开始就病重了。拳头大小的疖子，也叫痈，开始遍布马克思的身体，腋窝、背部、臀部、耻骨区和大腿尤其备受折磨，皮肤伤痕累累，甚至溃烂化脓。他也因此坐不得躺不得。其实，直到今天，医生们都想知道马克思到底患了什么病，最新的诊断是“化脓性汗腺炎”，一种遗传性自身免疫性疾病。它与痤疮相似，但要严重得多。目前也仍然没有特效药来对抗它，药物只能减轻痛苦，却无法将其治愈。

然而，遗传因素通常并不足以导致这种疾病的突然暴发。数据显示，这种疾病80%—90%的患者都是重度吸烟者①，而马

---

① 马尔堡大学，《吸烟造成了卡尔·马克思的疖子。马尔堡皮肤科医生确诊皮肤病的原因》(Rauchen verursachte Karl Marx' Eiterbeulen. Marburger Dermatologen identifizieren Grund für Hautkrankheit)。2008年6月19日新闻稿。

克思正好烟瘾极大。尽管如此，他依然拒绝戒掉他的雪茄，相反，他喜欢使用雪茄里的砷来减轻病痛，这在当时被认为是一种灵丹妙药。但事实证明，这毫无用处，反而会慢慢毒死他。

另一种“药”同样无效，但非常流行，那就是酒精。当时没有像阿司匹林或布洛芬这样的普遍可用的止痛药，所以医生很乐意开出各种酒精饮料来帮助他们的病人缓解痛苦。

很快，资金方面的担忧再次困扰了马克思。他不得不再次向恩格斯和亲戚写信请求支援，而且成了典当行的常客。

马克思让女儿学习了法语和意大利语，还要学绘画、唱歌和弹钢琴。不仅如此，她们还被送到中学去读书。这在当时是很不寻常的，因为整个伦敦总共只有 12 所女子高中和 1 000 名学生。大多数女孩都是在家接受教育，所学的也只是阅读和写作。

1867 年 9 月，马克思写了大约 20 年的书——《资本论——政治经济学批判》终于出版了。马克思的经济学理论宣告了从亚当·斯密开始的所谓“古典主义”理论的正式结束（下一章会详细介绍）。

这本书虽然不是畅销书，但它的销量明显好于马克思在此之前所写的任何其他作品。第一版 1 000 册在 4 年后全部售罄，1873 年又发行了第二版。然而，对于很多读者来说，这本书十分艰涩难懂，甚至刚开了个头就读不下去了。因此，燕妮·马克思曾大胆地建议社会主义者约翰·菲利普·贝克尔（Johann Philipp Becker）跳过“第一部分辩证法探索”，直接阅读最后两章“资本的原始积累和现代殖民理论”[①]的内容。

这个建议恰恰表明，其实燕妮并不明白，正是前几章中的“辩证法探索”才真正构成了马克思理论的核心。同样不明白的不止她一个人，大多数社会主义者只有在恩格斯将马克思的文字翻译成更通俗易懂的语言之后才理解他。后来甚至形成了习惯，大家都不再读《资本论》，而是直接读恩格斯的通俗摘要，该摘要也于 1880 年以《社会主义从空想到科学的发展》为题发表。

1867 年《资本论》出版前，马克思曾在前言中宣告，该书本来应该由四册组成，分为三卷：“这本书的第二卷将论述资本流通的过程（第二册）和整个流通过程的结构（第三册），第三卷（第四册）则聚焦理论史。”但是这些文本并没有出现，因为马克思实在太累了。在他生命的最后几年，他实在写不出任何具有实质性内容的东西了，他的庞大体系最终只流于一个框架。

从马克思到马克思主义

从金钱上来说，马克思的晚年相对安逸，因为从 1869 年起，恩格斯每年都会给他 350 英镑的终身年金。这其中还不包括医疗费等特殊费用，这些费用也是恩格斯来承担。

恩格斯终于摆脱了他深恶痛绝的纺织企业家的生活。他

① Zitiert nach Limmroth, Jenny Marx, S. 207 f.

将他在该公司持有的股份出售给了欧门兄弟，并因此获得了12 500英镑，大约相当于今天的120万英镑。随后，恩格斯也搬到了伦敦，住在离马克思家只有十分钟步行路程的地方，从此，恩格斯全身心地投入作为马克思代言人的新生活中。

1873年发生了另一场世界经济危机，这也是历史上最严重的经济崩溃之一。仅在德国，一半的股权资本蒸发，工资减半，物价下跌38%。[①]但这一次，当恐慌四处蔓延时，马克思却依然保持着冷静，因为他已经不再相信资本主义会因危机而灭亡。

相反，马克思希望通过让资本家的资本变得过剩，使资本主义自行消亡。但他已经来不及在这一点上展开深入的研究了，因为他的生命行将结束。他的支气管炎变成了顽疾，也有可能他已经患了肺结核。1881年12月，马克思的妻子燕妮死于肝癌；1883年1月，他的女儿燕妮死于膀胱癌。1883年3月14日下午，当恩格斯像往常一样来访时，马克思已安然去世于家中的摇椅上。

马克思在海格特墓地的长眠之处如今已经成为热门地点，[②]但当时参加他的葬礼的却只有寥寥11人。恩格斯在葬礼上盛赞了马克思的英名和事业。

马克思去世后，马克思主义就开始了。

---

① Herrmann, Sieg des Kapitals, S. 158 ff.

② 坟墓上装饰着一个巨大的马克思半身像，由英国共产党于1956年捐赠。原来的墓碑很朴素。

恩格斯指出："正像达尔文发现有机界的发展规律一样，马克思发现了人类历史的发展规律。"[①] 这就是历史唯物主义，即"一个民族或一个时代达到一定的经济发展阶段后，便构成了一个基础，而人们对国家设施、法律、艺术，乃至宗教的观点、观念，都是从这个基础上发展起来的。"

恩格斯认为马克思在《资本论》中提出的剩余价值理论是其第二个伟大理论发现："马克思还发现了现代资本主义生产方式的特殊运动规律……剩余价值的发现使一切都豁然开朗了。一生中能有这样两个发现，足够了。即使只能有一个这样的发现，也已经很幸福了。"

恩格斯于 1895 年去世，他有幸看到了工人运动如何真正在欧洲兴起并动员数百万支持者。几十年间，没有多少人对《共产党宣言》感兴趣，但现在它已被翻译成大约 30 种语言，并发行过数百个版本。在 1917 年俄国革命前夕，《共产党宣言》共有日文版本 3 个，中文版本 1 个，俄文版本 70 个，波兰文版本 7 个，意第绪文版本 7 个，芬兰文版本 5 个，乌克兰文版本 4 个，格鲁吉亚文版本 2 个，德文版本 55 个，匈牙利文版本 9 个，捷克文版本 34 个，法文版本 26 个、意大利文版本 11 个、西班牙文版本 6 个、葡萄牙文版本 1 个、保加利亚文版本 7 个、塞尔维亚文版本 4 个、罗马尼亚文版本 4 个、拉丁文版本 1 个、

---

① 此引文和以下引文均来自：Engels, Das Begräbnis von Karl Marx. In: MEW, Band 19, S. 335—339.

丹麦文版本 6 个、瑞典文版本 5 个、挪威文版本 2 个。[①]

恩格斯试图为这些新的工人运动提供一个易于理解的、完整的马克思理论版本。所以他沉浸在马克思留下的摘录中，以便从这些堆积如山的手稿中筛选出《资本论》缺失的卷帙。但马克思的遗产实在是太乱了，恩格斯写信给社民党创始人奥古斯特·倍倍尔(August Bebel)："早知如此，我肯定天天唠叨他，让他无论如何也要把这本书写完，且印刷完。要不是因为缺失了大量的美国和俄罗斯材料（仅俄罗斯的统计数据就有 2 立方米的书籍)，第二卷早就出版了。这些详细的研究他坚持了很多年。"[②]

《资本论》第二卷的编撰工作相对容易，1885 年第二卷顺利出版。但是第三卷的注释非常不完整，以至于直到 1894 年恩格斯都还在整理，甚至还进行了补充和拼贴。所以，直到今天，研究者们仍在努力区分第三卷中哪些内容出自马克思，哪些内容出自恩格斯。

必须指出的一点是，马克思为第二卷和第三卷所做的准备工作基本上可以追溯到 1864 年和 1865 年，早于第一卷的完成时间 1867 年。1873 年，第一卷发行第二版，马克思将内容重新修改了一遍。所以，单从上面的时间轴来看，如果你想知道

---

① 但是，不要把单销量想象得太高，虽然有 70 个俄文版本，但很可能只有几千名读者。

② 马克思在 1870 年学习了俄语，以便能够更好地评估沙皇帝国的统计数据。

马克思认为什么是正确的，千万别弄错了顺序，第一卷的内容才最完整地再现了马克思最后的想法。

74 岁时，恩格斯因患食道癌和喉癌病逝，他把自己的巨额财产大部分都留给了马克思的女儿们和她们的家人。恩格斯一直花心思研究《经济学人》杂志以便自己做出正确的投资决策，因此，仅他持有的股票就价值约 22 600 英镑。但他并不为自己是个投机者而感到羞愧，正如他在一封信中向奥古斯特·倍倍尔解释的那样："交易所只是改变了从工人那里盘剥走的剩余价值的分配。"

第五章
社会主义变得科学：《资本论》（1867）

《资本论》开篇第一段就让求知若渴的读者感到了绝望，它提道："资本主义生产方式占统治地位的社会的财富，表现为'庞大的商品堆积'，单个的商品表现为这种财富的元素形式。因此，我们的研究就从分析商品开始。"

马克思的文风虽然没有变得糟糕，但他的表述实在过于抽象和烦琐，以至于完全看不出他曾经以"一个幽灵在欧洲徘徊"的经典开山之句起草了《共产党宣言》。

马克思也知道要读懂他的第一章并不容易。在第一版的前言中，他充满歉意地写道："万事开头难，每门科学都是如此。因此，所以本书第一章，特别是分析商品的部分，是最难理解的。"

直到今天大家也不明白马克思为什么首先从"商品"这个

主题入手。因为从教学和分析的角度来说，显然从工人所受的剥削及阶级斗争的历史入手会更自然。[①] 恩格斯后来就选择了截然相反的结构来解释马克思的理论。

此外，《资本论》的前三章与书中的其余部分几乎没有任何关系，核心词汇“剩余价值”也从未出现过。因此，马克思主义理论家路易斯·阿尔都塞（Louis Althusser）建议读者在第一次阅读《资本论》时跳过前三章，直接从第四章“货币转化为资本”开始。[②]

剥削是公平的：“剩余价值”的逻辑

从第四章开始，马克思又回到了亚当·斯密和大卫·李嘉图都非常渴望解决的问题——利润从哪里来？马克思认为利润并不是简单的交易创造的，因为简单交易里交换的是等价物。确实有资本家通过以高价出售劣质商品来打压他们的竞争对手。但正如马克思所指出的，这些只是个别现象。因为如果每

---

① Harvey, A Companion to Marx’s Capital, S. 9.

② Siehe Jameson, Representing Capital, S. 11. 马克思对《资本论》的前三章非常不满意，他在 1873 年的第二版中再次对它们进行了大量修订。在第一章中，他特别整合了“商品拜物教性质及其秘密”一节，在此之前，这只是一个附录。这部分内容至今仍激励着文学理论家和哲学家，但其实对马克思的剩余价值理论没有任何贡献。第三章同样进行了整合。在其余章节里，马克思没有再修改他自己的货币理论。顺便说一下，这部分也是有问题的（siehe S. 189 ff. in diesem Buch）。

个人都以次充好，最终所有人都无法获利。也就是说，“一个国家的整个资产阶级不可能互相占便宜”。

和斯密、李嘉图一样，马克思也提倡劳动价值论，即商品的价值是由生产该商品的社会必要劳动时间决定的。

其实，斯密从来没有真正弄清过利润是如何产生的。他提出了两种不同的观点，第一种通过演绎法得出，即商品的交换价值取决于所需的劳动量，总价值中减去企业家的利润。就是工人获得的剩余价值，而这个剩余价值必须足够大才足以养活自己和家人。

除了演绎方法，斯密更倾向另一个视角，即商品的交换价值由工资、地租和利润构成。这样一来，它与工人、地主和企业家的收入都有关。

李嘉图试图通过演绎法来结束这种概念上的混乱，得出决定商品价值的只有劳动时间的结论。但李嘉图忽略了这句话的争议性，因为如果只有工人创造了社会财富，那么利润是从何而来呢？企业家似乎完全是多余的，他们只是通过剥削工人赚钱。

这种解读受到了许多早期社会主义者的欢迎，即便他们无法准确地解释剥削是如何运作的。这样的情况一直持续，直到马克思出现。他有一个绝妙且非常易于理解的想法，即劳动力与所有其他商品一样，也具有使用价值和交换价值。

资本家购买的是劳动力的交换价值。他必须支付足够的工资，以便工人及其家人能够维持生计。换句话说：工资必须与生产食物、衣服和简单的公寓所需的劳动时间相符。在马克思计算实例中，他常常假设社会必要劳动时间是 6 小时，这样才能确保工人阶级家庭的基本供应。

但实际情况是，几乎所有工人的劳动时间都超过了他们自己再生产所需的 6 小时。因此，劳动力的使用价值高于其交换价值，剩余价值就在这个额外的劳动时间中产生了。

资本家虽然剥削工人，但并不是盗窃。工人获得了他们付出的劳动力的相对合理的交换价值，并且自愿与雇主签订了合同。英国功利主义者耶利米·边沁（Jeremy Bentham）的座右铭“资本主义给最大多数人带来了最大幸福”似乎应验了。从这一点来看，资本家在道德上似乎无可谴责。

马克思讽刺地写道：“那里占统治地位的只是自由、平等、所有权和边沁。自由！因为商品，如劳动力的买者和卖者，只取决于自己的自由意志。他们是作为自由的、在法律上平等的人缔结契约的。契约是他们的意志借以得到共同的法律表现的最后结果。平等！因为他们彼此只是作为商品占有者发生关系，用等价物交换等价物。所有权！因为每一个人都只支配自己的东西。边沁！因为双方都只顾自己。使他们连在一起并发生关系的唯一力量，是他们的利己心，是他们的特殊利益，是他们的私人利益。”

马克思严厉拒绝在道德范畴内进行思考，因为诸如“罪过”或“盗窃”之类的概念预设了个人要负责任。但在马克思看来，工人和资本家毕竟只是“性格面具”，他们是系统分配的角色“扮演者”。更激进地说，他们只存在于彼此的关系中。工人因为有资本家而存在，反之资本家也因为有工人而存在。

他们是某种被称为资本主义的社会形态的体现，并赋予剥削以新的面貌。剥削其实一直存在，额外劳动也并不是什么新鲜事。中世纪的罗马奴隶们不得不为他们的主人劳作，农奴也不得不为他们的地主劳作。但这种早期的剥削是原始和公开的，是合法的，被写入了法律。而在资本主义中，将工人定义为是与资本家一样具有法律自主权的公民，这使得双方在签订雇佣合同时看上去是平等的贸易伙伴，其实掩盖了真正的剥削。直到资本主义社会出现，劳动力变成了可交换的商品，剩余劳动也随之成为剩余价值。

在当时，虽然有“资本家”，但还没有“资本主义”，不过马克思总是谈到“资本主义生产方式”。而在恩格斯的信件中，“资本主义”一词偶有使用，但这个词直到20世纪初才被普遍接受。[①]

如果资本主义在道德上不应该受到谴责，那么就不可能试图对其进行改革了。唯一的出路就是颠覆这个体系。但是具体

① 在德国，“资本主义”一词因两本书名而广为人知：维尔纳·桑巴特（Werner Sombarts）的《现代资本主义》（1902）和马克斯·韦伯（Max Weber）的《新教伦理与资本主义精神》（1905）。

要怎么做呢？这个问题贯穿了整本《资本论》。

无论如何，马克思不再相信革命性的剧变，这就是为什么阶级斗争一直没有愈演愈烈的原因。剩下的只有一个相当温和的暗示，即工会和雇主正在为每天的工作时长吵个不停。

毫无疑问，企业主们总是希望让他们的员工按照约定的工资下尽可能延长工作时间，这一点至今未变。但即使在马克思生活的年代，直接将这场争论定性为“资产阶级和工人阶级之间的内战”，着实有些夸张。事实上，19 世纪发生过的罢工和大规模抗议活动大大小小不计其数，但总体上相对和平。

不过，工人的工作时间还是减少了。1850 年，德国工人每天工作 14 到 16 小时，而在 1870 年，降低到 12 到 14 小时。1914 年平均为 10 小时，1919 年开始实行 8 小时制。

资本不是占有的状态，而是一个过程

马克思是第一个定义资本主义核心要素的人，即投资货币（G）以生产商品（W）。商品卖出后，会获得更多的货币（G'），即利润。“所以，货币—商品—货币实际上是资本的总公式。”

资本流通的目标不是满足需求，而是积累本身。资本家永远不能休息，不能坐吃山空，如果不想被市场竞争淘汰，就必须将利润进行再投资。“作为资本的货币其流通本身就是目的，因为只有在这个不断更新的运动中才会有价值的增值。因此，可以说资本的运动是没有限度的。”

个体企业主并不是一个自主的人，而只是机器中的一个齿轮。他可能认为自己在做重要的决定，但实际上他只是一个不断的价值增值的执行者：“作为资本增值运动的有意识的承担者，货币占有者变成了资本家。这个人，或者说他的钱袋，就是货币的出发点和复归点。只有这样，他才作为资本家或作为人格化的、有意志和意识的资本执行职能。”这个激烈的竞争不关乎单次获利，“而关乎永不停歇地获利”。

货币只有在被投资时才能成为资本，从而变成利润。如果它只是躺在保险箱里，虽然依然是钱，但实际上却一文不值。马克思一定嘲笑过史高治·麦克老鸭（Dagobert Duck）。这个史上最大的守财奴坐拥金山的时候一定觉得自己很富有，但实际上他除了金币一无所有。或者正如马克思所说：“司库试图减少流通中的金钱以达到节流，但更明智的资本家则通过不断将其释放到流通过程中来实现资本的不断增值。”

通过强调系统性的过程，即资本增值的永恒螺旋结构，马克思赋予了“资本”一词新的含义。在那之前，经济学家一直认为资本是静态的，金钱和机器被认为是资产“本身”，因为它们很好计算。在马克思看来，这些理论根本没有存在的价值。资本只有在生产中才会形成，只有当生产出可以销售并获取利润的商品时才会产生。

马克思对技术进步非常着迷，即使是最小的发明也能激发他无限的灵感："1862 年在伦敦工业展览会上展出的一种美国制造的纸袋机器，每分钟可以剪纸、粘贴、折叠完成 300 个纸袋。"

与此同时，不仅工业生产的效率提高了，农业也实现了技术化。正如马克思所写的那样："同样是 66 人的工作量，每人每小时要拿 15 先令，但蒸汽犁一小时就可以完成，且只需 1/4 先令。"换算一下，这意味着生产力提高了 3 960 倍，真是令人叹为观止。

但是，到底是什么推动了资本主义永不停歇地致力于资本增值呢？为什么资本家不能舒舒服服地坐在家里享受他们从工人那里榨取的剩余价值呢？在封建制度下，贵族们绝不会想到要不断投资于生产，相反，他们只热衷于建造城堡、庆祝节日、赞助艺术。但是资本家却贪得无厌，即使他们已经很富有，依然想变得更富有并扩大他们的工厂规模。似乎资本积累本身只是沦为了目的，或者正如马克思的名言之一所说的那样："积累啊，积累！这就是摩西和先知们！"

资本的辩证法：竞争以垄断终结

时至今日，资本家不断投资似乎已变得很理所当然。但是这个永不停歇的剥削过程需要解释，马克思就是第一个认识到技术在其中发挥的核心作用的人。一旦系统地使用了技术，它就会发挥自己的能量和活力。

购买比竞争对手生产力更高的新机器对每个企业主来说都很有吸引力。因为一旦制造商以更低的价格生产出商品，他就可以更便宜地出售它们，并赚取额外的利润，即马克思所说的“剩余价值”。因此，如果竞争对手不想被市场淘汰，就必须立即跟风效仿，购买新机器进行投资，循环往复，剩余价值又不复存在了。

可以说，每个资本家都受制于“竞争的必然规律”而扩大生产。但有时，大多数市场已经饱和，无法容纳额外的商品。此时，只有那些能够生产出最便宜的商品的公司才能在激烈的竞争中幸存下来。但这些大多是大公司，它们受益于被今天的经济学家称为“规模报酬递增”的效应，即商品件数越多，每件商品投入的技术成本越低。

马克思已经隐晦地假设了规模报酬递增，他是第一个明确描述资本主义趋于寡头垄断的经济学家，即在竞争中，小公司生存的空间越来越逼仄，直到只有少数几家大公司主导整个行业。或者用马克思的原话，竞争导致了“资本家对资本家的剥夺”和“众多的较小资本变成更少的较大资本”。

技术改变了竞争环境，因为“随着资本主义生产方式的发展，在正常条件下开展业务所需的个人资本的最低增加量变大了”。许多公司不得不在竞争中被淘汰，因为他们根本买不起昂贵的机器。正如马克思曾精确描述的那样，财务薄弱的公司在市场竞争中寸步难行，“因此，较小的资本只能挤进那些大行业少部分占领或未完全占领的生产领域”。

马克思的分析在今天仍然有效，正如德国联邦统计局最新数据显示：大公司仅占德国公司总数的 1%，但在 2012 年，它们却创造了 68% 的总销售额。与此同时，81% 的小型企业仅创造了 6% 的总销售额。[①] 因此，德国经济高度集中，少数大公司控制着从原材料到销售的整个价值链。

马克思重新把两位自由派经济学家斯密和李嘉图进行了透彻研究。斯密和李嘉图一直呼吁自由竞争，但马克思则表示，最终只有少数大公司能够在这种竞争中存活下来。资本主义是非常辩证的，竞争驱使企业家不断前进，直到被竞争淘汰。

当全新的市场偶然出现时，马克思的观察也得到了证实。例如，互联网最初是由国家实验室开发出来的，但一经发布供私人使用，几家企业巨头，如亚马逊、Facebook、谷歌，只用了很短的时间就在虚拟世界中站稳了脚跟。寡头垄断再次统治互联网行业，对于小型互联网公司来说，它们只能挤进为数不多的没什么销售额的小众市场。

马克思很高兴地看到了这一集中过程。他希望资本主义会自行消亡，即资本家互相吞并，直到剩下寥寥无几的企业家。“一个资本家杀死的人越多”，便会越简化革命，最终，“人民群众”只需要除掉“少数篡位者”。“剥夺别人的人最后也被剥夺了。”但就像大家所看到的，实际情况并不是这样。企业寡

① Statistisches Bundesamt, Statistisches Jahrbuch 2015, S. 511.

头的垄断一直非常稳定。

问题一：工人并不贫困

今天的一些马克思主义者声称，马克思从未预言过“绝对的”贫困。他只是想说，财富分配将一直不平等。工人会摆脱困苦的生活，但他们永远无法达到资本家的生活水平。[①]

毫无疑问，直到现在，财富的分配仍然是非常不公平的。最新统计数据显示，在德国，将近一半的人口几乎没有资产，最富有的那百分之一的人口则占据了32%的国民财富。而富人中最富有的那0.1%的人口，就控制了德国16%的财富。[②]这种不平等可以被简单称为剥削。[③]但马克思说的是绝对贫困，而不是我们今天正在经历的相对不公平。他并没有奢望工人的生活水平能得到显著提高。事实是“大众受到的苦难、压迫、奴役、堕落和剥削在加重”。

他的同时代的人也将马克思的意思理解为绝对贫困。否则，社会民主党的理论家爱德华·伯恩施坦（Eduard Bernstein）就不会在1899年冷静地表示，工人的处境绝不是绝望的。事

---

① Siehe etwa Harvey, Companion, S. 243 ff.

② Stefan Bach, Andreas Thiemann, Hohes Aufkommenspotential bei Wiederbele-bung der Vermögenssteuer. In: DIW-Wochenbericht 4/2016, S. 79—89, hier S. 88.

③ Harvey, Companion, S. 170.

实上，从税务局的数据可以看出，更多的无产者崛起了："有产者在不断增加，这不是温和派资产阶级经济学家的发明，而只是税务机关能常常发现的事实，虽然这令有关人员感到恼火。"① 伯恩施坦曾在伦敦生活了几年，当时他不仅是恩格斯的密友，还是他的庄园管理者，因此他对马克思学说的"修正"在同时代人中很有分量。

时至今日，批评者依然觉得马克思预言的绝对贫困十分滑稽。诺贝尔经济学奖得主保罗·萨缪尔森（Paul Samuelson）嘲笑道："看看那些开着汽车用着微波炉的工人，他们看起来并不是特别贫困。"② 当然，这种嘲笑有点儿廉价。1867 年《资本论》出版时，许多工人生活仍然极度贫困。因此，当时的马克思可以毫不费力地找到很多谴责无产阶级生活条件极端恶劣的报纸文章或议会报告。在《资本论》中，他使用了恩格斯在其 1845 年的著作《英国工人阶级状况》中使用过的相同策略，即引用官方和自由派的资料来描绘这种现状。

马克思甚至还可以清楚地根据身高来衡量下层阶级的贫困程度。1830—1860 年，营养不良使英国士兵的平均身高降低了两厘米。③ 在欧洲大陆，军方也同样担心找不到足够的士兵来服

① Bernstein, Voraussetzungen des Sozialismus, S. 209.

② Zitiert nach Bürger/Rothschild, Wie Wirtschaft die Welt bewegt, S. 18.

③ Sevket Pamuk/Jan-Luiten van Zanden, Standards of Living. In: Broadberry/O'Rourke, Cambridge Economic History, S. 217~234, hier S. 226.

兵役。马克思充分引用了官方统计数据："萨克森州士兵的平均身高在1780年是178厘米，现在是155厘米，而普鲁士士兵的身高是157厘米。根据迈耶尔博士（Dr. Meyer）在《巴伐利亚报》上提供的数据，从1862年5月9日起，经过9年平均值的计算，他发现在普鲁士的1 000名士兵应征者中，有716人不适合服兵役，其中317人因为身高不够，399人因为身体虚弱。"

当时，工厂的工作环境差到令人窒息，就连英国的保守媒体也谴责了这一点。例如，马克思在1860年1月17日的《每日电讯报》中读到了一个可怕的案例："布劳顿先生（一位县长）说，从事蕾丝生产的部分城市工人感到痛苦和贫困，但其他行业或群体的人却并不知道。凌晨两三点，9—10岁的孩子们便被从脏兮兮的床上扯下来，被迫干活儿到晚上十一二点，以维持生计。他们的四肢僵硬，身形缩水，五官呆滞，整个人都僵在了石头般的麻木之中，光是一看，就让人毛骨悚然。"

那个年代，人类的预期寿命很短，许多孩子甚至活不到成年。马克思引用了时任伯明翰市长、后来成为英国最重要的政治家之一的约瑟夫·张伯伦（Joseph Chamberlain）的演讲："曼彻斯特卫生官员李博士（Dr. Lee）发现，各城市富裕阶级的平均寿命为38岁，而工人阶级的平均寿命仅为17岁。在利物浦，前者为35岁，后者为15岁。也就是说，特权阶级的人均寿命是其不幸同胞的两倍多。"

突破之举1880年左右开始，1871年英国颁布法律承认了工会的合法地位，这使得工人的实际工资开始大幅上涨。一种新的大众购买力发展起来，消费社会应运而生，资本主义再次得到改变。

可以说，没有大众消费，就不可能有今天的资本主义，因为消费品现在约占经济总量的75%。[①] 如果没有实际工资的上涨，资本主义在19世纪就可能被淘汰，也不会有铁路的发明。[②] 正是雇员的巨大需求催生了新产品和新的增长引擎，而这些仅靠富人的生活方式是永远无法实现的。正如历史学家埃里克·霍布斯鲍姆（Eric Hobsbawm）总结的那样："改变汽车行业的不是劳斯莱斯，而是福特T型车（Ford Model T）。"[③] 但对马克思来说，那是未来的事情，他还不知道会发展出一个庞大的中产阶级。

---

① Statistisches Bundesamt, Statistisches Jahrbuch 2015, S. 319.

② 马克思本人并没有意识到，如果工人的实际工资不增加，资本主义就会崩溃。相反，他对"消费不足理论"持批评态度，该理论通过工人工资过低和需求过低这一事实来解释经济危机。瑞士经济学家Jean-Charles-Léonard Simonde de Sismondi（1773—1842）首先提出了这个想法。德国经济学家卡尔·罗德贝图斯（Karl Rodbertus，1805—1875）进一步发展了这一概念。然而，即使是Sismondi和罗德贝尔图斯也并不了解大众消费的结构性作用。相反，他们只是用低工资来解释经济的周期性波动。马克思从这里并没有得到任何令人信服的论点，永久的低工资不能成为偶尔发生危机的原因。（Siehe Bernstein, Voraussetzungen, S. 96 f.）但马克思停步于此，他并没有系统地思考消费的作用。

③ Hobsbawm, The Age of Empire, S. 53. Siehe auch Herrmann, Sieg des Kapitals, S. 48 ff.

问题二：存在剥削，但不存在剩余价值

马克思知道他的剩余价值理论有一个缺陷，即他无法解释商品的价值是如何转化为价格的，价值的深层结构和表面的价格之间似乎没有任何令人信服的联系。这也许就是他从未完成《资本论》第二卷和第三卷的原因。

马克思一直在努力解决今天所说的“转化问题”。这个“转化问题”之所以出现，是因为现代资本主义不仅使用工人，还使用机器。但是马克思的剩余价值理论则假设只有人类劳动才能创造价值，而机器无法产生新的价值，它只是储存价值的载体。像所有商品一样，这些机器的价值由制造它们所花费的工时所决定。根据机器磨损的情况，这一价值被按比例陆续转移到机器生产的物品上。

但非所有地方都在使用相同数量的人力和技术，所以这种模式将导致不同行业出现不同数量的多个剩余价值。例如，建筑行业的劳动密集程度明显高于汽车行业，因为汽车行业的生产线几乎无人值守。但既然在马克思看来，只有人类劳动才能创造剩余价值，那么建筑行业的利润应该特别高，汽车行业的利润应该特别低才对。

但马克思知道，经济并不是这样运作的，建筑公司的回报率必须和汽车公司的回报率一样高，否则人们都忙于盖房子，

而不会去生产更多汽车了。马克思试图对这个统一的利润率进行合理解释，但此时剩余价值便不复存在，即资本家倾向于投资特别有利可图的行业，但是当商品供应增加时，它们的价格就会下降，收入也随之下降。也可以说，是货币的永久流通确保了各行业的利润率趋同。

正如马克思所发现的那样，资本家最终会做出简单的计算，他们计算生产成本，并在此基础上增加利润，由此得出市场价格。但剩余价值在哪里呢？马克思并没有给出答案。[①]

或许，未解决的转化问题也解释了为什么恩格斯会在马克思生前将剩余价值理论推到幕后，而且在他的资本论通俗概要中也鲜有提及。恩格斯的畅销书《社会主义从空想到科学的发展》大约有四十页，但剩余价值理论只占了其中的一个段落。马克思甚至还为这本书的法文版写了序，从中可以看出，剩余

---

① 与此同时，已经多次证明了“转化问题”有数学解决方案。最著名的方案来自意大利人皮埃罗·斯拉法（1898—1983）。他整个科研生涯几乎都在剑桥大学度过，同时也是备受赞誉的 Ricardo Complete Edition 的编辑。斯拉法致力于“转化问题”，因为它也威胁到了李嘉图的劳动理论，而马克思进一步发展了这一理论。然而，斯拉法并不想证明李嘉图和马克思的劳动价值理论是正确的，他只是想要推翻新古典主义（另见本书第 6 章）。新古典主义假设，通过这些商品的生产成本来确定梨与鞋子的相对价格原则上是不可能的（相反，新古典主义依赖于主观收益计算）。1960 年，斯拉法发布了一个模型，该模型可以根据生产成本同时计算所有相对价格。这样他就解决了“转化问题”。但对于真正的马克思主义者来说，结果仍然非常不令人满意，因为在斯拉法看来，劳动量不再在决定相对价格方面发挥作用。斯拉法的模型导致大多数马克思主义者放弃价值理论，这也同时消除了附加价值。

价值的隐匿或许得到了他的默许。

爱德华·伯恩施坦建议不再使用“剩余价值”这样的“纯概念性结构”。[①] 因为，正如伯恩施坦认识到的那样，谴责剥削压根不需要靠剩余价值，官方数据，如“收入统计”，足以让极端不平等无处遁形。剥削现象是“可以通过经验证明的事实，不需要演绎证明”。[②]

顺便说一句，伯恩施坦简要勾勒了一个一百年后才开始的研究计划——从 1998 年开始，法国经济学家托马斯·皮凯蒂（Thomas Piketty）带领了一组研究人员开始筛选 20 个国家的税收数据，以记录精英们的财富和收入。2014 年，皮凯蒂在他的畅销书《21 世纪资本论》中公布了这些结果。这本书的书名也有意致敬了马克思的《资本论》。

根据国家 / 地区的不同，皮凯蒂的税收数据可以追溯到 18 世纪[③]，并显示了过去三个世纪以来不平等的稳定程度。在所有西方国家，财富都集中在少数人手中。这种趋势在两次世界大战和 1929 年的经济危机后被短时间扭转。但自 1980 年以来，可以再次看到的是，国家财富正在向一小部分特权阶级积累。富人越来越富，而下层阶级几乎毫无收益。工人和受薪雇员的境况确实比马克思时代好得多，但财富分配并没有变得更公

① Bernstein, Voraussetzungen, S. 65 f.

② Ebd., S. 70.

③ 税收数据会在互联网上的“世界财富和收入数据库”（www.wid.world）公开提供，并持续更新。新的国家也会不断增加进来。

平，资本愈发高度集中。①

问题三：货币不是商品

马克思是第一位正确描述货币在资本主义经济中所起作用的经济学家：货币投资于商品生产，以便可以积累更多货币，获得盈利。他提出的公式 G-W-G’（Geld-Ware-Geld’，金钱—商品—更多的金钱）总结了资本主义的构成。

尽管如此，马克思最终还是没有理解货币是如何运作的。他陷入了矛盾的泥潭，因为他认为货币也是一种商品，并由此理所当然地得出劳动价值理论也适用于货币的结论：“货币的价值取决于生产货币所需的劳动时间。”

如果货币主要由黄金或白银组成，这个想法看上去是合理的。因为开采、运输和铸造贵金属当然是需要时间的。然而，在马克思生活的时代就已经出现了纸币，尽管它们的生产成本

---

① 尽管皮凯蒂（Piketty）的数据令人印象深刻，但他的数据还不是一个理论。皮凯蒂依然无法解释不平等加剧的原因。他提出财富回报总是超过经济增长（r>g），因此富人更富，而工人则越穷。但是这个“规律”并不那么明显。因为它存在一个核心弱点，那就是皮凯蒂只看净资产，此时，债务已经被从中扣除了。因此，皮凯蒂未能认识到，如果将信贷与经济总量挂钩的话，自 1980 年以来，国家、家庭和公司的债务增加了一倍以上。如果没有这种债务泡沫，财富增长如此之快是不可想象的。因为贷款具有杠杆效应，它看起来可以增加财富，并推高了股票和房地产的价格。（另见 Stelter, The Debt of the 21st Century）另外，尽管皮凯蒂想制定“资本主义规律”，但他并没有给资本主义下定义，也无法将其与封建主义区分开来。因此，增长是如何发生的依然是个谜，皮凯蒂只是假设，但不能推导出来。（参见 Kaufmann/Stützle, Kapita-lismus: Die ersten 200 Jahre）

几乎为零，但它们也有价值。

对马克思来说，这个悖论只能通过制定“定律”来解决，“纸币的发行只限于它所代表的金（或银）的流通数量”。所以，他要求发行纸币时进行完整的黄金储备。但这个想法在那个时代就已经是错误的，也不可能因为纸币的出现而变得正确。①

然而，错的不仅是马克思，斯密也曾假设社会必要劳动时间决定货币的价值。这个错误很明显，因为黄金和白银不仅是货币，还是普通商品。例如，黄金可用于制造珠宝或金条。

于是一个错误结论诞生了，且一直挥之不去：如果商品是货币，那么货币必须是商品。而下一个错误也将在不远的未来出现。

但是，金钱不是商品，它只是被普遍接受成为货币的东西，本身并没有“内在”价值。货币的价值之所以产生，是因为人们可以用它来购买商品和履行付款义务。具有这一功能的一切事物都可以成为货币：黄金、白银、烟草或贝壳，以及汇票、纸币等。一个社会只需要就它所认可的达成一致，那么它

---

① 在19世纪，官方规定纸币应该有黄金储备作为后盾，事实上，纸币几乎没有发挥作用。相反，人们使用的是银行账户中的账面资金，它可以通过银行发放贷款随意增加。这也导致货币数量爆炸式增长，而黄金数量几乎没有变化。在德意志帝国，货币供应量从1876年的69亿马克增加到1913年的437亿马克。第一次世界大战前不久，转账货币占货币供应量的88%，而硬币仅占7%，纸币占5%。（Sprenger, Das Geld der Deutschen, S. 179 f. 和 201 f.）

就可以是货币。“它的名称是‘货币’(nomisma)，因为它的存在并非源于自然，而是已被设置为‘有效’(nomos)。我们是要改变它还是直接放弃它，取决于我们自己。”[①]

由于马克思认为货币是商品，所以他永远无法解释清楚借贷的运作方式，而对于这一点的讨论也仅限于《资本论》第三卷中的一些片段，这些片段在他逝世之后才被发表。

马克思陷入了两难的境地。由于他认为货币是一种商品，所以货币供应量在他看来是有限的，毕竟黄金不能随意增加。然而，与此同时，马克思也非常清楚，只有货币供应量增加，经济才能增长，这样才会发放越来越多的信贷。但是这些额外的货币从哪里来呢？为什么它能保持自己的价值呢？对马克思来说，这些仍然是一个谜。

马克思假设必须先储蓄，然后才能进行投资。但如果是这样的话，就像他自己所预感的那样，铁路就不会出现了。因为纯粹的“积累”，即储蓄，永远不足以筹集到所需的资金。1840 年，德国铁路的股本约为 5 880 万马克；1850 年已经达到 8 914 亿马克。[②]但即使是这样巨大的金额也不足以反映总成本。要花钱的地方很多，不仅是铺设铁路和建造机车。

铁路是一场真正意义上的“横空出世”的技术革命。它的

---

① Aristoteles, Nikomachische Ethik, 1133a, 29~31. Siehe auch Herrmann, Der Sieg des Kapitals, S. 109 ff.

② Wehler, Deutsche Gesellschaftsgeschichte, S. 615.

发明彻底改变了整个经济发展。德国钢铁工业得以进行现代化改造并配备了新的高炉；曾经只有田地的地方，突然出现了人类足迹。信贷让经济增长有了源源不断的资金。

马克思写道："如果必须等个别资本积累到可以建造铁路的程度，世界将可能不会有铁路。但是股份公司带来的集中化，轻而易举就做到了。"这句话有正确的地方，因为政府确实成立了股份公司来为铁路融资。但这并没有解决金钱谜题。因为股份公司的经营也主要依靠借入资金，他们也要借贷。于是，又回到了马克思无法回答的问题——钱从哪里来呢?

由于马克思对信用理论未有涉足，所以尽管他和恩格斯已经正确地观察到金融危机总是在发放过多贷款时出现，他也依然无法解释金融危机。

在 1857 年的全球金融危机期间，恩格斯几乎每天都给马克思写信，报道信贷市场正在发生的疯狂事件，他自己在曼彻斯特的工厂也受到了影响。这一时期，两人之间的书信读起来也是十分有趣。

1857 年 12 月 7 日，恩格斯写道："汉堡（Hamburg）看起来要乱套了，它从来没有像现在这样陷入恐慌。乌尔伯格（Ullberg）和克莱默（Cramer），欠着银行 1 200 万马克债务，持有资本却不超过 30 万马克！除了金银之外，一切都毫无价值，绝对毫无价值。”[①]

12 月 9 日，恩格斯写道：“利物浦和伦敦的制造公司即将倒闭。在利物浦，一切看起来都很糟糕，男人们都赤条条的，连破产都没力气了。周一时候在那里的人告诉我，证券交易所的人的脸比平时长三倍。”

12 月 11 日，恩格斯写道：“在这场危机中，生产过剩比以往任何时候都更加普遍。隐藏生产过剩的形式，或多或少总是信贷扩张，但这次主要是汇票。”

12 月 17 日，恩格斯写道：“曼彻斯特情况越来越糟糕了。市场的持续压力产生了巨大的影响，没人卖得出去东西。每天都会听到更低的出价，那些仍然有些积累的人根本不愿再供应他们的商品了。除了支付现金或保证金外，没有纱线代理商愿意向工厂出售更多纱线用于织造。个别小厂家破产倒闭，不过那根本不算什么。”

不过，最终的结局一样充满了戏剧性。1859 年金融危机结束，经济复苏。尽管资金稀缺，但信贷再次大量涌入。马克思和恩格斯无法解释为什么货币供应量在突然收缩的情况下又再次扩大。然而，即使李嘉图是有史以来最成功的投机者

---

① 本引文及以下引文：Karl Marx, Friedrich Engels, Briefe über “Das Kapital”, S. 71 ff. 早在1845年，恩格斯就在他的著作《英国工人阶级状况》中准确地描述了信用危机是如何扩散的（S. 314）。

之一，他也从未提出过相关的货币理论。[①]

马克思的理论所具有的意义

李嘉图和斯密都没有提出合理的货币理论，他们只是提倡劳动价值理论，李嘉图甚至认为普罗大众会因此陷于贫困。事实证明，马克思在这件事情上也陷入了同样的误区。因此，诺贝尔经济学奖获得者保罗·萨缪尔森嘲笑马克思的成就只是“李嘉图加阶级斗争”。

这个结论显然是不公平的。马克思是有史以来最具创新性的理论家之一，他带来的巨大影响力也证明了这一点。美国经济学家约翰·肯尼斯·加尔布雷思（John Kenneth Galbraith）用爱尔兰语写道：“如果马克思的理论是错误的，他的影响力很

---

① 人们通常认为马克思要为另一个错误的预测负责——和李嘉图一样，他预测“利润率会下降”。但就在1882年，马克思去世前不久，他就计算过利润率是否会下降。他认为如果资本家使用越来越多的技术，产生的剩余价值就会越来越少，因为只有人类劳动才能产生价值。然而，马克思本人也看到他的理论中存在着自相矛盾的地方：通过使用技术，虽然为工人生产食物所需的劳动量减少了，但每个工人的“相对剩余价值”其实增加了。同时，如果使用技术和投入更少的劳动力来生产机器，技术的价值也会降低。最后，剩余价值的份额及利润率往往保持不变。这似乎也与实际情况相吻合：当时英国等进步国家的经济比奥地利等落后国家的经济收益更大。可见，技术似乎增加了利润而不是降低了利润。因此，马克思对利润率下降趋势的思考只能在第三卷中找到，该卷收集了马克思1864—1865年的笔记。在后面的第一卷中，马克思并没有再提到利润率下降的趋势。

快就会烟消云散。否则，那些前仆后继致力于证明他的错误的人，早就改行了。”[①]

马克思第一次正确描述了资本主义的发展动力，这是使马克思影响力最持久的丰功伟业。现代经济不是一个静止的状态，而是一个永不停歇的过程。资本并不是自然存在的，它只有在不断被使用时才存在。收入也永远不可能得到保障，而只有在有持续投资中才会增加。

马克思在世的时候，现代资本主义还没有完全发展起来。尽管如此，他已经认识到资本主义趋于集中，越来越大的企业集团正在排挤小企业，直到将它们踢出竞争。因此，资本主义并不是百家争鸣、充分竞争的市场经济，相反，寡头垄断占据了主导地位，主要行业都由少数公司掌控。

此外，马克思还是第一个认识到技术的重要性的人。机器不仅仅是一种生产手段，技术创新更是重新定义了资本主义。每个企业家如果要在竞争中存活下来并不断提高利润，就必须持续投资于新工艺和新产品。

马克思的认识具有划时代意义，这一认识让另一位经济学家——约瑟夫·熊彼特（Joseph Schumpeter，1883—1950）也闻名遐迩。这位保守派理论家被公认发表了“对资本主义最有

① Galbraith, The Affluent Society, S. 61.

影响力的解释之一”。[①]但熊彼特实际上只是更详细地润色了马克思的理论，为它们提供了生动贴切的比喻，他直接舍弃剩余价值，引入了一个新主角——企业家。[②]

如果马克思只是概括地说资本家改进了他们的产品或生产工艺，熊彼特则细分了可以被视为创新的五个变体，即新产品、新技术、新市场的开放、新的原材料和新的组织结构。[③]这些创新让企业家们可以获得“额外利润”，而不再是“额外剩余价值”。与马克思的观点一致，熊彼特也认为企业家不能长期享受他们的垄断利润，因为这些创新和发明的模仿者会蜂拥而至并迅速跟上，从而使额外利润消失。这种情况早有实

① Siehe etwa Linß, Wirtschaftsdenker, S. 76 f., oder Heilbroner, Worldly Philoso-phers, S. 293.

② 熊彼特（Schumpeter）于1905年在维也纳大学参加由保守派经济学家欧根·冯·伯姆-巴维克（Eugen von Böhm-Bawerk）举办的马克思研讨会时，了解了马克思的理论。巴维克对马克思进行了深入研究，并指出了“转化问题”的不可解决性。除了熊彼特之外，还有四名后来也成名的他的学生参加了这次研讨会。其中三人是马克思主义者：奥托·鲍威尔（Otto Bauer）后来成为奥地利外交部长，是奥地利马克思主义的创始人；鲁道夫·希法亭（Rudolf Hilferding）曾两次担任德国财政部长，并著有《金融资本》一书，该书发展了国家垄断资本主义理论，埃米尔·莱德勒（Emil Lederer）成为重要的社会学家。而第四个学生经济学家路德维希·冯·米塞斯（Ludwig von Mises），则发展成为激进的自由主义者。

③ Schumpeter, Theory of Economic Development, S. 66.

证，屡见不鲜。[①]

但在马克思看来，资本家最终只是一个“人格面具”，是将制度内在的力量拟人化。相反，熊彼特则将企业家提升为富有创造力的“精英”，认为“企业家”是一个发明家，一个具有创造精神的、精力充沛的领导者，想建立一个“私人帝国”。熊彼特是天生的斗士，有“必胜的意志”并“喜欢创造”。[②] 作为局外人，他引发了“创造性破坏的风暴”，反复搅乱着资本主义并推动其前进。

这种观点虽然奇怪，却不是首创。它相当于马克思的反题，可以说没有马克思的理论就没有它。正如一位传记作者所说，熊彼特试图“颠覆马克思的理论”。[③]

然而，至少要感谢熊彼特贡献了一个重要的补充，他正确地描述了信贷的作用，并指出只有货币“凭空出现”才能实现经济增长。但即便如此，他也未能发展出一个全面的信用理论

---

① 恩格斯早在 1845 年就曾描述过企业家可以通过新技术获得垄断利润：“但资产阶级利用改进机器获利；在早年间，许多旧机器仍在运行，还没有大规模进行改进时，是聚敛钱财的最好时机。”（Lage der-arbeitenden Klasse in England, S. 363）

② 海尔布隆纳（Heilbroner）在哈佛读书时就读过熊彼特的作品，他认为，熊彼特对由格格不入的“精英”转变而来的创新企业家赞不绝口时，实际上夸的是他自己，因为熊彼特也是一个成功的社会阶层攀越者。他是贵族军官的继子，在维也纳华贵的环城大街长大，但他的父亲曾是摩拉维亚小镇特里施（Triesch）的布匹制造商。熊彼特那雄心勃勃的母亲丧夫之后，为了让她有天赋的儿子接受良好的教育并为其铺好未来发展之路，她很快又改嫁了她的第二任丈夫。

③ McCraw, Prophet of Innovation, S. 68 f.

来。他多年来一直在写一本关于货币的书，但这本书一直没有写出来，因为这个主题太复杂了。[①]

熊彼特从不否认他从马克思那里继承了他的中心思想，而且盛赞了这位前辈："作为一名经济理论家，马克思首先是一个受过良好教育的人。他求知若渴，不知疲倦。他几乎不放过任何一篇重要的文章，并且总是刨根问底。马克思比同时代的任何其他经济学家都更清楚地描述了工业变革的过程，并更清楚地认识到其核心意义。"[②]

不过，如今的大学校园里已不再传授熊彼特的理论了。他与斯密、马克思和凯恩斯的命运一样，都被明显地忽视了。相反，一种幼稚的经济学观点盛行起来，那就是将"市场"设定为是绝对的，一切都与价格和易货交易有关，就好像资本主义不存在一样。一种静态平衡被构建了出来，仿佛压根就不存在技术，没有增长，没有利润，也没有货币。这种"新古典主义"（Neoklassik）的人造世界充斥着每一本教科书。"新古典主义"通常也被称为"新自由主义"。

---

① Ebd., S.155. Siehe auch Kurz/Sturn, Schumpeter für jedermann, S. 83 f.

② Schumpeter, Capitalism, Socialism and Democracy, S. 21 und S. 32. 这部古老的著作是对马克思的独特致敬。因为它是以"先知马克思""社会学家马克思""经济学家马克思"和"马克思教师"为章节名开始的。与马克思一样，熊彼特预言资本主义终将灭亡。由于经济的日益集中，大托拉斯最终占据了主导地位，因此即使是最有创造力的企业家也不再有机会与统治这些大公司的官僚主义者做斗争。资本主义也正在退化为计划经济。

自由主义者以拥有一个特别现代的理论而自居，至少他们认为比马克思或凯恩斯现代得多。这其实很荒谬。

自由主义者的假设很大程度上可以追溯到 19 世纪。这里我们有必要先讲一下新古典主义。

第六章
资本主义不关心：新古典主义者

亚当·斯密对他的继任者产生的影响持续了很长一段时间，但到 1876 年，这一切都结束了。《国富论》出版一百周年之际，英国财经记者沃尔特·白芝浩（Walter Bagehot）颇为不敬地写道：这是一本非常有趣的关于旧时代的书。随着时代的变化，它可能会失去它的价值，但不管怎样，很少有书能收集到如此多关于旧世界的惊人细节。让我们随便举个例子："一辆宽轮马车，由两个人驾车，由八匹马牵引"，当时它"在大约六个星期内就完成了伦敦和爱丁堡之间的贸易"。[①] 对于白芝浩和他的同时代人来说，这是无法想象的，因为 1876 年，铁路在同一条路线上只需要跑 10.5 小时。

---

① Walter Bagehot, Adam Smith as a Person. In: The Works of Walter Bagehot, Vo-lume III (Hartford 1891), S. 269~306, hier S. 297.

大卫·李嘉图（David Ricardo）的情况也好不到哪里去。大约在同一时间，经济学家威廉·斯坦利·杰文斯（William Stanley Jevons）写道："这个才能出众但思想古怪的人，把经济学推上了错误的轨道。"杰文斯不屑地评价道，"我们的英国经济学家生活在一个全是傻瓜的天堂里。"①

英国经济学家们全新的自信归功于理论的转变，因为经济学中发生了一场"边际革命"。他们告别了塑造了古典经济学的劳动价值理论，转而关注消费者。理性经济人的计算现在应该解释得了价格是如何产生的。

只有主观效用才重要

这种新理论也始于已经折磨亚当·斯密很久的"经典价值悖论"——为什么生命之水比无用钻石便宜这么多？"边际主义者"认为这是由效用决定的。当一个人口渴时，第一口水是非常宝贵的。但是你喝的水越多，你就越不口渴，最终你不会再花一分钱来获得更多的水。

最后一个单位的效用，即所谓的边际效用，决定了一个物品的价格，即如果有充足的水，每个人都可以解渴，那么水就没有成本。但是，如果在沙漠中生存，每一滴水都弥足珍贵，那么所有水都是极其昂贵的，因为最后可用的一滴水的边际效

① Zitiert nach King, David Ricardo, S. 172.

用仍然非常高。

这种观点同样认为商品的效用很重要，这一点并不新鲜。中世纪的神学家托马斯·阿奎那（Thomas Aquinas，1225—1274）早就已经知道价格是由有用性决定的，与商品的“内在”价值无关。他通过某种宗教悖论发现了这个事实：在神圣的等级制度中，奴隶比马更有价值，因为人类比动物更像造物主。但市场并不遵守宗教的价值秩序，马有时比奴隶更贵，这让托马斯·阿奎那得出这样的结论：“可售商品的价格不取决于它们的自然属性，而是取决于它们的有用性，如我们有时看到的，一匹马比奴隶卖得更贵。因此，卖方或买方不需要知道所售商品的隐藏属性，只需知道其适合人类使用的那些属性即可。”[①]

亚当·斯密和大卫·李嘉图同样也意识到了商品的有用性和稀缺性发挥的作用。因为在《国富论》中，“需求”一词出现了 269 次，而“供给”一词仅被提及 144 次。[②] 但古典经济学家仍然假定存在客观的、不可改变的使用价值，如梨是有用的，因此它具有交换价值。

新古典主义告别了商品可以有客观用途的传统观念。相反，

---

① Zitiert nach Monroe (Hg.), Early Economic Thought, S. 59. 中世纪已不再有奴隶，但托马斯·阿奎那（Thomas von Aquin）还是从古代教父奥古斯丁（Augustinus）（354—430）那里接过了这个问题，他继续研究了为什么奴隶通常比马便宜，女仆比珍珠便宜的问题（Augustinus, De Civitate Dei, XI, 16）。

② Skousen, The Big Three, S. 15 f.

这种有用性现在被定义为主观的，而且是递减的。已经吃过两个橙子的人不再会对第三个感兴趣，只有边际效用才有意义。边际效用在英文中是“margin”，这就是为什么新古典主义也被称为“边际主义者”（marginalists）的原因。这一理论是由不同的经济学家[①]同时提出的，并从1871年开始广泛流行。

根据这种理论，从逻辑上可以得出，个人应该如何处理自己的钱，以使自身利益最大化。用数学表示即为各个商品的边际效用与价格之比必须相同。

---

① 德国经济学家赫尔曼·海因里希·戈森（Hermann Heinrich Gossen，1810—1858）早在1854年就在其主要著作《人类交换规律与人类行为准则的发展》中起草了边际效用理论，但并没有引起同行们的注意。威廉·斯坦利·杰文斯（William Stanley Jevons，1835—1882）直到1871年才发表他的《政治经济学理论》，但他在1862年的文章《关于政治经济学的一般数学理论的通知》中已经发表了有关边际效用理论的核心思想。此外，杰文斯明确提到了经济学家理查德·詹宁斯（Richard Jennings）（1855）的著作。与此同时，奥地利经济学家卡尔·门格尔（Carl Menger，1840—1921）在其著作《经济学原理》中也发表了边际效用理论。法国经济学家莱昂·瓦尔拉斯（Léon Walras，1834—1910）则于1874年出版了他的著作 Éléments d' économie politique pure ou théorie de la richesse sociale。他一方面以他父亲奥古斯特的工作为基础，另一方面又深受法国经济学家安托万-奥古斯丁·古诺（Antoine-Augustine Cournot）（1801—1877）的启发。边际效用理论在当时显然还处于“空中楼阁”阶段，以至于许多经济学家都不约而同在此相遇。（另见 Blaug, Economic Theory in Retrospect, S. 304 ff.）新古典主义在马克思写《资本论》的时候出现。因此，早期的新古典主义者并不了解马克思，只是参考了斯密和李嘉图来发展他们的理论。事实上，直到去世前不久，马克思才注意到了杰文斯。为了能够回答新古典主义者，他甚至研究了微积分，不过，他没有写任何关于微积分的东西。（Sperber, Karl Marx, S. 460 f.）

每个人都能结合自己的日常生活来理解这个算式。如家里架子上已经有 5 公斤面粉的人暂时不会购买 6 公斤，因为这一公斤是多余的，即边际效用为零。相反，还不如为马上要做的蛋糕添置尚缺的鸡蛋，因为它的主观边际效用会非常高：没有鸡蛋，就做不了蛋糕。

边际主义者的目标在于将钱用在刀刃上，并不需要考虑公平。对于边缘主义者来说，一开始有些家庭贫穷，有些家庭富裕，这并不重要。新古典主义简单地假设每个人的“基本配置”已经到位。剩下的唯一问题是个人如何利用他拥有的资源并将其效用最大化。或者从技术上讲，重点在于如何优化配置稀缺资源。只要每个人都能最大限度地利用它，“富裕家庭随心所欲地给猫喂奶，而贫困家庭的孩子甚至都没有干净的水喝”，这些都无所谓。①

① Heine/Herr, Volkswirtschaftslehre, S. 18. 最初，边际效用理论甚至是非常具有社会批判性的。举个例子：一个可怜的工匠迫切需要一辆（第一辆）汽车，以便他可以到达他的新工作场所。一个富裕的家庭也可以开（另一辆）汽车送女儿上学，不然孩子就得走路了。乍一看，如何为整个社会优化边际效用似乎很简单：钱从富人家庭重新分配到贫困家庭，因为当工匠开始新工作时，它显然创造了更多的边际效用，而富人家的孩子则必须走路才不会受到伤害。但这种客观计算是行不通的，因为新古典主义是基于主观体验的主观利益。也许富人非常讨厌走路，所以汽车对他们来说和工匠一样重要。意大利经济学家 Vilfredo Pareto（1848—1923）因此提出了一种不同的效用计算：它基于偏好的主观序列，并以序数表示。所以可以看到，对于工匠来说，汽车比一块蛋糕更重要，对富人来说，有汽车比飞往纽约的行程更紧迫。但是这些个人偏好却不能进行主体间的比较。可见，在这种“序数”解释中，新古典主义在结构上自然是保守的。

这种新理论的优点是摆脱了亚当·斯密以来一直造成巨大困扰的重复术语。不再有单独的使用价值和交换价值这两个术语了，而是主观边际效用同时决定了交换价值。

然而，对于新古典主义来说，事情也变得棘手。迄今为止，他们依然未能解决他们的理论中许多理不清的矛盾。毕竟，每个人都有主观偏好是不够的。为了优化效用，他们必须与其他人进行交换，直到交换到想要的商品。如果所有需求都得到最好的满足，市场就必须要达到平衡，即每个卖家也必须找到买家，反之亦然。

未解之谜：价格从哪里来

但是，如果每家每户都只关心自身利益，真的能出现一般均衡吗？这个问题让法国经济学家莱昂·瓦尔拉斯（Léon Walras）感到担忧，他实际上在1874年就从数学上证明了一般均衡是可能的。重点是“可能”，因为不能确保数学解决方案具有经济意义。例如，可能会导致负价格或负数量；此外，方程组可能有不止一种解法。

更糟的是边际主义者完全不清楚带来均衡的市场过程应该是什么样子。新古典主义认为所有个体都在充分地相互竞争。在这方面，每个人都无权自行设定价格，甚至无权影响价格。但是，每个市场参与者却都可以找到各种各样的价格。价格到底从哪里来呢？这是一个先有鸡还是先有蛋的问题：一方面，必须先有价格，才能有意义地优化利益。另一方面，正是这种优化过程首先导致了价格的产生。瓦尔拉斯在这里把自己绕进去了。迄今为止，新古典主义却未能解决这个基本问题，但这并不妨碍自由主义经济学家假定普遍均衡理论（见第9章）。

“新古典主义”一词实际上具有误导性，因为前缀“新”透露出它只是补充和延续了亚当·斯密或卡尔·马克思的“经典”。但事实上，新古典主义意味着彻底的范式转变，甚至是重回到虚构的中世纪。

新古典主义忽视了实际存在的资本主义，描述了一种纯粹的易货经济。他们无视生产过程，假装商品已经是现成的或从天上掉下来的。现在站在核心位置的是消费者，而不再是资本家。投资、技术、工作、增长，这些都不是必需的。新古典主义不再捕捉资本主义的风暴动态，而是侧重观察其静态的“均衡”。曾经困扰斯密、李嘉图和马克思的社会紧张局势也被忽略了，工人和企业家之间关于收入分配的斗争不再发生，新古典主义只关心资源的最优分配和个人利益最大化。

英国女经济学家琼·罗宾逊（Joan Robinson）形象地说明了这个新古典主义世界是多么的陌生。她发现现实生活中只有一个例子符合瓦尔拉斯的想象，那就是战俘营。在那里，囚犯“或多或少靠官方口粮生活，他们每个月都会收到红十字会寄来的包裹。这些包裹的内容不是根据每个接收者的需求量身定制的，这样每个人都可以通过将他们不太想要的东西换成他们更想要的东西而实现共赢。大家不断买卖，直到每种商品的供需匹配，直到没有任何一方觉得有必要以现行价格交换任何东西。”①

新古典主义不能描摹现实世界，但它之所以成为主流学说，是因为它具有无与伦比的优势——它的模型可以用微积分等优雅的数学公式表达。此外，一种方法论谬误也很显而易见，经济学家至今都乐于采用：在经济中，数字总是与数量和价格有关，而由于数学也使用数字，因此经济学使用数学公式在“科学上”似乎是必要的。②

举证责任倒过来了：瓦尔拉斯模型的惊人缺陷引起了人们的注意，但只有当它也可以用数学公式表达时，批评才会被正视。但是资本主义的社会现实太过动态和复杂，无法用方程或函数来描述。所以资本主义不再是理论的一部分。最终，获胜的是数学模型，而不是现实。

---

① Heine/Herr, Volkswirtschaftslehre, S. 17.

② 例如，熊彼特就以这种谬论开始了他的职业生涯。1906 年，年仅 23 岁的他发表了纲领性论文《论理论经济学的数学方法》。文章中写道：由于经济学的概念是“定量的”，因此“我们的学科是数学学科”。参见 Kurz / Sturn,Schumpeter für jedermann,S. 87.

现实被忽视：大公司被认为是不经济的

竞争和公司规模的话题也证明了新古典主义不接地气。新古典主义的出发点是“企业家想要最大化他们的利润”，这一点并没有问题，斯密和马克思也是认同的。第二步似乎也有道理，即对于公司来说，边际成本也即最后生产的单位的成本，是决定性的。这些边际成本不能高于边际收入，即最后生产的单位的收入，因为公司生产只能亏本出售的商品是没有意义的。

然而，下一步却变得奇怪了，新古典主义假设公司的边际成本会上升！即无论是劳动力还是机器，只要投入的资本越多，最后生产的单位成本应该就越贵。所以，边际主义者严肃地声称，大工厂不划算。这个想法太荒谬了，因为它只能用极端的例子来说明。以一片麦田为例：为了快速收获，农民雇用了很多收割工人，小麦总产量增加。但在某些时候，因为工人太多，他们只是站着不干活、磨洋工，最终又使得边际成本上升，边际产量趋于零。于是，农民再也不雇用更多收割工人了。[①]

然而，这片麦田只是个例。就连亚当·斯密也早已经知道技术是有回报的。他那个别针厂的著名例子就旨在说明大公司可以实现小公司从未有过的生产力。或者可以说，公司规模越

---

① Heine/Herr, Volkswirtschaftslehre, S. 63.

大，规模经济越大，边际成本就越低。

这一逻辑也适用于一些特殊企业。如今，纯天然的绿色食品已经很难买到了，我们便以绿色食品专卖店为例：这种类型的店以前都是小店，现在取而代之的是占据主导地位的绿色食品连锁店，这种大型超市通常是两层楼，有的甚至有自动扶梯。因为没有人能抗拒规模经济增长的逻辑，连锁商店下，一辆卡车运输 100 公斤水果的费用要比运输一盒水果便宜；收银员也变得一刻也闲不下来，不再像以前那样需要等上两个小时，直到下一个客户出现。总之，因为规模效益，成本大大降低了。

资本主义倾向于大企业。这一事实不仅显而易见，而且众所周知。从 1870 年起，托拉斯、康采恩和卡特尔在经济中占据了主导地位。当时出现在德国的大公司，直至今日依然占据主导地位，如巴斯夫、拜耳、西门子、蒂森、克虏伯等。

但新古典主义给人的印象仍然是大公司不划算。这是为什么呢？因为新古典主义理论，包括它的数学模型，只有在（几乎）完全竞争时才有效。实际情况却是，一旦大集团主导了经济，竞争就会被削弱，所谓的寡头垄断就出现了。重要的行业被少数几个公司控制，它们在内部瓜分“市场”，直接或间接地决定价格。①

---

①　关于公司如何在寡头垄断的环境下继续经营的问题，现在已经研究得很透彻，即通过所谓的博弈论。简而言之，在寡头垄断中，公司只有两种选择：推出具有破坏性的价格战或合作。新古典竞争模型中没有这些方案。

但这还不是全部，即使存在真正的竞争，新古典主义理论也行不通。幸好，不受限制的竞争仅存在于其发明者的想象中。这一点保守派经济学家熊彼特表述得更为委婉："如果完全竞争成为常态，那么快乐的理由远没有人们想象的那么多。"①

此外，先有鸡还是先有蛋的问题再一次出现，这在客户方已经很明显了，即如果所有公司都处于完全竞争状态，就没有公司可以影响价格，那么价格又是如何产生的呢？如果每个公司已经知道其生产所需的原材料和所需费用，则每个公司只能计算出产品的"边际成本"。然而，产品的价格却仍需要在市场上形成。新古典主义面临着一个有趣的困境：它可以解释为什么鞋子比房子便宜，却无法推断出鞋子和房子是如何定价的。②

熊彼特嘲讽新古典主义：一群"可怜人"

新古典主义不仅不清楚价格是如何产生的，也无法解释为什么会产生利润。尽管边际主义者假设每家公司都希望利润最

① Schumpeter, Capitalism, Socialism and Democracy, S. 78.

② 实际上，实行定价政策的不仅是大公司，即使是最小的公司也是如此。以餐厅为例：每家餐厅都是独一无二的，因为它们的位置、菜单、家具或音乐各不相同。餐厅之间确实存在顾客之争，但各餐厅难免良莠不齐。对于这种现象，"垄断竞争"早已司空见惯。

大化，但“利润”的概念仍然模糊不清。

新古典主义认为利润是一种回报，因为企业家必须承担风险。但在静态的易货经济中，根本就没有风险。微型企业守住他们的一亩三分地，适应已经存在的价格。因此，正如熊彼特嘲讽的那样，公司所有者将是“无聊的平衡人”。“我们的经济主体在焦急地寻求平衡，没有野心，没有创业精神，总之，没有力量和生命，真是可怜的人！”[①]

这些公司所有者只能是“静态管理者”，因为在一个没有风险、没有技术创新的世界里，企业家们将无所事事，他们只需要维持他们的业务。公司所有者会设置高于其成本的商品购买价格，但这并不是利润。这将是他们因协调生产而获得的正常工资。这种收入可能会大大高于工人的工资，但它仍然只是一份工资。

正如熊彼特一百年前所认识到的那样，只有经济在增长时才会产生利润。但新古典主义并未假定增长，因为永久性扩张会破坏预期的平衡。更糟糕的是，增长总是源自创新，但边际成本模型无法应对技术创新。因为许多创新并不满足于仅仅改变某些产品的成本框架，一旦创新，整个产品类别都会被破坏。

例如，计算机出现后，打字机再也卖不出去了。打字机公司 Olympia 倒闭不是因为它错误地计算了边际成本，而是因为

① Zitiert nach Kurz/Sturn, Schumpeter für jedermann, S. 96.

没有人再想要它的产品了。再次引用熊彼特的话："竞争并不影响现有公司的销售额和边际收益，它动摇的是它们的根基和存在。"熊彼特非常清晰地批评了这个关键错误：新古典主义宁愿认为，人们只需要描述"资本主义如何管理现有结构，而不需要说明这些现有结构是如何被创造和摧毁的"。[①]

在新古典主义看来，没有增长，没有技术，没有大公司，也没有利润。但这一扁平理论直到今天仍占主导地位。尽管熊彼特早在1914年就轻蔑地写道，新古典主义的应用领域是如此"有限"，人们甚至不得不扪心自问，经济学家们学习这一"特殊仪器"是否仍然值得。[②]

尽管熊彼特对新古典主义的理论进行了堪称毁灭性的批判，新古典主义却并没有太把他当一回事。但熊彼特也因此被誉为经济学的神童，并于1932年被哈佛录取。虽然有很多批评，但熊彼特的处境并没有危险。他从马克思那里继承了核心思想，却仍然是一个坚定的微观经济学家。与新古典主义一样，熊彼特也将个体企业家置于中心位置，并为其创造了一个今天仍被主流经济使用的术语："方法论个人主义"，这种观点将经济视为社会各部分的总和。对企业家有益的东西对每个人都有好处。

---

① Schumpeter, Capitalism, Socialism and Democracy, S. 84.

② Zitiert nach Kurz/Sturn, Schumpeter für jedermann, S. 223 f.

危机？什么危机

熊皮特与边际主义者最后达成了一个舒适的、有些自相矛盾的安排：熊彼特描述了资本主义的集中过程，而其他新古典主义并没有被吓倒，依然梦想着会有完美的竞争。但现实令人大失所望，严重的经济危机一次又一次发生，这是新古典主义未曾预见到的。

新古典主义描述了一种静态的易物经济，它假设所有的工厂都在不断的运转过程中则适用萨伊定律。该定律以法国经济学家让·巴蒂斯特·萨伊（Jean-Baptiste Say，1767—1832）的名字命名，它假设每个供应都会产生与自己匹配的需求，因此不会出现销售危机。

供给总是会产生需求的想法并非完全错误。因为只要生产了商品就会有收入，工人得到工资，管理人员也得到报酬。这样人们就有足够的钱购买所有商品。因此，新古典主义乐观地假设每种商品都会自动找到买家。

新古典主义没有完全排除销售困难的情况，但好在只影响了个别商品。例如，可能会出现蓝色牛仔裤太多，但客户更喜欢黑色裤子的情况。就像在每周集市上一样，价格应该可以弥补这一点：黑色裤子会因为稀缺而更贵，蓝色牛仔裤则会更便宜，最后，一些顾客从黑布裤子换成蓝色牛仔裤，供需随之再次处于平衡状态。

然而，这种模式有一个核心弱点：它只有在客户花钱的情况下才能奏效。因为如果进入账户的每一分钱都没有消费，那就存在产生销售危机的风险。因此，新古典主义必须假设消费者仅储蓄投资所需的钱，不能有多余的钱。

新古典主义者自己认为他们已经找到了解决这个问题的办法。他们假设利息能够确保储蓄和投资始终相符。液压原理很简单：如果储蓄太多，就会出现货币供过于求，利率就会下降。然后，这些公司因为贷款便宜又进行再投资；储蓄者则因为将钱存入银行不划算而再次消费。

因此，新古典主义认为价格和利率确保了不会出现严重的销售危机。虽然这个理论听起来似乎有道理，但它不可能是对的。危机出现如此频繁，以至于马克思和恩格斯早在 1848 年的《共产党宣言》中就写道："在这些危机中，爆发了一种流行病——生产过剩。在所有更早的时代，这种流行病似乎都是荒谬的。工商业似乎被摧毁了，社会突然发现自己又回到了一种暂时的野蛮状态。为什么？因为有太多的文明，太多的生活资料，太多的工业，太多的商业了。"

正如马克思和恩格斯正确地观察到的那样，销售危机源于过剩。但是新古典主义无法将这个简单的事实整合到他们的模型中，因为他们总是计算稀缺商品的最优配置，而过剩的商品则被排除在外。

新古典主义不仅难以解释危机，同样难以解释的还有，为什么人们会在经济崩溃后立即失业。新古典主义认为劳动力市场的功能就像马铃薯市场，如果马铃薯太多，价格会下降，直到所有的马铃薯都找到买家。以此类推，工资也是这样，如果失业人数过多，工资就会下降，直到每个失业者重新找到工作。

这个理论也有可能是不正确的，并且现实很快就证实了这一点。在 1873 年的大萧条时期，工资下降了 50%，尽管如此，欧洲仍有许多人失业，数百万人移居美国。为了挽回颜面，新古典主义又提出了一个惊人的论点——失业者是自愿失业的！与其为最低工资工作，他们宁愿放弃一份工作。

这种想法不仅愤世嫉俗，而且显然是错误的。亚当·斯密早就知道，可以无限制地对工人进行索取，因为他们几乎很难有存款。他在《国富论》中写道："许多工人活不过一周，如果没有工作的话。"所以，他们宁可接受最低工资，否则就得饿死。

尽管存在这些明显的矛盾，新古典主义仍然能够凭借其歪曲的理论在很长一段时间内占据主导地位，直到 1929 年大萧条爆发。当年，仅在美国，经济总量就萎缩了三分之一，价格下降了 25%，85 000 家美国公司破产，超过五分之一的美国银行不得不关门大吉，800 万储户赔了本金，四分之一的美国人失业。

德国的资产负债表更加难看。据官方统计，有 600 万人失业，但实际上这一人数可能远远超过 800 万人，即总人口的三分之一。当时，工会有自己的统计数据，比这个数据更加详细：46% 的工会成员失业，21% 的人打短工，只有 33% 的人充分就业。在 1933 年的奥地利，大约 27% 的人没有工作。①

面对这样的灾难，新古典主义认为失业者是自愿失业，公司破产也只是因为他们提供了错误的产品，这些观点显然很荒谬。就连在其他方面头脑清晰的熊彼特，面对大萧条也完全不知所措。他用略带维也纳口音的英语向震惊不已的哈佛学生们解释说："先生们，你们因为大萧条而忧心忡忡，其实完全不必要。对资本主义而言，大萧条就像是给他们洗了个冷水澡。"②

大萧条期间可以很明显地看到，新古典主义在思想上犯下了一个根本性错误，这一错误远远超出了这一理论的其他错误认识。问题到底出在哪里呢？问题在于新古典主义不理解金钱的作用，认为它只会"像面纱一样覆盖在经济表面"。

---

① Zur Weltwirtschaftskrise siehe auch Herrmann, Sieg des Kapitals, S. 162 ff.

② Zitiert nach Heilbroner, Worldly Philosophers, S. 291.

第七章
钱呢?! 约翰·梅纳德·凯恩斯

今天，每个人都是凯恩斯主义者。即使是正式表态拒绝凯恩斯理论的保守派经济学家也受到了凯恩斯理论的影响。因为金钱是资本主义的核心这一点无人质疑。

凯恩斯是所有人中第一个认识到金钱的重要性的人，这并非巧合，这是他的工作、他的科研热情所在，也是他的爱好。凯恩斯不仅是一位金钱理论家，还是一位金融政治家，也是一位股市投机者，他的投资领域覆盖货币、商品、股票、二手衍生品和贷款。他留下了相当于今天 2 200 万欧元的财富，他管理着剑桥大学国王学院的资产，并通过理财使其变得富有。

今天，凯恩斯通常被认为是激进分子，这是一种误解。他想拯救他所在的这个世界，他不是反叛者，而是来自英国精英阶层。他的父亲是一位受人尊敬的经济学家，他的弟弟杰弗里（Geoffrey）娶了查尔斯·达尔文的孙女，他的妹妹玛格丽特（Margaret）嫁给了生理学家阿奇博尔德·维维安·希尔（Archibald Vivian Hill），后者于1922年获得了诺贝尔医学奖。凯恩斯本人就读于精英私立学校伊顿公学，大学就读于剑桥，曾在国王学院任讲师，为首相出谋划策，与伯爵夫人玩桥牌，他还是“布鲁姆斯伯里文化圈”（the bloomsbury group）的成员。正如其传记作者罗伯特·斯基德尔斯基（Robert Skidelsky）所写的那样，“凯恩斯一生中几乎从未俯身看过英格兰其他地区”。[①]

凯恩斯天资聪颖且多才多艺。即便如此，如果凯恩斯不属于英国当权派阶层，他的新理论可能永远不会如此迅速地获得如此大的影响。人们知道凯恩斯不是因为他是“左派”，而是因为他是自由派，甚至是自由党的成员。但与今天的新自由主义者不同，他深切地知道自由主义思想必须重新定义。

保守派也不得不承认凯恩斯是一位重要的理论家，他们喜欢戏称他为“危机经济学家”。[②]这个称号让人以为虽然凯恩斯很好地解释了1929年的大萧条，但除此之外，他并无其他重

---

① 传记大纲遵循两个标准作品：罗伯特·斯基德尔斯基（Robert Skidelsky）《约翰·梅纳德·凯恩斯》（John Maynard Keynes）（2003）和唐纳德·莫格里奇（Donald Moggridge）《梅纳德·凯恩斯》（Maynard Keynes）（1992）。除非另有说明，引文也出自于这两本书。罗伊·哈罗德（Roy Harrod）的传记早在1951年就出版了，他曾跟随凯恩斯学习并终生与他相伴。

② Siehe etwa Braunberger, Keynes für jedermann.

大贡献。这其实是不对的。凯恩斯实则从根本上改变了整个经济。他的新理论触及了所有话题，无论是工资、通货膨胀、利率、投机、投资、货币还是国际贸易。凯恩斯设计了一种新的经济世界观，就像他之前的亚当·斯密和卡尔·马克思一样。

父母的骄傲：凯恩斯成功进入伊顿公学

凯恩斯出生在马克思去世的 1883 年。他从小就天赋异禀，他还不到两岁的时候，他的母亲已经开始担心“他会用脑过度”。尽管他的父母一直担心他的健康，但他们还是像赛马一样训练他，他必须克服所有学术障碍并赢得所有重要奖学金。任何其他孩子都会不堪这种巨大压力而崩溃，但凯恩斯却比他雄心勃勃的父母所期望的还要成功。

这样严苛的要求也是因为父母的童年经历。尤其是凯恩斯的父亲内维尔（Neville）。内维尔的童年并不幸福，儿时，他总是被不断鞭策去取得卓越的学术成就，这段经历对他的影响颇深，导致他也如出一辙地要求他的长子。

凯恩斯家族是一个典型的奋斗故事。凯恩斯的祖父约翰（John）来自索尔兹伯里（Salisbury），父亲经营着一家小毛刷厂，11 岁时他就跟随父亲做学徒。约翰将这个小厂越做越大，生意兴隆，但后来他改行了，他决定把爱好变成职业，做一个充满热情的园丁。1841 年，他在巨石阵举办了一场大丽花秀，吸引了成千上万的参观者，不久之后，他将自己的花展扩大到马鞭草、玫瑰、康乃馨和葡萄藤。1876 年，他当选为索尔兹伯里市市长，1878 年去世时，他留下了 4 万多英镑遗产，相当于今天的 400 万英镑。

约翰·凯恩斯家族的阶层晋升之路展示了维多利亚时代英国的光明面：在马克思和恩格斯描述无产阶级的苦难的同时，一个新的中产阶级正在成长，他们已经有足够的金钱和闲暇来考虑应该在自己的前院里种什么花。

内维尔·凯恩斯（Neville Keynes）是这位成功的园丁唯一的儿子，他从小就是个很有天赋的孩子，他的父亲很早就给他确定了学术道路。内维尔不负众望，成功入学剑桥，学习数学和经济学。他的成就让他的两位著名老师亨利·西奇维克（Henry Sidgwick）和阿尔弗雷德·马歇尔（Alfred Marshall）颇感欣慰。当他写了两本非常成功的教科书时，一个伟大的职业生涯似乎即将开启，他的逻辑学导论《形式逻辑的研究与练习》（Logik, Studies and Exercises in Formal Logic，1884）是其原创，非常新颖，后来启发了世界著名哲学家乔治·爱德华·摩尔（G. E. Moore）和伯特兰·罗素（Bertrand Russell），引导他们做进一步的研究。而另一本对当时经济理论的概述《政治经济学的范围与方法》（1891）直至今天依然被用于描述新古典主义。①

① Siehe etwa Blaug, The Methodology of Economics, S. 72—76.

内维尔想要成为教授并不是什么难事，尤其他得到了经济学家廉姆·斯坦利·杰文斯（William Stanley Jevons）和阿尔弗雷德·马歇尔（Alfred Marshall）的大力推荐，但内维尔拒绝了所有邀请。他不想去伦敦、牛津或芝加哥。虽然他很成功，但他依然害怕失败。每本新书都有被批评的风险，他不想承受这样的压力，因此，他转而去了剑桥大学的行政部门，在那里，他最初负责考试相关事宜。后来他成为“教务主任”，相当于大学的首席行政官。

凯恩斯的母亲弗洛伦斯（Florence）也是一位学者，这在当时是很少见的。她毕业于剑桥大学纽纳姆学院，该学院成立于 1871 年，旨在为女性提供在剑桥学习的机会。弗洛伦斯出身于一个学者家庭，她的父亲是一名浸信会传教士，在业余时间写了关于清教徒前辈移民、清教及宗教作家约翰·班扬（John Bunyan）的书籍，并于 1887 年被授予耶鲁大学的荣誉博士学位。1932 年，他的兄弟沃尔特·兰登 - 布朗（Walter Langdon-Brown）被任命到剑桥担任医学教授，三年后他因作出的卓越贡献被封为贵族。

弗洛伦斯希望内维尔能有类似的职业生涯，嫁给他的时候，她还以为他会成为经济界的璀璨明星。她自己最心仪的职业是成为一个非常成功的地方政治家。1932 年，她被选为剑桥第一市长。工作之外，她把其余精力都放在她的三个孩子身上，尤其是梅纳德（Maynard）身上。

由于父亲有定期记日记的习惯，这也使得凯恩斯自出生以来的进步被完整地记录了下来。在 4 岁半的时候，他已经搞清楚了利息的经济意义；6 岁时，他在思考自己的大脑是如何工作的；9 岁时，他读完了欧几里得的第一本书，并开始研究二次方程、奥维德（Ovid）的拉丁诗歌和约翰·弥尔顿（John Milton）17 世纪的悲剧《斗士参孙》。

在凯恩斯 8 岁、他的弟弟 4 岁时，他们都接受了割礼。传记作者怀疑父母想通过这种方式防止他们手淫。但是，可以想象的是，父母并不在乎严格的道德标准，而是遵从所属上层阶级的惯例，因为当时的王子也接受了割礼，而他们则唯王室马首是瞻。

和所有上流社会的孩子一样，凯恩斯就应该就读著名的私立学校。考虑到儿子的聪明才智，在父亲看来，凯恩斯就读享有最高声望的伊顿寄宿学校似乎一点儿也不冒昧。实际上伊顿学校有两类寄宿学生：

贵族和金融寡头的儿子们被称为“校外寄宿生”，因为他们散居在伊顿公学所在城市的（拉丁语 oppidum）各处，且必须自己支付高昂的学费；除了这近 1 000 名校外寄宿生之外，还有 70 名英国皇家奖学金（King's Scholar）获得者，他们直接住在校舍里，但这 70 个名额必须经过重重筛选才能决出归属。以父亲的能耐，凯恩斯应该能成为英国皇家奖学金获得者。

与往常一样，内维尔不遗余力地敦促儿子勤于课业。他聘请了辅导员来为 14 岁的梅纳德（Maynard）进行一个月的考试培训。甚至连考试时间也进行了模拟，正如他父亲在他的日记中所写的那样："梅纳德和我现在每天早上七点起床，早餐前做一些作业，让他先熟悉英国皇家奖学金考试的流程。"没过多久，内维尔就抱怨说他"很累"。

凯恩斯在伊顿公学很开心，即使一直被各种贵族包围是件很累的事情。他甚至还研究了自己的家谱，而且他成功证明了他的家族是一位名叫纪尧姆·德·卡哈涅斯（Guillaume de Cahagnes）的诺曼骑士的后裔，这位先辈于 1066 年随征服者威廉来到英格兰。这样一来，凯恩斯也觉得自己出身高贵了。

伊顿公学所进行的是一种精英教育，要求高，却极端片面。这里只教授希腊语、拉丁语、法语和数学。凯恩斯的同学伯纳德·斯威辛班克（Bernard Swithinbank）后来描述了他们没有学到的东西："我们只是模糊地听说了十字军东征；我们知道两三个教皇的名字，因为他们给英国造成了大麻烦；这就是我们对公元 100 年至 1453 年欧洲历史的全部了解。也完全不学生物学、物理学或地质学。"

凯恩斯在伊顿公学的五年非常成功，[①] 以至于内维尔立即将目光投向了儿子的下一个目的地——剑桥大学国王学院。内

---

① 凯恩斯在伊顿公学的第一年获得了 10 个奖项，第二年获得了 18 个奖项，第三年获得了 11 个奖项。

维尔又给他聘请了辅导员，凯恩斯也再次出色地通过了入学考试。

一个才华横溢的数学家，但并非天才

从 1902 年到 1905 年，凯恩斯研究了数学和古典语言学。师生比例最佳的时候，国王学院有近 150 名学生，30 名博士生和 30 名讲师（研究员）。尽管如此，凯恩斯还是立即发现了学院的弱势所在。在他的第一个学年，他就告诉一位同学，剑桥的管理“效率很低”，这让他的同学大为惊诧。这样的评价不止一次，几乎成了凯恩斯的典型评论。后来也是一样，他总能在各种各样的地方发现学院需要改进的地方，并告知周遭的人。

不久，邻近的三一学院的两名学生伦纳德·伍尔夫（Leonard Woolf）和利顿·斯特雷奇（Lytton Strachey）找到了凯恩斯。他们两个后来也成了名人：伦纳德是弗吉尼亚·伍尔夫（Virginia Woolf）的丈夫，斯特雷奇是讽刺肖像集《维多利亚女王时代名人传》的作者。他们希望凯恩斯加入一个秘密社团，正式名称为“剑桥对话协会”，非正式名称为“剑桥使徒”。这家精英俱乐部成立于 1820 年，拥有的成员遍布全球且享有传奇般的声誉。在凯恩斯时代，哲学家乔治·爱德华·摩尔（G. E. Moore）、伯特兰·罗素（Bertrand Russell）

和阿尔弗雷德·诺斯·怀特海（Alfred N. Whitehead）都属于这个小圈子。凯恩斯加入后，成为使徒第243位成员，并终生保持着联系。①

学习本身让他感到很无聊。凯恩斯的数学成绩一直很好，但他觉得这门课太无趣，不值得每天花6小时在上面。他的传记作者罗伊·哈罗德（Roy Harrod）后来推断："梅纳德在逻辑性、准确性和闪电般的速度方面颇有天赋，这使他成为一位才华横溢的数学家，但他不是数学天才。他没有去探寻那些深奥的领域，那才是充满激情的数学家们的心之所向。他从一开始在剑桥就对很多其他的事物感兴趣，但是他还是通过不懈的努力，达到了所要求的数学水平。"

凯恩斯毫不费力就取得了惊人的成绩，并在期末考试中获得了第十二名。成绩固然很重要，但这还不足以让他成为剑桥的数学讲师。父亲内维尔很失望，但凯恩斯却发现了一个新的兴趣——经济学。在几个月内，他阅读了经济学几乎所有的经典著作，从大卫·李嘉图到威廉·斯坦利·杰文斯，他还读了阿尔弗雷德·马歇尔的《经济学原理》。

马歇尔是凯恩斯一家的朋友，也是当时最重要的经济学家

---

① 1912年，凯恩斯试图为"Apostel"争取哲学家路德维希·维特根斯坦（Ludwig Wittgenstein）的支持。但是维特根斯坦来的第一个晚上就觉得这太可怕了，他立即离开了。

之一。他对新古典理论补充了一些基本细节[①]，并用他的原理编写了一本教科书，该教科书深刻影响了二战前所有的英美经济学家。1905年秋天，凯恩斯报名参加了马歇尔的演讲。

马歇尔很快对他的新学生赞赏有加。马歇尔的同事亚瑟·塞西尔·庇古（Arthur Cecil Pigou），后来也是一位重要的新古典主义者。[②]他每周与凯恩斯共进一次早餐，以指导这个后起之秀。仅仅一个月后，凯恩斯就向利顿·斯特雷奇汇报："马歇尔不断鞭策我成为一名经济学家，如果我愿意的话，我甚至可以在这里找到一份工作。"但是凯恩斯在他的家乡剑桥感觉实在是太过束缚，简直就是"上班如上坟。不知道伦敦的一个政府职位会不会也是这样呢"。斯特雷奇当时已经在伦敦生活了，他热情地回信："我们搬到一起住，我们可以开个派对好好庆祝一下。"

---

① 阿尔弗雷德·马歇尔（Alfred Marshall，1842—1924）将部分均衡理论引入经济学，进一步突破了瓦尔拉斯（Walras）的一般均衡，并用来分析个别市场。直到今天，这种方法在主流经济学中都非常流行。但实际上，所有市场都是相互关联的。每个学生在第一学期就知道的最著名的经济学图表就是马歇尔的"市场图"。供给曲线和需求曲线恰好在形成"均衡价格"的点上相交。与新古典主义一样，这个模型假设了完全竞争的前提。

② 亚瑟·塞西尔·庇古（Arthur Cecil Pigou，1877—1959）采用了马歇尔的部分均衡理论，并将其应用于各种实际问题。他因发现负面的"外部影响"而闻名，如环境污染，为了要求污染者付款，损害必须被定价，即"内化"。庇古提出了一种生态税，以他的名字命名为"庇古税"。庇古还拒绝了Vilfredo Pareto的观点，即个人的边际效用不能相互比较（见第6章，177页注释1）。庇古深信，当财富从富人那里重新被分配给穷人时，整个社会的边际效用才会增加。所以，他提出了累进所得税。

印度办公室无事可做：凯恩斯着手写论文

当时英国各个部委规模很小，因此很难在政府部门找到工作。伦敦是这个领土从印度延伸到南非的巨大殖民帝国的中心，但即使是财政部（“国库”）也只有大约150名员工，其中三分之一是公务员。炙手可热的政府职位必须通过为期三周的考试才能获得，考试涵盖了所有想象到的科目。凯恩斯甚至不得不写一篇以“戏剧、情节剧、歌剧”为主题的文章。

他最后排名第二，这意味着他进不了财政部了，因为选拔赛第一名也选择了财政部，而它只有一个新人名额。凯恩斯因此选择了负责印度殖民管理的印度办公室。这个职位至少有一个优势——官方工作时间是所有部门中最短的。周一到周五从11点工作到下午5点，中间午休一个小时。星期六，凯恩斯需要在办公室值班，时间是从11点到中午1点，每年他有两个月的假期。

但即使在这些极其有限的工作时间内，也无事可做。恼怒的凯恩斯写信给他的母亲：“昨天我一分钟都没有工作。”还有一次他计算过：“这周我一天连一个小时的工作时长都没有。”所以，凯恩斯充分利用了这些百无聊赖的时间来写博士论文。

他的《概率论》属于数学领域，但更具哲学性。凯恩斯重点并不在于计算事件频率的统计学概率。相反，他关心的是如何确定陈述的真实性的问题，尤其是知识常常是不完善的、不确定的和有限的。他想将逻辑领域扩展到思维和猜测等心理状态。他也没有从数学上描述“概率”这个词，而是从心理学上进行描述。对他来说，这是一种“逻辑直觉”，一种无法从其他术语推导出来的基本心理状态。至少凯恩斯可以接受这种含糊不清的说法：“在绝大多数情况下，‘可能’这个词被不同的人以完全相同的方式使用。”

1907 年 12 月，他向剑桥递交了他的博士论文。伯特兰·罗素后来在一篇评论中写到，这篇论文“不可能得很高的赞扬”，因为凯恩斯并没有分享核心论点。罗素坚持认为应该尝试清楚地定义和衡量概率。[①] 虽然凯恩斯的博士论文是他对逻辑的最后一次尝试，但“我们的认知在原则上是不确定的，因此我们的期望很高”这一认知对于凯恩斯的一般理论影响很大。

① 凯恩斯注意到，很多年轻人并不相信博士论文中的观点。他在一封信中写道：“拉姆齐（Ramsay）和其他年轻人（是）相当的固执，他们仍然相信概率要么是可以精确测量的，且与频率有关，要么认为它只在心中重要，且绝对不合逻辑。“拉姆齐”指的是杰出的数学家 Frank Plumpton Ramsay（1903—1930），他在 21 岁时成为国王学院的研究员。拉姆齐还是路德维希·维特根斯坦（Ludwig Wittgenstein）的信徒和密友，并将他的《逻辑哲学论》（Tractatus logico-philosophicus）翻译成英文。拉姆齐为凯恩斯的《经济杂志》撰写了三篇文章，至今仍被引用。除此之外，他还提出了一种关于最佳税收可能是什么样子的理论。因此，拉姆齐至今仍被认为是最重要的经济学家之一。遗憾的是，他却在一次拙劣的腹部手术后去世，年仅 26 岁。

在凯恩斯看来，早在 1908 年，金融投资者就表现得好像他们自然而然就知道他的博士论文的内容一样。他给父亲写了一封关于他每天读报纸的信："我早上在床上躺了几个小时，阅读证券交易所成员写的关于概率的文章。"他认为投资者的平均智商实在少得可怜，这从下一句话就可以看出来："迄今为止最明智的说法来自一家水桶厂的老板。"

凯恩斯很快就受够了印度办公室的工作，迫切地想回到剑桥。但国王学院的两项奖学金有四名优秀的候选人，凯恩斯并没有获得。这是他学术生涯中最大的失败。

问题就在于论资排辈。被选中的其中一位是历史学家 A. E. Dobbs，他从 1901 年起就一直在等待着能拿到这个奖学金，而且他只有这一次机会了。1909 年，因为阿尔弗雷德 · 马歇尔和亚瑟 · 塞西尔 · 庇古不想放他们最喜欢的学生离开那么久，他们自掏腰包捐赠了 100 英镑，以便凯恩斯可以作为讲师立即开始教学。凯恩斯的父亲又资助了 100 英镑，这样儿子就可以拿到和印度办公室一样的薪水了。

凯恩斯在 25 岁生日那天，辞去政府职务返回剑桥。他只在伦敦呆了 21 个月，乍一看，这次短途旅行似乎很多余。但事实上，印度办公室的经历在他的余生中起到了决定性作用，因为凯恩斯借此真正了解了政府，他知道了政治机构是如何运作的，这也是他在两次世界大战中能够成为政府最重要的经济顾问的原因之一。

凯恩斯在剑桥的第一个系列讲座专门讨论了他从那时起就研究的主题——金钱。起初这纯粹是巧合。庇古实在找不到其他人来教授这门学科。因此，凯恩斯在大约 15 名学生面前谈起了“货币、信贷和价格”，尽管标题听起来很抽象，但凯恩斯却讲得很具体。他用纺织品生产的统计数据阐释了利润理论，当谈到货币供应的话题时，他提供了大量关于黄金生产的统计数据。凯恩斯总是将理论与经验主义结合起来。对他来说，经济不是一个逃离数学的避难所，而是应该解释整个世界。

1909 年 3 月，凯恩斯终于成为国王学院的研究员，1912 年，他被任命为著名经济杂志的编辑，并担任这一职位直到 1945 年 4 月。他亲自把关所有文章，并与世界上重要的经济学家们保持亲密的联系。因此，他完全了解经济学的最新动态，包括他自己研究课题之外的领域。

1913 年，他出版了《印度的货币与金融》一书，借用了他在印度办公室的经验。这本书一经出版就立即被视作一本巨著，[①] 并让他得到了皇家委员会的一个席位，该委员会主要处理印度的黄金储备问题及该殖民地是否需要自己的中央银行的问题。凯恩斯的地位也突然发生了变化，在那之前，他在

---

① 第二章直至今天也值得一读。它不专门讲印度，而是主要探讨金本位制。凯恩斯简要而明确地解释说，当时金本位制的运作并不那么顺利，因为它是以黄金为基础的。相反，至关重要的是由伦敦金融中心来引导全球资本流动，以便英格兰银行能够以其基准利率控制全球货币市场。

剑桥以外的地方都不为人所知，但现在他却会见了印度委员会的财政部最高官员，而且是平等会见。他不再是印度办公室的小行政文员，而是炙手可热的国务秘书对话者。一年后，第一次世界大战爆发，财政部立刻想起了这位来自剑桥的精明货币专家。

天价赔偿：凯恩斯写了一本畅销书

凯恩斯没有预见到第一次世界大战的到来。1913 年 7 月 30 日，他对国王学院新装修的房间还颇感兴趣，他写信给他的父亲："我仍然无法决定大房间里应该使用哪种地毯。" 8 月 1 日，德国入侵持中立立场的比利时，8 月 4 日，英国宣战。

凯恩斯是他所在行会的典型代表，直到最后一刻，经济学家和企业家也依然无法想象真的会发生战争。欧洲经济高度网络化，各国因为进出口贸易而紧密相连。如果各国之间的供应链和信贷链被打破，将造成数十亿美元的损失并摧毁整个欧洲的繁荣。公司老板都对他们的货币逻辑极为自负，既然战争代价如此昂贵，怎么可能会有战争发生呢。[①]

---

① 在和平年代的最后几年里，一场战争的代价有多大一直是激烈讨论的主题。公关人员诺曼·安格尔（Norman Angell）于 1910 年出版了《巨大的幻觉》一书，它很快成为国际畅销书，并在短短一年内被翻译成 15 种语言（德语版：Die falsche Rechnung. Was bringt ein Krieg ein?）。安格尔得出胜利者也会遭受非常严重的经济损失，战争根本不值得。

起初，投资者们并不关心奥地利王位继承人于 6 月 28 日在萨拉热窝被枪杀的事件。企业家们也无感于所谓的七月危机。虽然外交官们交换了威胁性的消息，但证券交易所的情况仍然平静，股票交易也继续正常进行。战争爆发前一周，许多投资者也依然无法相信真的会发生军事对抗。直到 7 月 27 日，投资者才开始变得紧张，维也纳证券交易所不得不关闭。接下来，欧洲大陆的其他证券交易所先后于 7 月 30 日闭市，伦敦证券交易所和纽约证券交易所也于 7 月 31 日关闭。一天后，投资者没有预见的世界大战爆发。

甚至在英国于 8 月 4 日宣战之前，凯恩斯就收到了财政部的一封信，并奉命“为了祖国的利益”前往伦敦。政府需要他的建议，因为英国有陷入严重金融危机的危险。

直到 1914 年，英国人都是“世界债权人”，主要靠全球借贷为生。但是当战争开始时，这些贷款中有很大一部分不再提供服务。尤其是汇票问题，战争开始时，大约有 3.5 亿英镑汇票未偿还，可以预见的是，至少有 1.2 亿英镑无法偿还，因为这些汇票的债务人遍布德国、奥地利和俄罗斯。而所有英国银行都会因此面临破产。

战争爆发后，普通储户开始担心自己的财富安全，于是他们赶到自己的储蓄银行将钱取出，然后又到英格兰银行兑换黄金。在短短两天内，英格兰银行损失了大约一半的黄金储备，由此引发了无法控制的“银行挤兑”风险。事实证明，如果大量储户恐慌地清空账户，整个金融体系必将崩溃。①

一开始，英国政府还寄希望于银行家们能想出办法来应对这场金融危机，但所谓的专家们给不出任何办法。时任英国首相的赫伯特·亨利·阿斯奎斯（Herbert Henry Asquith）在给妻子的一封信中嘲笑道："银行家们是大傻瓜！他们都吓坏了，就像小镇上的长舌妇一样没见过世面。"他的财政部长大卫·劳埃德·乔治（David Lloyd George）也说过类似的话："惊慌失措的金融家们实在没什么英雄气概。"凯恩斯也在写给他父亲的信中说："银行家们已经完全失去理智，头脑不清。我实在怀疑，到底有没有一家银行做好了不破产的准备。"

由于银行家们无法提供解决方案，政治家们只好自己发挥创造力了。自1908年起，担任财政部长的大卫·劳埃德·乔治成为核心人物。到战争爆发时，他已经六次提交了国家预算，但可惜的是他的那些见识也渐渐不够用了。财政部内部开始忧心忡忡地自问，劳埃德·乔治到底是不是一个应对经济危机的合适人选："他连汇票都没有见过，他对控制国际贸易的微妙

---

① 这场金融危机的详细概述可以在理查德·罗伯茨（Richard Roberts）的 Saving the City. The Great Financial Crisis of 1914. 中找到。英格兰银行的黄金储备很快耗尽。他们只有价值2 400万英镑的黄金储备，而德意志帝国银行则拥有价值4 000万英镑的黄金储备，美国则更多，高达1.42亿英镑。英国人处于一种矛盾的境地：金本位正式生效后，伦敦成为世界上最大的金融中心，但英国人却几乎不持有黄金。这样的比例失衡再次表明金本位制纯属虚构，世界贸易也可以在没有黄金的情况下进行。英国人因此秘密减少了他们的黄金库存，以节省成本。（参见 Roberts, Saving the City, S. 75 f.）

而复杂的机制也知之甚少，甚至一无所知。”

凯恩斯在这种情况下被聘为首席财务官，并写了一份劳埃德·乔治能看懂的备忘录。结果非常成功，超出了所有人的预期。凯恩斯在他的文章中紧急警告不要正式放弃英镑的黄金储备，劳埃德·乔治正是遵循了这一建议。“他显然吸取了凯恩斯备忘录中的大部分建议，”一位税务官员在日记中激动地写道，“我们都精神抖擞。”①

战争的头几个月的时间，凯恩斯是在剑桥度过的，直到1915年1月，他正式受雇于财政部，负责协调战争物资的采购并向其他盟国提供贷款。当时有件逸事值得一提：有一天政

---

① 英国的黄金短缺问题可通过多种措施得以解决。一个实际问题是，当时英国没有小面额纸币，最小的是5英镑纸币，相当于今天的100欧元纸币。所以，所有的小额费用都必须用金币支付。因此，财政部印制了自己的纸币，所有官方机构都必须接受这些纸币，且不能兑换成黄金。正如人们所希望的那样，这些钞票部分取代了金币，节约的黄金可以储存在英格兰银行。凯恩斯在撰写备忘录时，政府就已经决定印制小额钞票。但私人银行想要的更多，他们还想取消为“真实”纸币准备的黄金。凯恩斯坚决反对废除可兑换性。他担心这会造成人们本想避免的那种恐慌。他还担心伦敦金融中心的国际声誉可能会受到不可挽回的损害。最终证明凯恩斯是对的，金本位保持不变，储户再次平静下来。

无论如何，劳埃德·乔治(Lloyd George)已经证实了自己是个天才。他只用了几天的时间，就证明了他已经“登上了金融专家的顶峰”。因为在凯恩斯没有参与的情况下，他还做出了一个决定，立即结束了当时的金融危机。该操作被称为“冻结策略”，即允许银行向英格兰银行以5%至7%的利率抛掉所有不良汇票。风险不再由机构承担，而是由纳税人承担。劳埃德·乔治预计政府将损失4 000万英镑，但结果与预期不同，当战后最终决算完成时，该州入账了650万英镑的利润。

府迫切需要西班牙比塞塔，而凯恩斯实际上也设法筹集到了一小笔款项。这时，财政部长松了一口气，以为短时间内总算有足够的比塞塔了。“哦，不，”凯恩斯对他的上司回答道，“我筹到之后马上又把它们卖掉了，我要搅乱市场。”他的上司对此错愕不已。凯恩斯此举确实像一个典型的货币投机者所为。但他的计划奏效了：他突然将比塞塔投到市场上，压低了比塞塔的价格，然后再以极低的价格重新买入了所需数量的比塞塔。

凯恩斯逐渐建立了他的威信并变得不可替代，后来，他于 1919 年 1 月随英国代表团参加了凡尔赛和会。将近半年的时间里，和谈各方就德国赔偿金额的问题一直争论不休。凯恩斯很快就对此感到厌烦，尤其是听到法国人要求巨额赔偿。他从巴黎写信给他的母亲：“我已经筋疲力尽了。部分是因为工作，部分是因为和平是可耻的，也是不可能实现的，它只能带来不幸。”

1919 年 6 月，他辞职以示抗议并返回英国，他愤怒地写了一本使他成名的小册子——《和平的经济后果》。由于凯恩斯结合了精彩的修辞、辛辣的讽刺和严密的分析，这本书虽然篇幅不长，却仍在世界文学史上占据了一席之地。读者就像收到了一份任何一位顶级政治家都不会错过的内参报告。

凯恩斯这样评价当时的美国总统伍德罗·威尔逊（Woodrow Wilson）：“就像奥德修斯（Odysseus）一样，总统坐着时看起来更聪明。”凯恩斯形容这位美国人是一个卫道士，喜欢油腔滑调，但不幸的是“他没有计划，没有战略，没有建设性的想法”。英国首相劳埃德·乔治则是一位战术家和机会主义者，其主要关注点是让英国选民满意。只有法国总理乔治·克列孟梭（Georges Clemenceau）确实具有战略技巧和明确的目标。他想彻底摧毁德国，以除后患。克列孟梭确信“只有恐吓对德国人有用，因为他们既不懂荣誉，也不懂体面，更不懂怜悯”。法国人毫不妥协地坚持“永远不要与德国人谈判，而应该征服他们”。

但正如凯恩斯在他的书中所表明的那样，索要天文数字的赔偿金来强行达成和平是行不通的。德国必须支付 314 亿美元，相当于 1 320 亿金马克的赔偿金，这听起来确实不错。① 但钱从哪里来呢？如果德国拥有同样高的出口顺差，它可以直接转账支付这笔钱。但实际情况是，尽管德国是世界第二大工业国，它的出口远不足以支付赔款。从理论上讲，可以想象德国为了筹钱赔偿，一定会进一步增加出口，但结果就是，法国和英国将失去市场份额并陷入危机。仅仅因为他们想收取德国的赔偿金，就会失去国内的就业机会。

盟军于是陷入了一个悖论：德国人应该支付数十亿美元的

---

① 《凡尔赛和约》尚未规定德国具体的赔偿数字，直到 1921 年 5 月才在伦敦举行的债务会议上确定最终金额。然而，早在 1919 年 1 月，法国就要求德国赔偿至少 1200 亿金马克。而英国要求的赔偿金额更多，共计 1320 亿金马克。

赔偿金，但他不可能在世界市场上赚取这数十亿美元，那么他就只能从盟国那里借钱，然后再把这笔钱转回给盟国。

直到今天，德国最终支付了多少仍是一个富有争议的问题，数额估计在 20.8 亿到 67.7 亿金马克，具体取决于它来自盟军还是来自德国。① 但无论德意志帝国转账支付了多少，事实上，它都不曾拥有这笔钱，因为它是从美国借了所需的钱。最终，美国资助了德国的赔款，但美国在 20 世纪 30 年代才姗姗来迟地发觉。②

凯恩斯的书取得了巨大的成功，战胜国和战败国的读者都有读过。没人能回避凯恩斯的论点，所有主要报纸都对此进行了广泛讨论。仅在英国和美国，前 6 个月的销量就超过 100 000 份。它也很快出版了德语、法语、荷兰语、丹麦语、瑞典语、意大利语、西班牙语、罗马尼亚语、俄语、日语和中文版本。③

---

① Kindleberger, Financial History of Western Europe, S. 297.

② 作为替代方案，凯恩斯当时提出了全面的债务减免。因为法国人不仅想用德国的赔款弥补战争损失，他们更需要这笔钱来偿还他们对英国的战争债务，而英国则对美国负债累累。如果盟国取消了他们之间的债务，英国将损失 6.51 亿英镑，美国也将不得不放弃 16.68 亿英镑。另外，意大利的债务将减免到 7 亿英镑，法国也将获得 5.1 亿的减免。然而，美国人拒绝同意这样的债务减免。但实际上，在全球经济危机之后，这些债务基本上变得一文不值。（Tooze, The Deluge, S. 293 ff.）

③ 凯恩斯在他的畅销书中还写道："据说，列宁曾说过，摧毁资本主义制度的最好方法是瓦解它的货币。"但在列宁的著作中并没有相应的句子。（Kindleberger, Financial History of Western Europe, S. 321）

几十年后，这本书仍然发挥着效力。二战后，西方不再要求德国或日本支付高额的经济赔款。政治家们已经知道金钱不能简单地进行转移。

做讲师收入太少：凯恩斯成了投机者

二战后，凯恩斯想继续留在剑桥大学，但只能在有限的范围内教书。他的时间太宝贵了，没办法每周做好几次讲座，也不能担任导师辅导学生参加考试。他靠什么生活呢？凯恩斯出版了畅销书后一直是一名抢手的记者，但收入不足以支撑他在伦敦政府工作期间已经习惯的奢华生活。凯恩斯找到了解决这个困境的办法——成为一名职业投机者。

起初一切进行得很顺利。1919 年 8 月，凯恩斯开始涉足外汇业务。战争破坏了确保固定汇率的国际金本位制，使个别货币现在疯狂浮动，凯恩斯想利用这些价格上涨。为了增加利润，他借助衍生工具达成所谓的“远期交易”，但他没有自己购买货币，而是押注股价变化。凯恩斯希望从衍生品提供的“杠杆效应”中受益，即用最少的资本投资获得最大的利润，但同样的，如果赌错了，也会造成最大的损失。

起初凯恩斯通过他的衍生品获利。他买入美元、挪威克朗和丹麦克朗及印度卢比，并看好这些货币会升值。同时，他出售法国法郎、荷兰盾、意大利里拉和德国马克。1920 年 1 月 2 日，凯恩斯已经赚取了 6 154 英镑的利润，相当于大约 150 000 欧元。

凯恩斯的成功让他的亲戚、同事和朋友们也蠢蠢欲动。1920 年 1 月下旬，他们组建了一个“辛迪加”，筹集了 30 000 英镑。到 4 月底，他们已获利近 9 000 英镑。

但在 5 月，情况发生了逆转。与预期相反，德国马克逆势上涨而美元下跌。“辛迪加”不得不关闭，而且累积了 22 573 英镑的巨额损失。从长远来看，凯恩斯是对的，到 1923 年，德国马克跌入谷底。但在短期内，他无论如何都押错宝了。凯恩斯不得不承认一件直到今天也依然正确的事情：“市场非理性行为持续的时间可能比一个人保有偿付能力的时间长。”

尽管这样，凯恩斯还是越挫越勇，继续投机，这一次他不仅投资了货币，还投资了棉花、铅、锡、锌、铜、橡胶、小麦、糖、黄麻和亚麻油等原材料。在短短两年内，他欠下的所有债务都还清了，亲戚们也得到了补偿，而他自己的财富也膨胀到超过 21 000 英镑。

当时凯恩斯仍然相信他可以预见经济发展，并进行了短期投资，但这种临时策略并没有成功。尽管他获利颇丰，在 1927 年拥有大约 44 000 英镑，但他的股票投资组合的表现仍然低于代表性股票市场指数。

不过，他的存款很快又所剩无几了。凯恩斯没有预见到世界经济危机的到来，因此从 1929 年起他又一次破产了。凯恩斯在经历了短短七年内的两次亏本后改变了投资策略，从此他不再进行短期投资，而是改为长期投资，他也不再将资金分配到种类繁多的各种投机工具中去，而是集中在某些股票上。

他只买他信任的那些公司的股票。他不再相信平摊风险的说法。“将鸡蛋放在不同的篮子里，”他引用一句古老的英国谚语写道，“是增加风险和损失的最佳方法，因为你没有时间或没有机会找出哪些篮子底部有洞。”

全球经济危机提供了一个千载难逢的机会，筛选出真正有投资价值的股票。股价大幅下跌，许多公司被低估，凯恩斯能够以非常便宜的价格买进。他主要购买的是奥斯汀（Austin）和利兰（Leyland）等汽车股，但也投资于金矿、美国公用事业和飞机制造商。这个策略第一次奏效。到 1945 年，他的股票资产增加了 23 倍，而华尔街的股价只上涨了 3 倍，伦敦证券交易所甚至停滞不前。

凯恩斯不仅是一位私人投机者，还是一位专业的金融管理者，因为他成为两家保险公司监事会的成员。对股票市场的深入了解和实操经验丰富了他的《通论》一书，其中包含了一个关于金融市场的精彩且非常有趣的章节。

凯恩斯的私生活：布卢姆斯伯里和莉迪亚·洛波科娃

凯恩斯对经济学固然着迷，但他同时也尽量与经济的世界保持距离。他最亲密的朋友都是对经济学一无所知的艺术家。也许正是因为这种稍有距离感的私人生活，凯恩斯才能如此冷静和公正地看待经济。甚至他的理论对他自己来说也从来不是神圣不可侵犯的，一旦他觉得自己的理论连他自己都无法说服，他就会弃之不用。凯恩斯一生学到了很多东西，这激怒了他的许多同时代的人。他对批评家的回击非常有名："当事实改变时，我会改变我的观点。而您呢，您在做什么？"

后人对凯恩斯的私生活了如指掌，因为他喜欢列清单。凯恩斯从父亲那里继承了这种热情，他的男性情人名单也因此流传了下来。但只有两个人对他的一生来说都很重要：利顿·斯特雷奇（Lytton Strachey）及画家邓肯·格兰特（Duncan Grant）。

6 岁时，凯恩斯深觉自己长得不好看。23 岁的时候，他和斯特雷奇已经是一对了。

他凸出的嘴唇特别显眼。弗吉尼亚·伍尔夫后来将凯恩斯形容为"吞食的海豹"或"臃肿的鳗鱼"。尽管如此，凯恩斯仍有一种几乎无人能逃脱的魅力。他的脸可能有点儿不寻常，但他很有趣，也很聪明，而且充满活力。凯恩斯非常享受每分每秒，并将这种能量传递给身边的人。他有一种罕见的创造快乐的能力。

凯恩斯从不为自己的同性恋行为感到羞耻，但仍不得不保守秘密以避免严厉的刑法。奥斯卡·王尔德（Oscar Wilde）的命运大家都知道，这位著名作家不得不做两年的强迫劳动，并因身体状况不佳、穷困潦倒，于 1900 年在巴黎去世。

通过利顿·斯特雷奇和邓肯·格兰特，凯恩斯还结识了“布卢姆斯伯里团体”，从 1909 年开始，这个团体就像是他的第二个家。该团体以艾德琳·弗吉尼亚·伍尔芙（Adeline Virginia Woolf）和凡妮莎·贝尔（Vanessa Bell）两姐妹为中心，因大多数成员都住在伦敦布卢姆斯伯里区而得名。成员都来自上流社会，几乎所有的男人们都在剑桥上过学，每个人都认为仆人是必需的。“布卢姆斯伯里团体”让欧洲大陆的毕加索（Picasso）或马蒂斯（Matisse）广为人知，从而使英国的艺术品位现代化，但他们本身并不现代，他们将自己视为贵族精英。

这群艺术家直到今天仍是传奇，尽管他们最终并没有创作出世人期待的杰作。其中，只有作家艾德琳·弗吉尼亚·伍尔芙和爱·摩·福斯特（E. M. Forster）享有盛名。然而，他们都有一个共同点，即对原创的偏爱，即使有时这只是一种外在的形式。他们都认为丰富的精神世界很重要。

凯恩斯在 1920 年第一次爱上一个女人——俄罗斯芭蕾舞女演员莉迪亚·洛波科娃（Lydia Lopokova），因为“洛波科娃

(洛佩)”不是知识分子，正如艺术评论家克莱夫·贝尔（Clive Bell）在一封信中抱怨的那样：“莉迪亚几乎破坏了每一次谈话。当我们谈的东西有些高深的时候，她跟不上；当我们谈些私密的事情，她显然不知道我们在说什么。她唯一关心的话题是俄罗斯芭蕾，当然还有闲话家常。你无法想象她让我感到多无聊。”

莉迪亚于1891年出生在圣彼得堡，是一位接待员的女儿。因为他的父亲常与剧院接触，他成功地将五个孩子中的四个送进了皇家芭蕾舞学校，尤其是莉迪亚还开创了自己的事业。从1910年起，她加入了俄罗斯芭蕾舞团，该团是由导演谢尔盖·迪亚吉列夫（Sergei Djagilew）打造的世界上最具创新性的舞蹈团，并深刻影响了整个欧洲。

莉迪亚是一位明星，但她并不符合芭蕾舞女演员的经典形象，她身材矮小，并不是特别漂亮。弗吉尼亚·伍尔夫后来将她的头比作“鸻的蛋”。但莉迪亚富有个性和魅力，她风趣又热情，观众们很喜欢她。

因此，当凯恩斯和莉迪亚于1925年8月结婚时，这成为一场全球性的媒体事件。他们的婚姻非常幸福，因为凯恩斯喜欢照顾人，而莉迪亚则非常依赖。不仅如此，她也很有创造性和智慧，这让凯恩斯大吃一惊。虽然她从未受过正规教育，她也从来说不出伊顿公学的学生期望听到的话来，但她逗得凯恩斯很开心，尽管布鲁姆斯伯里的人都觉得她很无聊。

他们去俄罗斯度蜜月，去列宁格勒看望莉迪亚的兄弟姐妹。凯恩斯被斯大林主义所排斥，他们之间散布着恐惧气氛。凯恩斯后来在一篇文章中写道："这项政策表现为投资数百万美元以吸引每个家庭和每个家庭群体中的告密者，我为什么会感到如此惊奇呢？"[①] 此外，他也有源自剑桥大学毕业生的自负的社会偏见：他对共产主义"美化乏味的无产阶级，偏爱资产阶级和知识分子"这一事实感到困扰，因为正是这些精英"孕育了所有人类进步的种子"。

凯恩斯还首次评论了马克思。他称《资本论》是"一本过时的教科书，据我所知，它不仅在科学上是错误的，而且与现代世界毫无关联或适用性"。凯恩斯多次表达了自己对马克思的轻蔑，尽管他从未读过他的著作。

即使是挑剔的凯恩斯，有时也会受到偏见的误导。这其中也包括肤浅的、不反思的反犹太主义，这在他的圈子里是理所当然的。例如，他随便写了半句话说俄罗斯共产主义"不会让犹太人不那么贪婪"。然而，受到严重的抨击的不仅是犹太人，他们对几乎每个民族都带有负面的刻板印象，这在当时很是平常。凯恩斯在谈到俄罗斯的"天性"时写到，它往往具有"某种兽性"，即使他自己娶了一个俄罗斯女人。

---

① John Maynard Keynes, A Short View of Russia, 1925. In: Keynes, Essays in Per-suasion, S. 297~311.

凯恩斯告别新古典主义

凯恩斯第一次怀疑新古典主义时还不到 40 岁。在那之前，他曾提出过个别批评，但毫无疑问地采用了他从小就从他父亲内维尔和后来从他的老师阿尔弗雷德·马歇尔（Alfred Marshall）那里听到的中心论点。但第一次世界大战后，出现了一个新的、令人费解的现象——失业率并没有下降，英国的失业率多年来一直保持在 10% 左右。新古典主义者不知所措，因为他们的模型假设了一种平衡。他们认为失业只是暂时的，但现在大约有一百万人没有找到工作。这个理论的问题到底出在哪里呢？

凯恩斯立即给出了初步答案：英国没有恢复在第一次世界大战中崩溃的金本位制。战前，1 英镑的价值为 4.86 美元，这正是英国政府想要重新执行的汇率，尽管英国的物价上涨速度比美国快。但回到旧的金本位制意味着英国出口产品的价格将高出 10%，而且将不再有机会进入世界市场。而为了再次变得具有竞争力，英国的工资必须正好下降 10%。凯恩斯悲观地预言，这样的削减“于社会和政治而言都是不能承受之重”。

为了说服他的同胞，凯恩斯首先在报纸上发表了文章，然后在 1923 年出版了《货币改革论》。在这本书中，您还可以找到这句无疑已成为凯恩斯名言的句子：“从长远看，我们都已死去。”新古典主义后来一次又一次地传播这句话，暗示凯恩斯最终只发展了非实质性的临时理论，但这种论调只是断章取义。凯恩斯完整的表述是：“从长远来看，我们都已死去。如果在暴风雨季，经济学家们只能在暴风雨已经过去、大海恢复平静时，才能告诉我们会有暴风雨，他们给自己定的任务也太简单、太没用了。”因此，凯恩斯嘲笑新古典主义总是喜欢要求他们的员工做出巨大牺牲，并含糊地承诺在遥远的未来一切都会好起来。①

凯恩斯总是对许多经济学家的自满程度感到愤怒，他们因教授身份备受尊敬，但却热衷于宣扬其他人应该知足。金本位完美地契合了这个图景：出口行业工人的工资会下降，但教授的工资不会。

伦敦金融城动员了所有的游说力量，凯恩斯在金本位制的争夺战中落败。金融寡头将英镑恢复其原本的外部价值视为关乎“国家荣誉”的问题。银行希望英镑再次成为国际储备货币，却没有意识到历史无法倒流。美国自第一次世界大战以来一直是超级经济大国，国际资金流动现在由华尔街控制。

当时的英国财政部长是温斯顿·丘吉尔（Winston Churchill），他后来作为首相带领英国度过了二战，被认为是20世纪最重要的英国政治家。丘吉尔知道凯恩斯的观点，甚至

① 第三章第四节精彩地描述了凯恩斯作为衍生品投机者在期货市场中的具体经验。

理解它们，[①] 但他做出了一个致命的错误决定——1925 年 4 月，他重新引入了旧的金本位制。与凡尔赛和平谈判期间一样，凯恩斯立即出版了一本小册子抨击，标题略有不同，为“丘吉尔先生政策的经济后果”。

为了让外行也能理解，凯恩斯解释了当工资和价格下降 10% 时谁赢谁输的问题。赢家当然是富人，他们是金钱所有者，可以一下子花出同样的钱买更多的东西。输家不仅有工人，还有通过借贷投资于生产的企业家们，价格下跌意味着销量下降，因此还贷变得越来越困难。

可见，通货紧缩是高度反社会的。获利者变得更富有，雇员和企业家们则越来越穷。效率低的工作收入会增长，而效率高的工作收入反而会下降。正如新古典主义声称的那样，金钱不是中性的，它对一些群体有利，而对其他群体不利。

一旦重新引入旧的金本位制，英格兰北部的工业尤其会受

① 温斯顿·丘吉尔（Winston Churchill）并没有轻易做出错误的决定。1925 年 2 月，他写信给负责的财政部国务秘书奥托·尼迈耶（Otto Niemeyer）：“在我看来，财政部从未琢磨过凯恩斯先生所说的‘短缺中失业悖论’的深层含义。另外，英格兰银行行长对英国拥有世界上最高的信用度，且同时仅有 125 万人失业这一事实完全感到满意。我希望金融家少一些傲慢，工业界多一些满足。”1925 年 3 月 17 日，丘吉尔甚至安排了一场特别的晚宴，凯恩斯及财政部和英格兰银行的高级官员均出席了晚宴。正如丘吉尔自己坦率承认的那样，他本人不是经济学家，所以他选择了多数人的立场，毕竟凯恩斯代表的是少数。但凯恩斯和丘吉尔之间的私人关系并没有受到这种冲突的影响，凯恩斯仍然是丘吉尔创立的“另一个俱乐部（The Other Club）”的成员。

到影响。煤炭在当时是一种重要的出口商品，而现在马上就变得很贵了。出口减少使矿工不得不放弃部分工资。凯恩斯苦涩地写道：“矿工们要么饿死，要么忍受降薪，无论怎样，受益的都是其他阶级。”①

正如凯恩斯所指出的，金钱可以成为阶级斗争的一种手段：“事实上，我们正处于两种社会经济理论之间。一种理论认为，工资应该以确保阶级之间‘公平’和‘合理’的方式确定。另一种理论，即经济霸权理论认为工资应该由经济压力决定，即由所谓的‘确凿事实’决定，我们强大的国家机器应该粉碎一切，为普遍的平衡服务，无须考虑个别群体的偶然结果。他们相信纯粹的巧合、‘自动调整’，对社会现象普遍不感兴趣，金本位制是我们系统中占据最高地位的人的核心象征和崇拜对象。”②

凯恩斯对新古典主义的严厉抨击表明，他对从父亲和阿尔弗雷德·马歇尔那里继承的理论是多么不满意，但他别无选

---

① 正如凯恩斯预测的那样，矿工于 1926 年 5 月 1 日罢工，以抗议减薪。然而到了 1926 年秋天，由于工会金库耗尽，他们不得不在没有任何结果的情况下停止罢工并接受减薪。凯恩斯曾经详细地计算过，如果所有行业的工资和价格同时均匀下降，金本位是可以管理的，因为如果工资和价格同时下降，实际购买力将得以保留，雇员赚的钱更少，在商品上的花费也会减少。但在资本主义下，并没有实现普遍降低工资的机制，因为并非所有行业都涉及世界市场。旧金本位制出台后，英国“受保护”行业的工资和价格保持不变，以至于出口行业不得不承担整个调整的重担。

② John Maynard Keynes, The Economic Consequences of Mr. Churchill, 1925. In: Keynes, Essays in Persuasion, S. 244~270, hier S. 261 f.

择。他的学生奥斯汀·罗宾逊（Austin Robinson）后来写道："如果梅纳德·凯恩斯于 1925 年去世，那些知道他思想的力量和独创性的人将很难说服那些不认识他的人。"

旧的金本位制对英国来说就像凯恩斯所预测的那样堪称灾难，它导致超过一百万人失业，许多公司几乎没有盈利。与此同时，英格兰银行无法降低利率，因为如果这样做的话，资金会流向国外，这反过来又会威胁到 4.86 美元的固定汇率。

英国是整个欧洲的一个特例，因为其他国家在货币贬值后才引入金本位制。法国尤其繁荣，因为它的商品在世界市场上的价格比英国便宜 30% 左右。德国经济也从 1924 年开始蓬勃发展。只有英国一直停滞不前，因为它被高估的英镑所累。

在这种绝望的情况下，凯恩斯提出了一项计划，该计划现在成了每一次严重危机的保留方案：他提出了后来被称为"赤字支出"（deficit spending）的概念。政府应该通过贷款和投资项目来刺激经济，让失业者忙碌起来。正如凯恩斯所罗列的那样，可以想象的项目不胜枚举，人们可以建造房屋、铺设电话线、升级铁路、排干沼泽、扩建伦敦地铁，建造新的街道、码头和港口盆地。

凯恩斯甚至设法说服了自由派，他们是在野党，急需选举计划。1929 年 3 月，自由派党魁劳埃德·乔治提出了一项每年耗资 1 亿英镑的就业计划。然而，保守党政府拒绝了"不牢靠"的预算并以"安全第一"的理由进行反击。凯恩斯再次充满活力地投入政治斗争，并编写了另一本小册子，标题是“劳埃德·乔治能成功吗？”（Can Lloyd George Do It?）

凯恩斯计算出的 1 亿英镑可能看起来很贵，但实际上它是免费的。这本书写得很大胆，并进行了说明性比较。读者首先了解到的是就业不足的代价巨大。自 1921 年以来，英格兰已经花费了超过 5 亿英镑帮助失业者，这意味着：“政府为该国三分之一的家庭提供了一辆汽车。”

然而，更糟糕的是失业造成的整体损失。平均而言，当时每个就业人员的年产值约为 220 英镑。因此，如果实现充分就业，自 1921 年以来，可以多赚 20 亿英镑。“这超过了盟军要求德国赔偿的总额。”

凯恩斯希望他的同胞们明白，平衡的国家预算本身并没有什么价值：“躺平然后悠闲地摇摇头似乎非常明智。但是在我们等待的过程中，失业者闲置出来的工作并没有累积到对我们有利的银行账户中，而是无可挽回地丢失了。”

一个念头第一次出现，它在凯恩斯主义理论中发挥了巨大作用，即国家投资的每一笔英镑都被再次花出去，从而创造了进一步的需求。由此产生一种“倍数效应”。但凯恩斯当时无法量化这种“间接就业因素”，因此他有些无奈地说：“找到一种形式精确地表述这些影响是不可能的。”

“赤字支出”是一个革命性的提议，但它最初的目的是纯粹务实的。凯恩斯只是想减轻因英镑价格过高而导致的后果。

他还没有将其与任何影响深远的理论见解结合起来。凯恩斯部分地摈弃了新古典主义，但他仍然相信经济往往处于均衡状态，除非像英国一样，被错误的汇率所束缚。

凯恩斯早已举世闻名，但他却还没有写出一部理论著作。因此，他的同事们一直在热切期待他的著作《货币论》，该书最终于 1930 年问世。凯恩斯写了 5 年，但他对结果并不满意。他告诉他的母亲："这本书从艺术上来看是失败的，随着写作的深入，我的想法一直在变，而它也因此显得支离破碎。"他还在前言中告诉他的潜在读者"如果重写一次，我能做得更好，也会更加精炼。我感觉自己就像一个人穿过了一个错综复杂的丛林。穿过迷雾之后，我意识到我其实本可以走一条更直接的路线"。

此外，现实的经济情况发生了变化。起初，人们认为全球经济危机很快就会结束，但从 1931 年开始，它演变成了一场严重的银行业危机，金本位制崩溃，赔款暂停。所以凯恩斯是对的，但这对他没有任何意义。因为全球经济危机也揭示了他书里的核心前提并不适用，经济不能仅靠利率来控制。

在货币方面，人们仍然认为央行可以应对任何低迷。如果经济过热，中央银行（英格兰银行）应该提高利率，提高借贷门槛，使繁荣降温，如果投资太少，中央银行应该降低利率，以降低贷款成本，刺激企业家扩大生产。

但现在很明显，中央银行无能为力。他们的利率为零，但依然没有人可以放贷或借贷。许多银行申请破产并从市场上消失；银行之外的其他机构也不再批准贷款，因为风险看上去实在太高了。与此同时，几乎没有企业家想要申请贷款，因为这些公司遭受了产能过剩，追加投资和扩大生产简直是天方夜谭。凯恩斯研究央行货币政策多年，但现在毫无用处。

凯恩斯即将年过半百，却站在一个本应代表他一生成就的理论的废墟前。但他并不沮丧，而是立即着手开始写一本新书。他很快就确定自己正在进行一场理论革命。1935 年 1 月 1 日，他告诉作家乔治·萧伯纳（George Bernard Shaw）："我正在写一本关于经济理论的书，我相信，它将彻底改变世界对经济问题的看法。不过，不是马上改变，而是在未来十年内。"

这场"革命"发生得比预期的还要快。1936 年凯恩斯发表了他的《就业、利息和货币通论》。"剩下的就是历史。"他的传记作者唐纳德·莫格里奇（Donald Moggridge）简洁地总结道。这本书一经出版，立即引发了一场全球性的辩论，并永久地改变了经济学。

身患绝症

此后，凯恩斯本人几乎再也没有花精力在他的《通论》上。他又发表了几篇文章来阐明他的核心论点，但从 1937 年起他身患绝症。

他饱受心脏病发作的困扰，再未完全康复。最终，他的扁桃体感染了链球菌，链球菌也滞留在心脏瓣膜中。由于当时尚无抗生素可用，无法进行有效治疗。

凯恩斯在他的蒂尔顿乡间别墅中隐居了两年，身体逐渐恢复，二战期间，他再一次在财政部担任幕僚。他的身份是独一无二的，即一位普通公民，没有报酬，甚至还带着自己的秘书。

与第一次世界大战开始时不同，这次没有人相信战争会很快结束。英国人知道，如果他们要打败希特勒，就必须动员整个经济。但这种认识立即引发了英国经济究竟有多强大的问题。没有人知道答案，因为当时还没有国民核算。

面对战争，必须尽快编制统计数据，以便估计在无须忍饥挨饿的情况下可以生产多少武器、飞机和坦克。其他经济学家其实已经进行了初步的工作，[①]但凯恩斯果断地改变了他们选择

① 1929 年以来的全球经济危机提出了一系列只能通过整体国民核算才能回答的问题：实际上有多少失业人员？人们还有足够的钱生存吗？产量下降了多少？这发生在哪些行业？经济学家西蒙·库兹涅茨（Simon Kuznets）代表美国参议院计算了 1929 年至 1932 年的美国国民收入，结果发现收入下降了一半。金融行业下滑了 70%，建筑业下滑了 80%，只有公共部门有所增长。在英国，经济学家科林·克拉克（Colin Clark）也对国民收入进行了初步计算。GDP 的概念并不是凯恩斯独立提出的：具体的统计数据则是由年轻的经济学家詹姆斯·米德（James Meade）和理查德·斯通（Richard Stone）提供的。和西蒙·库兹涅茨一样，他们后来都获得了诺贝尔经济学奖——在菲利普·勒佩尼斯（Philipp Lepenies）的 Die Macht der einen Zahl（2013 年）一书中可以完整地找到对 GDP 概念形成过程的描述。

的模型，他不再计算国民收入，而是将重点转移到生产上。由此，现代国内生产总值（GDP）诞生了。

这种国民核算的力量是惊人的，正如美国经济学家约翰·肯尼思·加尔布雷思（John Kenneth Galbraith）后来指出的那样，尽管英国的经济总量比德意志帝国低 30%，但英国在 1941 年生产的军备就已经超过德国。① 二战后，国民核算体系在全球各地流行起来，在一些历史学家看来，这“也许是凯恩斯最伟大、最持久的成功”。②

不仅如此，凯恩斯也受到了政治上的认可。1942 年，他被授予“贵族”封号，成为蒂尔顿的凯恩斯男爵，并成为上议院的成员。“你太棒了，”骄傲的母亲写道，“你为整个家族带来了无上荣光！”

凯恩斯本可以活得更久，但从 1943 年起，他决定不再管他那脆弱的心脏了。他常常前往美国谈判战后适用的战争信贷体系和新的世界货币体系，一待就是好几个月。

凯恩斯从最后一次美国之行回来后脸色苍白，筋疲力尽。几周后，也就是 1946 年 4 月 21 日，他死于心力衰竭。

---

① Siehe auch Ulrike Herrmann, Die Zahl, die Hitler besiegte, die tageszeitung, 2.5.2015.

② Lepenies, Die Macht der einen Zahl, S. 73.

第八章
只有不确定性是确定的：《通论》（1936）

约翰·梅纳德·凯恩斯是一位才华横溢的作家，但他的《通论》却晦涩难读。直到今天，经济学家还在抱怨阅读这本书有多么的费劲。世人对这本书评价不一："尤其第二部分是一场噩梦。"[①]"人们普遍认为这本书既基础又几乎讳莫如深。"[②]"一部复杂、结构不佳、有时还说不清楚的作品。"[③]凯恩斯本人也知道他的文字并不完美。在前言中，他警告他的读者："本书的写作过程（是）作者想要摆脱旧思维模式束缚的

---

① Skidelsky, Keynes, S. 531.

② Blanchard, Macroeconomics, S. 107.

③ 凯恩斯的代表作读起来难有头绪，通常建议读者首先只阅读个别章节，以便了解其核心观点。例如，凯恩斯的传记作者斯基德尔斯基（Skidelsky）建议从第 2 章开始，然后阅读第 8 章至第 13 章及第 18 章（Skidelsky, Short Introduction, S. 88）。

长期斗争。”[①]

但是，这本书的标题很棒。通论这两个字听起来可能并不特别令人兴奋，但它们语意模糊、模棱两可，准确地勾勒出凯恩斯的担忧。显而易见的是：凯恩斯声称他做的只是正确地解释经济过程。他的理论应该是“通用的”，无论是在经济繁荣时期还是危机时期。新古典主义已被降级为“特殊情况”，其理论仅适用于充分就业的情况。

但是，《通论》这个标题还有第二个含义，许多读者最初都忽略了这一点。因此，凯恩斯在1939年法文版的序言中更详细地解释了他想用形容词“通用的”表达的内容：“我主要关注整个经济体系的行为。”与新古典主义方法相反，凯恩斯没有从单个客户或单个公司开始，他着眼于整体需求和整体投资。这是一场革命。凯恩斯一手创立了一门新学科，即所谓的“宏观经济学”，它研究的是整个经济的“一般”规律。

标题的其余部分也指出了凯恩斯关注的核心问题。标题全称是《就业、利息和货币通论》。这种主题组合再次将矛头指向新古典主义。新古典主义一直认为金钱是“中性的”，它就像“面纱”一样覆盖在经济之上，对失业率或工厂的产能利用

---

① 凯恩斯的主要著作早在1936年就被翻译成了德文。第10版（2006年）和第11版（2009年）对以前版本中的错误进行了修订。2016年秋季，商业记者Nicola Liebert的完整修订版出版：John Maynard Keynes, Die allgemeine Theorie der Beschäftigung, des Zinses und des Geldes (Duncker & Humblot)。

率没有任何影响。通过将“就业”“利息”和“货币”这三个术语放在一起，凯恩斯明确指出货币不是中性的，它在资本主义中具有巨大的意义。

新古典主义也不理解自己的理论

凯恩斯写下《通论》一书时，数百万人失业。新古典主义无法解释这种大规模的民不聊生，因为它将劳动力市场想象成一个蔬菜市场：如果马铃薯太多，价格就会下降，最后所有人都买得起马铃薯，以此类推，工资也应该下降，最后每个失业者都能重新找到工作。

但这个美丽的理论在新古典主义盛行的美国根本行不通。在美国，雇员几乎没有任何保护权，他们的工资在1929年经济危机开始时急剧下降。然而，美国的失业率达到了灾难性的25%，他们并没有像新古典主义预测的那样实现充分就业。

显然，劳动力市场终究不能像马铃薯市场那样运作。为什么呢？凯恩斯的解释对新古典主义来说是毁灭性的，因为他甚至都不用提出新的理论便能揭露他们的错误所在。而且，他已经能够证明新古典主义并没有将自己的理论琢磨透彻并贯彻到底。

当工资下降时，企业主的成本也会下降，随之而来的是价格下降。这就是新古典主义思考戛然而止的地方，他们并未考虑这意味着什么。当价格下降时，公司的销售额也会下降。最后，企业家名义上花出的钱少了，但他们赚的钱也少了，所以实际上并没有什么变化，工资成本和收入的关系还是一样的。[①]所以，公司老板们根本没有得到任何好处。

对于雇员来说，一切也都一样。他们的工资下降了，但由于价格也下降了，现在商品更便宜，他们的实际购买力保持不变，他们像以前一样买得起商品。

可以说，在工资上变花样毫无意义。"劳动力市场"上不会出现失业，降低工资也无法实现充分就业。[②]

新古典主义者显然得出了一个错误结论，他们不从宏观经济角度思考，而是陷入微观经济学，天真地认为整个经济就像单个公司一样运作。

对于单个公司来说，如果能够降低工资成本从而降低价

---

① 亚瑟·塞西尔·庇古（Arthur Cecil Pigou）试图通过假设"真实平衡效应"来挽救新古典主义理论：当工资和价格下降时，货币所有者可以用他们的储蓄购买更多商品，所以需求会增加，从而创造新的就业机会。这被称为"庇古效应"，但这种效应其实也是基于一个推理性错误：当工资和物价下降时，货币所有者确实受益，但与此同时，销售额和工资下降时，偿还贷款变得更加困难，所有负债的企业主和家庭都会受到影响。因此，债务人必须限制自己的消费。所以，总体来说，并不会产生额外的需求，因为货币所有者的收益就是债务人的损失。

② 这个论点可以在凯恩斯的《通论》第 2 章第 2 节中找到。在第 19 章中，凯恩斯回到了"如果价格和工资是灵活的，会产生什么影响"的问题。这一次，他整合了自己的理论假设及企业家预期的作用，并考虑到了现实中物价的跌幅往往超过工资。结果再次证明当工资下降时失业率不会下降。

格，确实会选择扩张，这样它就有了竞争优势，可以雇用更多的员工。但是新古典主义忽略了这种单个企业的方法并不适用于整个经济。如果所有公司的工资都下降，单个公司就不再拥有竞争优势。生产总量还和以前一样多，但是价格却更低了，雇员人数和失业率总体会保持不变。

让凯恩斯也感到惊讶的是，这种新古典主义的错误并没有更早地被注意到。他怀疑保守理论之所以能够顽固地坚持如此之久的唯一原因是它服务于精英阶层的利益。他在谈到新古典主义时写道："它得出的结论与外行人的预期截然不同，这进一步提高了它的学术声望。他们的教义一旦付诸实践，就会变成苦行主义且不再受到普遍欢迎，这使他们显得更加德高望重。它能够支撑一个巨大的、自给自足的上层建筑，并赋予其美丽的外壳。它可以将社会不公和明显的困难解释为前进中不可避免的伴随现象，从而深受政府机构的欢迎。它为个别资本家肆意扩张业务提供了借口，从而赢得了政府背后统治集团的支持。"①

被凯恩斯简单粗暴地贴上统治阶级的标签，他的新古典主义同事们并不感到高兴。在一篇评论中，庇古抱怨凯恩斯把所有其他经济学家都描绘成"一群无能的笨蛋"，并且"言语尖酸刻薄"。

凯恩斯清楚地知道自己在做什么。在《通论》出版之前，

① 《通论》中的所有引文均由作者翻译而来。

他让关系好的同事和学生进行了多次校对。最重要的是，经济学家罗伊·哈罗德（Roy Harrod）曾试图阻止凯恩斯正面攻击他的新古典主义同事。但哈罗德的反对意见只会鼓励凯恩斯不要对他们过于宽容。他回信说："你的反应向我表明，我甚至应该加强对古典学派[①]的抨击，而不是减弱。当然，我的动机根本就不是要被大家广泛阅读，而是我希望有人能理解。让我担心的是一种意图，我知道你也有，即假装接受我的理论，然后找到一种折中方案，为你们最受大众接受的观点挽回颜面，但是，这只有在我的理论至少被部分误解的情况下才有可能。我就是要掀起惊涛骇浪。因为只有引发了争论，我的意思才能被理解。"[②]

凯恩斯的担忧后来也得到了验证。新古典主义立即试图

---

① 凯恩斯对经济理论史的了解相当肤浅，这使得他认为亚当·斯密和大卫·李嘉图或多或少保持了与新古典主义相同的立场。因此，凯恩斯将他的同事和前辈纳入了"古典"的标签下（见《通论》中的脚注 1）。凯恩斯与他的老师阿尔弗雷德·马歇尔一样，将理论写得较模糊。在《经济学原理》中，马歇尔试图通过声称公司的产量短期内由新古典主义的边际效用（即需求）决定，长期内由生产成本决定，从而模糊古典与新古典之间的区别。在这样做时，马歇尔巧妙地忽略了一个事实，即古典主义与新古典主义生产成本的决定方式完全不同。皮埃罗·斯拉法已经计算出了这种差异（见本书第 5 章 160 页注释 1），但尽管凯恩斯是斯拉法的朋友，他显然也没有注意到斯拉法的这项理论工作。此外，至少从凯恩斯的角度来看，将古典主义和新古典主义等同起来还有第二个原因：尽管这两种理论各不相同，但它们在涉及货币时做出了相似的假设。两个学派都认为必须先储蓄（马克思认为是"累积"），然后才能进行投资。由于凯恩斯主要将自己视为货币理论家，因此两个学派之间的其他差异对他来说无关紧要。

② Zitiert nach Skidelsky, Keynes, S. 525.

首先通过证伪凯恩斯，然后将其理论精简到他们自己的理论中来，已抵消凯恩斯对他们造成的冲击。

节约不是美德，反而是危险的

凯恩斯摧毁了新古典主义，但问题仍然存在，即如何解释失业？凯恩斯的回答是，整体社会需求决定了就业人数。因此，他将外行人一直知道的理论又整理了一遍。例如，一位匿名流水线工人的名言："如果没有人买汽车，那么制造汽车就没有意义。"[①]

反过来，因为有钱，而且人们可以储蓄，因此引起需求波动。人们不会将所有收入都花掉，而是会把一部分收入存起来，防患未然。但是，一旦资金进入银行账户，就变得危险了，人们没有消费掉所有商品的需求，销售就会出现危机。

当然，新古典主义也知道人们会储蓄，但是他们看不到这其中的危险，反而将节俭奉为美德。在银行账户中储蓄尽可能多的货币被认为是一种模范之举。这种论断有一定的道理，因为只有当不是所有的货币都用于消费时，投资才有可能。

但是，除了满足投资需求外，人们不能有过多的钱。因此，新古典主义假设储蓄的钱仅与投资所需的钱一样多，并且利率用来补偿两者之间的失衡。这个想法是：如果储蓄太多，

① Ebd., S. 469.

利率就会下降。公司因为信贷成本降低再次进行投资。与此同时，储户因为将货币存入银行不再划算而更多地进行消费，从而很快又会出现一个完美的平衡。

新古典主义将货币视为汽车一样的商品。当汽车太多时，它们的价格会下降，并且会一直打折，最后，所有人都买得起车。同样，如果货币太多，利率就会下降。

正如凯恩斯所指责的那样，新古典主义陷入了他们的易货经济模型中。他们认为货币的作用只是促成每周市场上的交易。然而，新古典主义其实误解了货币在资本主义中有两个核心功能——它不仅是一种交换媒介，更是一种财富储存方式。

人们储蓄的主要目的往往不是为积累利息。金钱其实具有将现在与未来结合起来的独特能力，那些今天储蓄的人想要未雨绸缪，为明天做准备。但问题是，未来是完全陌生的，我们对未来一无所知。所以，我们随心所欲地储蓄，跟着感觉、希望和期待走。

与新古典主义的观点相反，凯恩斯认为，利率不是根据可用货币量得出的价格。相反，利率衡量的是一个社会的不稳定程度。如果未来被评估为黯淡的，那么，若储户和金融投资者还不打算放弃他们的钱，他们将不会再用于投资，而是选择将其囤积起来，如存放在他们的账户中。所以，即使人们有足够的钱，利率也可能会上升到过高的高度，从而扼杀所有的经济活动。另外，如果社会稳定，利率就会下降，储户和金融投资者就会兴高采烈地进行投资。因此单单心理状态可能就足以引发销售危机。恐慌、信心或不安全感等情绪会对经济产生影响。

将利率视为心理指标而不是货币的批发价格对于新古典主义来说是如此不同寻常，以至于他们最初完全误解了《通论》。凯恩斯这本书出版后立即引发了世界范围的争论，并被所有主要经济学家广泛讨论。当凯恩斯读到这些评论时，他感到震惊，他意识到他必须重新解释他的整个理论。因此，他在 1937 年写了一篇只有 14 页的简短文章，题为《就业通论》。①

这篇小文章像凯恩斯一样机智而清晰。去繁就简之后，《通论》这本书如此具有革命性的原因变得清晰起来。凯恩斯将金融市场置于中心位置。他将资本主义描述为一种由证券交易所、不受控制的货币供应和投机共同驱动的社会体系。可以说，凯恩斯是第一个理解了货币与生产之间关系的人。

正如凯恩斯在短文中所说的那样，这篇文章并不是为外行写的。除基本常识之外，他的读者还应该已经了解了现代货币供应是如何运作的。因此，有必要简短地介绍一下货币。

---

① John Maynard Keynes, The General Theory of Employment. In: The Quarterly Journal of Economics, 1937, S. 209~223.

题外话：货币从哪里来

货币是个谜，每个人都在使用它，但几乎没有人理解它。库尔特·图霍夫斯基（Kurt Tucholsky）讽刺地将其概括为："国民经济学就是人们想知道为什么他们没有货币。"①

货币很奇怪，因为它有价值，即使它是"凭空产生的"。欧洲印刷的钞票面值最高可达 500 欧元，但实际上它只是一张纸，生产成本只有几美分。那些存入活期或储蓄账户的货币则更惊人，但在银行电脑里它也只是一个数字。为什么这笔"转账货币"有价值呢？

只要人们每天都可以用货币来购买商品和服务，它就会有价值，否则，信用会立即崩溃。也就是说，每个人都必须能够在日常生活中真真切切地用欧元支付房租或预订假期旅行。在这一过程中，货币就会被新增的经济产量覆盖。

但为什么呢？货币的数量和商品的数量是一种什么关系？很多人都觉得储蓄者先把货币存入银行，然后银行再将这笔货币借给想要增加投资和扩大生产的企业家们。这是经常产生误解的地方。

但实际情况却不一样，银行根本不需要储户先储蓄就能发放贷款。银行放贷时，只是将货币存入客户的账户，贷款就产

① Kurt Tucholsky, Kurzer Abriss über die Nationalökonomie, 1931.

生了。

一个小例子：建筑公司 A 需要一辆价值 100 000 欧元的新货车，并向他们的开户行申请贷款。机构发放了这笔贷款，将 100 000 欧元记入 A 的往来账户，然后建筑公司 A 将这 100 000 欧元转入汽车经销商 B 的账户，作为回报，同时收到货车。现在 B 的账户中有 100 000 欧元，他可以决定是将这笔收入存起来还是再次花掉。

银行单笔贷款增加了 100 000 欧元的金额，使建筑公司 A 用以前不存在的货币支付了货车的费用。反过来也适用：A 偿还贷款时，银行货币供应量再次收缩。可见金融资产的数量随着信贷总额的增加而迅速扩张。

只要贷款是用于投资实体经济，货币量增加就是安全的。随之增加的还有生产出来的商品数量，因此新的货币又被增加的经济产量覆盖。

新古典主义未解之谜：利率如何运作

然而，正如一些经济学家在 19 世纪末就指出的那样，货币的创造引发了两个令人头疼的问题。第一，如果银行可以自主生产货币，他们为什么还需要储蓄呢？第二，如果投资者和储蓄者彼此无关，经济应该如何找到平衡？

第一个问题的答案很容易找到，并且在今天仍然有效：储蓄是必要的，这样可以一定程度上解放制造社会消费品的工人。因为如果大家都不储蓄，而是将所有钱都花在汽车或度假旅行等消费品上，那么所有可用劳动力都将忙于制造这些消费品。大家过得很开心，但那是一种透支了未来的生活，因为不断的消费会消耗一个家庭的物质基础。如果进行储蓄，相当于部分地放弃了消费，这样，并非所有工人都要忙于生产消费品，一些工人还可以去制造机器或建造房屋等。

第二个问题却让人百思不得其解。一方面，人们随心所欲地储蓄；另一方面，银行只要认为贷款有利可图，就会从中赚钱。银行如果可以“无中生有”地创造贷款，利率还有什么意义呢？这一点至今尚不清楚。

凯恩斯也曾多次尝试解开这个谜团[①]，终于，他成功地在《通论》一书中取得了突破。回想起来，凯恩斯最重要的想法一直都是显而易见的，这一点着实令人惊讶，因为他只是研究了家庭、金融投资者和企业家们实际上是如何处理金钱的。而事实证明，利率所扮演的角色与新古典主义所假设的完全不同。

凯恩斯的第一个见解是：大多数储蓄者对利率根本不感兴趣，他们存钱是为了防患于未然。他们想要未雨绸缪，以防他

---

① 凯恩斯于 1913 年在《银行家对危机和萧条交替的责任有多大》（*How Far are Bankers Responsible for the Alternations of Crisis and Depression*）一书中首次描述了提高货币供应量的问题。他的伟大著作《货币论》（*Vom Gelde*）（1930）也主要围绕利率如何覆盖储蓄存款和投资的问题展开。

们失业或年老时钱不够用；他们想在以后资助孩子的教育，或者干脆为孩子留下遗产。

因此，无论利率如何，消费和储蓄比都相对稳定。不仅如此，储蓄率在很大程度上取决于人们可支配的收入。道理很简单，一个人赚得越多，就可以存得越多。

这个想法起初看起来可能不是那么革命性的，但它产生了革命性的后果：如果一个家庭比较保守，喜欢储蓄，那么，不发生销售危机时，支出在消费品上的货币也应该是非常规律地流向投资领域的。然而，正如凯恩斯证明的那样，投资并不是稳定的，而是剧烈波动的。

与新古典主义的观点相反，凯恩斯认为一项投资是否值得，不只取决于公司所有者，即“真正的”企业家，实际情况要复杂得多。现代资本主义是由投机驱动的，核心“投资者”是金融市场上的投资人和投机者。所以，证券交易所上，一项投资是否有利可图很快就会见分晓。许多新古典主义者难以理解这个概念，因为他们并不了解交易所。他们认为“利率”是一个固定的名义百分比，是人们根据贷款协议的规定必须为贷款支付的部分。但凯恩斯是一位专业的投机者，他知道，对金融投资者而言，唯一重要的是金融市场上形成的实际回报，该回报可能与名义利率有很大差异。因此，在他的小文章《就业通论》中，他从一开始就试图向他的同事解释资本市场是如何运作的。

重要的不是利率，而是投机

当恐慌爆发时，金融市场的问题尤为明显：如果投资者认为一家公司很快就会破产，那么他们会试图出售股票和公司债券，以迅速收回资金来保住自己的财富。但若所有投资者都想同时卖出，一方面会导致证券价格下跌，但反过来又将有价证券的收益率推高到天文数字。

举一个虚构的例子：假设一家公司通过发行价值 100 000 欧元的债券为购建新厂房筹集资金，期限为 5 年，每年支付 5% 的利息，即 5 000 欧元。但两年后，金融市场突然出现恐慌，导致所有投资者都试图同时抛售该债券，致使债券的价格下降了一半。下跌后，债券的市值为 50 000 欧元，虽然它实际上是 100 000 欧元。

这对投资回报意味着什么呢？只要债券还在运行，收益率就不再是 5%，而是飙升至 10%。因为新的债券持有者只需筹集 50 000 欧元便可获得债券，但他们仍有权获得每年 5 000 欧元的利息。不仅如此，如果债券到期并得到偿还，新的债券持有者将收到 100 000 欧元，相当于额外获得 50% 的回报。

当然，这个算法有一个问题，即投资回报可能会非常丰厚，但不确定性也相当大。甚至不排除该公司实际上有可能破产，造成无法兑付。这样的话，债券的买方不仅完全没有回报可得，还必须损失 50 000 欧元本金。因此，很多投资者不想承担这种风险，而宁愿把钱存起来。

正如凯恩斯所说，投资回报是衡量“流动性偏好”的指标。它们是在金融市场上积累起来的不确定性溢价，同时决定了新贷款的利率有多高。在恐慌时期，投资回报和利息成本会急剧上升，以至于公司老板们无法再进行投资。

在股市上也可以找到类似的机制：如果投资者变得焦虑而且股价急剧下跌，那么没有人会再投资新产能，因为购买现有公司的有价证券比建设新产能更便宜。

恐惧只是一种感觉，但它会产生真正的后果——投资不再值得。这反过来又会引发连锁反应，并迅速席卷整个经济。由于订单不足，机械制造或建筑行业的员工将首先被解雇。这些失业者逐渐买不起更多消费品，连带着消费品行业也出现大量失业，需求继续崩溃，更多的工作岗位被削减。经济最终处于自由下坠状态。

下滑趋势最迟至社会贫困到没有人可以储蓄的时候结束。这种新的平衡并没有像新古典主义认为的那样乐观，相反，大规模失业继续蔓延。

凯恩斯是第一个解开马克思和恩格斯在他们的《共产党宣言》中已经描述过的谜题的经济学家。他可以解释为什么富人会变得贫困，为什么即使失业者愿意工作，工厂却空无一人。

关键在于货币。如果未来不确定，那么货币随时会被储蓄起来。也就是说，对未来的期望、意外事件及人类的从众本能决定了人们如何对待它。

新古典主义模型宣称人类是经济人，能够在数学上精确计算成本和收益，并且会战略性地增加他们的财产，这一论调其实已经过时了。凯恩斯认为这个观念很荒谬："财富是一个特别不适合古典经济学方法的命题。"

凯恩斯对此举不感兴趣，他甚至不想判断投资者是不是理性的人。他认为，由于缺少计算最优值的数据，即使是完美的经济人也可能会不知道如何最大化他的财富。所以，只有不确定性才是确定的。①

许多新古典主义者直到今天还没有理解这个想法。他们仍然坚持认为理性决策是可能的，人们只需要计算出"风险"，储蓄者和投资者就可以正确投资和增加资产。

许多新古典主义者误解了凯恩斯，这并不是凯恩斯的错，因为他表达得已经很清楚了。当谈到"风险"时，他并没有忽略"意外事件"；当谈到可计算性只是臆想时，他的文字是绝对精确的。当凯恩斯开始致力于解决投资者真正的困境时，

---

① 行为经济学已经进行了大量的实验证明了人类不是经济人。我们无法理性应对风险。最著名的是阿莫斯·特沃斯基（Amos Tversky）和丹尼尔·卡尼曼（Daniel Kahneman）的实验，他们还证明，亏损的痛苦大于获利的喜悦，这反过来又影响了股票投机商的投资行为（参见 Kahneman, *Thinking, Fast and Slow*）。

《通论》也不再枯燥了，一切变得非常有趣。①

经济人没有机会——因为没有风险

如今，当储户去银行进行投资时，他们必须填写一份表格，说明他们的“风险偏好”，以表明在风险偏好上他们是“安全型”“保守型”“盈利型”还是“激进型”？这种自我风险评估决定了储户可以选择无风险的定期存款还是风险高的房地产基金。

乍一看，银行的做法似乎通情达理，很为客户考虑。但问题是，金融投资的风险无法精确地计算。客户及金融产品的分类以一种并不存在的确定性为前提。“风险”的概念基于概率，假设未来就像掷骰子游戏，那么，下一次掷骰子正好是 1 的概率就是六分之一。

未来从根本上是未知的，正如凯恩斯举例说明的那样：“欧洲战争的前景，铜价和 20 年后的利率，一项新发明什么时候过时，1970 年的私人财富在社会秩序中起什么作用，这些都

① 凯恩斯对金融市场的讨论可以在《通论》第 12 章中找到。对凯恩斯本人来说，这是他书中最重要的章节之一，他在文章《就业通论》中详细重复了这一章节中提出的论点。尽管如此，凯恩斯主义者很长一段时间都忽略了第 12 章的内容。哈佛经济学家阿尔文·汉森（Alvin Hansen，1887—1975）为《通论》在美国的普及做出了重大贡献。在他的介绍性著作《凯恩斯指南》（*A Guide to Keynes*，1953 年）中，他盛赞第 12 章是“杰出的”，虽然只有两段（第 125 页）。

是不确定的。这些议题都没有科学依据可以给出任何可预测的概率。我们什么都不知道。”

人类面临着必须采取行动的困境——尽管他们无法估计行动是否能够成功。这种两难境地在情感上是难以忍受的，它被压抑着，最终使客观的不确定性转化为主观的确定性。凯恩斯特别强调了我们如何“挽救我们作为理性经济人的面子”的三个技巧。

首先，很简单，假装未来和现在一样。未来其实就是现状的无限期延长。尽管每个人都知道新事物不断出现，但这个令人沮丧的事实其实被忽视了。其次，假设今天适用的证券交易所价格正确反映了公司的未来价值。再次，尽管仍然有个别人不相信，但他一定会更愿意从众。因为每个人都相信大多数人认为正确的一定不会错，这就是著名的从众本能。它使得所有金融投资者都做出相同的决定。

这种行为有其合理之处，因为人类没有更好的途径。我们想要找到自我定位，只能依赖期望，这反过来又创造了各自的合理性：未来不再重要，因为未来总是不确定和未知的，但他人的期望却是确定的。投机者在猜测其他投资者的感受和期望时尤其成功。

凯恩斯将股票市场比作当地报纸上的选美比赛：专业投资类似于那些“要求参赛者从一共一百张照片中选出六张最漂亮的面孔，最后把奖品颁发给选出的六张面孔中最符合所有参与者的平均偏好的那个人”。这实际上比听起来要复杂得多：“所以这不是选出个人认为实际上最漂亮的面孔，也不是选出那些在一般人看来最漂亮的面孔。我们已经达到了第三个层次，即我们可以运用智慧来预测我们的平均预期是什么，平均意见又会是怎样的。”

沉痛的教训让凯恩斯深知，误判大众的力量会付出多大的代价。他在 1919 年开始进行外汇投机时，以为依靠自己作为货币专家的知识就足够了。正如前文已经提到的，他笃定德国马克的汇率会下降。然而，与他的预期相反，美元下跌，而德国马克汇率回升，给他造成了 22 573 英镑的巨大损失。从长远来看，凯恩斯是对的，到 1923 年，德国马克再次跌入深渊。但在短期内，他把一切都弄错了。

正如凯恩斯后知后觉的那样，关键在于预测其他投资者的期望，并在市场变得棘手之前及时退出。凯恩斯表示及时而不是过早安全到达的人才是最后赢家。

只要假设有一半正确，便不会发生不可预见的事件，这些策略就相对有效。但令人不快的意外无法避免，甚至并不少见。然而，如果投资者跟从大家的选择后还是亏损了，至少还有一个安慰，没有人会责怪他们。“生活经验告诉我们，以通常的方式失败比以不寻常的方式成功能更好地保全一个人的名声。”

于是，凯恩斯又回到了他博士论文的议题上。当时，他关心的问题是如何在知识大多不完善、不确定和有限时确定陈述的真实性。现在，他将这个问题应用到证券交易所，并研究了未来未知时预期如何形成。[①] 通过研究金融投资者的心理，凯恩斯设想了一个研究分支——行为经济学。但它在几十年后才开始蓬勃发展。

金融市场的压倒性力量

凯恩斯本人就是一名专业的投机者，他警告说，务必警惕股票市场押注的危险，不仅如此，公司的预期盈利能力不再重要，金融投资者的羊群行为将成为关键。他写道："投机者只要像企业家一样层出不穷，就不会造成伤害。然而，如果企业家只是投机风暴中的昙花一现，情况就变得棘手了。如果一个国家的资本发展成为赌场的副产品，那么它就有失败的风险。"借此，凯恩斯创造了一个经久不衰的比喻，把金融市场形容为"赌场资本主义"。

为了抑制股票和衍生品的投机，凯恩斯建议对所有金融交易征收营业税："人们普遍认为，提高赌场准入门槛并设置昂贵的营业成本符合公共利益。"这个想法不仅受到 Attac（课征金融交易税以协助公民组织）等反全球化运动组织的欢迎，最

---

① 在《通论》中，凯恩斯明确援引了他的博士论文（见脚注 61）。

近欧盟财长甚至也对此有所讨论。[①]

所以，凯恩斯设计了一个与新古典主义完全不同的场景。他的前辈们想象的投资行为过于简单：企业家向银行申请贷款，如果风险不太大，银行很乐意给予贷款。但凯恩斯指出，金融市场的存在使投资成为一个高度复杂的过程。在他看来，“投资”是一个含糊不清的概念。固然，有“正常”的公司扩大产能以获得额外的利润，但他们通常不会以银行贷款的形式获得所需的资金。相反，他们往往发行股票或公司债券并出售给金融投资者，即金融投资者“投资”于这些证券。在凯恩斯这里，银行不再被明确提及，而是被纳入这类金融投资者，因为银行就是最大的债券和股票交易商。因此，这也造成了两类不同的预期：公司希望增加销售额并计算长期收入，而金融投资者则主要关心股票市场的短期价格上涨。[②]

① 凯恩斯关于股票交易税的想法后来被诺贝尔经济学奖获得者詹姆斯·托宾（James Tobin）采纳。从那时起，它便通常被称为“托宾税”。对托宾税的需求导致1998年在法国成立了反全球化运动组织Attac（课征金融交易税以协助公民组织），其名称明确提到了金融交易税：association pour une taxation des trading financières pour l' aide aux citoyens。2007年金融危机后，欧盟也考虑开征金融交易税，计划对股票征收0.1%的税，对衍生品征收0.01%的税，这样交易就会放缓，因为只提供最低利润率的股票市场交易不再值得。然而，这个项目暂时搁浅了，因为欧盟国家无法就联合行动达成一致。在此，解释一个常见的误解：金融交易税可以安抚市场，但不能阻止真正的投机泡沫。如果投资者认为股价会大幅上涨，他们不会被0.1%的税所吓倒。

② 与此同时，金融市场变得比凯恩斯所描述的更具统治力，因为公司必须以“股东价值”为导向并不断维持股票。

凯恩斯从不回避灵光一现的念头，他在《通论》中讨论了是否应该简单粗暴地废除证券交易以结束猖獗的投机活动。股票和债券投资可“像婚姻一样”，它们不应再进行出售，金融投资者必须永久受制于这些有价证券。这样，“投资者将不得不转而关注长期前景”。

尽管凯恩斯觉得这个想法很诱人，但他看到了证券交易所这个赌场一旦完全关闭会导致怎样的“困境”：金融投资者如果在任何时候都不能出售他们的证券，他们会全部逃离并停止投资。“这只是因为每个投资者都可以想象得到他们的投入是‘流动的’，这可以安抚他们的神经，使他们更愿意承担风险。而如果证券投资缺乏流动性，则可能会使新的投资变得更加困难。”

凯恩斯是第一位将金融市场置于其分析中心的经济学家，因为金融市场决定了一个社会的投资能有多大。但遗憾的是，我们无法保证这些投资足以让经济稳定。不难想象，家庭储蓄的钱远远多于公司投入的钱，从而产生了需求缺口。

但是，如果出现销售危机，社会不仅有失业风险，部分储蓄的资产也会遭受损失。凯恩斯提出了一个“节约悖论”：越是储蓄，收入越少。这个想法可能令人诧异，但在日常生活中很容易观察到：经济萎缩时，公司破产，股票贬值，贷款无法偿还，写字楼空无一人，昨天的财富今天却一文不值。

大多数新古典主义者都认为社会必须进行大量储蓄，以便之后进行投资。凯恩斯扭转了这个想法：投资决定了储蓄的多少。如果不进行投资，储蓄的资产就会失去价值变得一文不值。

对于许多新古典主义者来说，这种思想在今天仍然是不可理解的。他们继续倾向于将资产视为一个永远存在的宝箱，只需打开即可享受财富。但这并不是资本主义的运作方式。就像亚当·斯密和卡尔·马克思一样，凯恩斯也强调资产，即资本是一个积累的过程。虽然它可以在年末进行结算，但它并不是固定的数值，而是很可能在下一个结算截止日前又消失了。

凯恩斯提出了流传于大街小巷的经济危机理论。① 他的理

---

① 也有纯粹只解释萧条过程的危机理论，而不是一般的经济理论。1933 年，美国经济学家欧文·费雪（Irving Fisher）是这样描述“债务通缩”现象的：当时，很多金融投资者选择了贷款，以在股票交易所投机。他们给利润“加杠杆”，即以很少的股权实现最大的利润。然而，一旦金融市场上的价格暴跌，这种冒险的策略就会导致一系列连锁反应，最终导致投机者无法偿还贷款。为了偿还部分债务，这些投资者被迫出售其股票和其他有形资产，如房屋或汽车。资产价格因此继续下跌，债务人陷入恶性循环。他们出售的实物资产越多，价格下跌得越多，偿还债务的可能性就越大。但虽然债务的名义金额保持不变，实际上真实债务却增加了，尽管每个人都在试图偿还。或者正如费雪所说：“所有债务人支付得越多，他们欠得就越多。”（The Debt-Deflation Theory of the Great Depression）然而，债务通缩不仅是危险的，如导致基金和银行的大规模破产，它还会改变本来健康的公司的投资行为。日本经济学家 Richard C. Koo 将这种效应称为“资产负债表衰退”（Bilanzrezession）。那时每家公司的资产负债表都会自动出现巨大漏洞，因为资产价格下跌了 25%~50%，而名义信贷额却保持不变。即使是最谨慎的公司在技术上也出现了过度负债，并希望尽快减少贷款。因此，这些公司不得不放弃所有并非绝对必要的投资，并用他们当前的收入来偿还贷款。这样一来，危机继续恶化。（Koo, The Holy Grail of Macroeconomics）这些危机理论通过更详细地解释金融危机中投资失败和总需求崩溃的原因，补充了凯恩斯的理论。另见 Herrmann, *Sieg des Kapital*, S. 169 ff.

论确实是普遍的，作用力无异于一场革命。再次总结一下他的理论与新古典主义的本质区别：凯恩斯是动态地而不是静态地思考。在他看来，货币不仅是一种交换媒介，更是一种财富储存手段。他将利率重新定义为在金融市场上形成的投资回报。经济人在他看来已经过时，因为未来是不可知的，且风险无法计算。他认为，经济受集体预期的支配，这种预期也可以称为从众本能。起决定性作用的是金融市场，而不是劳动力市场。在经济危机中降低工资毫无意义，甚至会带来不利影响，因为总需求很重要。[①] 凯恩斯也是第一位真正的宏观经济学家。他认为国民经济不仅是各单项部分的总和。因此，他对单个公司或单个家庭不感兴趣，而是专注于“整体总量”，如投资或消费者支出。

凯恩斯也是第一个解释为什么市场不会趋于平衡，以及为什么失业会如此普遍的经济学家。他不仅对此进行了分析，还提供了政治解决方案，即如果企业家投资不足，则国家必须干预。

---

① 但是，有一个例外，即减薪对个别国家或地区有效，如欧元区。德国通过其《2010 年议程》证明了这一点。德国的实际工资被压低，以提高德国企业的竞争力。这个策略之所以奏效，是因为欧元区内没有汇率。如果德国仍然使用德国马克，巨大的出口盈余将确保德国货币升值，工资优势将再次消失。此外，并非所有欧元国家都能沿用德国人的工资策略。因为不可能所有国家都是出口大于进口。另见本书第 10 章。

如果市场失灵，国家必须干预

原则上，国家在引导经济方面有两种选择：中央银行的“货币政策”和政府的“财政政策”。通常情况下只需要动用中央银行的“货币政策”即可，其主要任务之一是设定短期利率，这往往足以引导紧张不安的金融投资者们。①

但在严重的金融危机中，央行也无能为力，经济陷入“流动性陷阱”。此时，即使基本利率为零，也没有人贷款，因为投资毫无回报，公司也陷入产能过剩的困扰；不仅如此，不少企业负债累累，他们宁愿减少存量贷款，也不愿借新贷款。

在这种情况下，利率政策是无效的，为此，人们发明了一个漂亮的说法，叫央行试图“推绳子（pushing on a string）”。这时，只有政府出手才有救，政府应首先借贷进行投资，而不是寄希望于企业家进行投资。今天，这种策略又被称为“反周期波动财政政策”。

然而，凯恩斯从亲身经历中得知，许多政客严厉拒绝贷款，并坚信国家预算必须“稳健”。凯恩斯在他的《通论》中讽刺地写到，只有诸如“把在地下挖洞称为掘金”之类的毫无意义的措施才会被接受。因此，他愤怒地向财政部建议干脆“把装满钞票的旧瓶子深埋在废弃的煤坑里”，直到“周边都堆

① Dirk Ehnts, Geld und Kredit，全面介绍了中央银行的货币政策。

满生活垃圾”。基于自由放任主义，政府随后再将个人债权拍卖给私人投资者，私人投资者就可以在失业者的帮助下挖掘钞票了。“当然，用来盖房子之类的会更明智，但容易遇到政治方面和实际操作方面的障碍，显然有这个建议总比没有好。”[①]

凯恩斯证明了，刺激经济并不需要政府的刺激计划做到面面俱到。因为随着各项措施的施行，“乘数效应”也会随之产生，即政府投资的每一英镑都再次被花出去，并创造了进一步的需求。[②]所以，凯恩斯宣布：资本主义不会灭亡。全球经济危机固然很可怕，但也很容易解决。

凯恩斯并不只是想与经济衰退做斗争，在他看来，有必

---

① 对于那些喜欢讽刺的人：在《通论》第 10 章第 6 节中，凯恩斯取笑了保守派政客。

② 乘数的大小取决于家庭收入的多少和储蓄的多少，以此调节需求。凯恩斯将消费倾向与储蓄倾向之间的这种关系称为“消费函数”。如前所述，这种消费函数具有相对稳定的巨大魅力。家庭支出的波动没有企业投资那么大，因此，国家可以在一定程度上确切地计算出，公共经济刺激计划产生的额外收入中有多少最终会回到经济周期。但这个乘数不是凯恩斯提出的，而是他的学生理查德·卡恩（Richard Kahn）在 1930 年提出的。凯恩斯在他 1929 年的选举手册《劳埃德·乔治能做到吗？》中首次提出就业方案并提了乘数。然而，凯恩斯并不知道如何计算这个“间接就业因素”。为什么乘数无法一直起作用呢？卡恩发现了种种“漏洞”限制了需求效应：家庭将部分收入存起来，减少了消费，而企业家则因为有足够的库存可以满足部分额外需求，而不会立即进行新的投资。此外，部分资金将用于进口产品并流向国外。但这种进口效应在凯恩斯时代很微弱，因为在全球经济危机期间，世界贸易在很大程度上崩溃了。如今，一个单一的国家几乎不可能推行独立的经济政策，因为对外贸易发挥着巨大的作用。2007 年金融危机之后，经济刺激计划之所以有效，是因为几乎所有国家都同时采用了这些计划。

要重建整个资本主义体系并限制金融市场的力量。因此，凯恩斯呼吁加强上市公司的实力，因为它们能够稳定经济。直到今天，新古典主义仍然震惊于占比越来越多的“国家份额”和公共垄断的存在。相反，凯恩斯则认为铁路或自来水厂不必产生投资回报，但它们的成本和收入可以精确地进行计算，这是一个优势。至少有一些行业不再受金融投资者从众本能的支配。

不过，凯恩斯并不想完全废除金融市场，因为在苏联，他已经看到指令经济的情况。在他看来，国有和私营经济相辅相成的混合体制才是最好的。他讽刺地写道：“当有机会积累金钱和财富时，危险的人类倾向于将其转移到相对无害的渠道中。虐待银行账户总比虐待同胞好。但是，完全没有必要像现在这样押这么高的赌注只为了满足这些倾向。”

为了稍微地限制金融市场，凯恩斯提倡对巨额财富征税。最重要的是对财富的继承人征税，因为留下来的财富没有来自他们的任何贡献。这个提议听起来可能是革命性的，但凯恩斯本人并不认为他的观点是激进的，反而是“适度保守的”。他想修复资本主义，而不是废除它。他赞成对富人征税，不是吃不到葡萄说葡萄酸的心理作祟，而是为了保护富人免于遭受损失，因为他们过多地储蓄会造成需求太少而导致经济停滞。最终，他们的总财富也会缩水，因为每个人都只想积累财富。

富人无法靠自己摆脱这种“节约悖论”，他们需要国家来解决这个问题。而政府将不得不通过向富人征税来减少一部分储蓄。凯恩斯认为这样做有一个很少被重视到的优势：一旦征税，无论税款多少，储蓄都会立即花出去，从而刺激经济。

所以，对凯恩斯来说，不存在阶级斗争，也不存在贫富之间的绝对对立。不过，他非常清楚剥削是普遍存在的。但他认为，剥削并不是资本主义制度本身固有的特征。相反，财富过于集中是有害的，会阻碍资本主义发展至其巅峰。因此，凯恩斯期待“驯鹿之死”。[①]

不用货币的自由贸易

《通论》这本书很全面，但也绝不是包罗万象。凯恩斯想解释大规模失业是如何产生的，因此忽略了与经济危机没有直接关系的其他方面。因此，书中缺乏关于对外贸易和国际货币关系的讨论，这其实都是凯恩斯一生持续关注的问题。

第二次世界大战很快就提供了填补这一空白的机会。像大多数英国人一样，凯恩斯从一开始就确信反希特勒的战争一定会胜利，部分原因是他认为美国迟早会再次干预欧洲。历史似乎总在重演，但两次世界大战有一个本质的区别：在第一次世界大战中，英国的目的是恢复 19 世纪的状态，而在第二次世

---

① 另见 Herrmann, *Sieg des Kapitals*, S. 176 ff.

界大战期间，众所周知，如果欧洲想要永久和平，就必须建立一个新的世界秩序。

凯恩斯早在 1941 年就开始起草世界货币体系，该体系作为“凯恩斯计划”被载入史册。[①] 因为凯恩斯在货币问题上不相信“自由放任”，他认为不应该允许外汇自由贸易的存在，他希望取缔在第一次世界大战后获得巨额利润和造成巨额损失的一切货币投机活动。

与此同时，凯恩斯想要阻止世界回归金本位，因为这个体系太不灵活了。旧体系要求一个国家如果进口多于出口，就必须交付实物黄金。[②] 凯恩斯与金本位制斗争了二十多年，但这一次他信心满满，一定能摆脱这种“野蛮的”“遗物”，因为大多数国家已不再拥有可以覆盖其货币的任何黄金，而几乎所有的黄金都藏在美国。因为美国人在两次世界大战中都提供了大部分武器，并要求他们的盟友提供黄金作为补偿。现在，贵金属都集中在诺克斯堡（Fort Knox），所有人都察觉出来黄金是没有用的。

凯恩斯认为应该建立一个国际中央银行，即“国际清算银行”，以取代金本位。基于此，每个国家都应该有一个账户，

---

① John Maynard Keynes, The Keynes Plan, 1942. In: J. Keith Horsefeld (Ed.), The International Monetary Fund 1945—1965. Volume III: Documents (IMF 1969), S. 3—18.

② 然而，金本位制实际上早在 19 世纪就已被废除，当时对外贸易逆差大多不是由黄金抵消，而是由伦敦世界金融中心提供的贷款抵消。

并通过该账户处理其国际支付。如果一个国家的出口大于进口，它就可以在这家清算银行获得信贷。相反，如果一个国家进口大于出口，就会陷入债务危机。

这些账户以一种名为“Bancor”的货币结算，这是一种纯粹的记账单位。每个国家的货币兑换 Bancor 都有固定汇率，官方仍然与黄金挂钩，只是不能再兑换黄金。[①] 其实，这种与黄金的联系完全是多余的，但凯恩斯也不想吓唬在许多国家仍然有发言权的黄金崇拜者。

当然，有必要防止个别国家因持续性进口大于出口而毫不在乎地积累债务，如果赤字过高，则应支付罚款利息。不仅如此，一个国家还不得不贬值本国货币，以便国内产品在世界市场上更便宜，重新增加出口机会。

但在凯恩斯看来，不仅赤字国家要受到惩罚，高出口顺差的国家也要受到惩罚，他们必须为 Bancor 余额支付罚息。此外，“世界出口冠军”不得不升值本国货币，以至于他们生产的商品在国际上变得更加昂贵。凯恩斯希望避免出口国过于依赖于他们的顺差，因为这意味着人们可以将本国的失业转移到邻国。

凯恩斯设计的体系非常吸引人，因为它不需要存入“真

① 具体而言，凯恩斯在黄金方面设想了一条单行道：允许各国将黄金存入“国际清算银行”，以获得额外的 Bancor 用以弥补进口赤字。但人们并不能用 Bancor 来获得黄金。

的”货币，这是一个真正可以施加压力的记账系统。[①] 出口顺差的国家必须长期增加进口，而出口逆差的国家则必须提高出口。Bancor 不仅可以制止外汇投机，还可以保证所有国家都不会陷入破产。

整个安排可能听起来技术含量过高并且有些复杂，但凯恩斯设计了一个本可以防止欧元危机的体系，且他又做了些调整(见第 10 章)。

凯恩斯在他生命的最后几年里，殚精竭虑地为他的世界货币体系而战。但英国人并没有话语权，当时美国是经济超级大国，它并不打算将其地位拱手让给 Bancor 体系。不仅如此，美国还提出了自己的计划，以保护其自身利益并巩固美元作为世界储备货币的地位。[②]

---

① 凯恩斯不想让全世界的钱泛滥成灾，而是想设计一个尽可能灵活的系统，从长远来看，它应该迫使各国实现平衡的对外贸易。本质上，凯恩斯的想法是像正常银行资产负债表一样制定一个世界货币体系，其中债务和资产也相互平衡。具体来看，就是由“国际清算银行”提供尽可能多的 Bancor，以抵消外贸中的赤字和盈余。这也将导致实体经济中更多的“真实”货币的出现。举一个例子：A 国出口盈余，出现 Bancor 信贷。但由于 Bancor 反过来对 A 国货币保持固定汇率，因此 A 国的中央银行可以“印制”更多的当地的真实货币，消除了无限制印发 Bancor 的风险。

② 美国计划是由哈佛大学毕业生哈里·德克斯特·怀特（Harry Dexter White）制订的，他是美国财政部长亨利·摩根索（Henry Morgenthau）的得力助手。德克斯特·怀特定期向苏联通报情况，这事后来才败露。为了弄清楚凯恩斯和德克斯特怀特论文之间的差异，美国国家经济研究局起草了一份今天仍然有用的对比性提要：J. H. Riddle, British and American Plans for International Currency Stabilization (1943).

1944 年 7 月，新的世界货币体系在美国布雷顿森林签署，其要点完全符合美国利益——不设 Bancor，所有货币都与美元挂钩。美元反过来又与黄金挂钩，固定汇率为每盎司黄金为 35 美元。与 Bancor 相比，美元不仅是记账单位——实际上也应该是完全可兑换的。任何人都可以将他们手里的美元兑换成黄金。

结果证明这是空想。在经历了几次“黄金危机”之后，美国总统尼克松在 1971 年单方面宣布，美国将不再遵守任何时候均可将美元兑换成黄金的国际协议。由此，布雷顿森林货币体系解体。

从那以后，外汇市场一直处于混乱状态，目前每天约有 4 万亿美元在全世界范围内进行货币投机活动。注意，是每天。凯恩斯理论的一些论述正在成为现实：资本主义由金融市场主导，并转变为全球赌场。

尽管如此，凯恩斯的理论却很少在大学传授，新古典主义的各种现代衍生变体占据了主导地位，货币主题要么被忽略，要么被歪曲。究竟原因何在呢?

第九章

当今主流：终结资本主义也不是终极解决方案

凯恩斯的《通论》很快就问世了。亚当·斯密和卡尔·马克思的巨著已经流行了几十年，并且目睹了世人前仆后继地反复解读和解释他们的作品。而凯恩斯则在很短的时间内完成了他的《通论》，之后再无精力放在这本书上了。1937 年，他心脏病严重发作。接下来的几年里，各种议题如潮水般涌现，首先是第二次世界大战，然后是新的世界货币秩序。

因此，凯恩斯的主要著作留给了后人去解读。不幸的是，他的文本实在有许多地方令人困惑。凯恩斯虽然进行了“理论革命”，但还是无法摆脱新古典主义的语言。他自己在序言中也承认：“难的不是提出新思想，而在于摆脱旧思想。”凯恩斯直到五十岁都一直是新古典主义者，他的新理论也总是有新古典主义的烙印。

因此，新古典主义很容易将《通论》占为已有，并以自己的方式解释。这种重新解释很容易，因为凯恩斯在内容方面已经迁就了他的新古典主义同僚。他虽然故意语带讽刺地挑衅，但同时，因为他担任政治顾问的时间已经足够长，他深知外交辞令才是说服他们的唯一方式。因此，在《通论》中，他含蓄地提出了一种分工：他的新模型应该只适用于宏观经济层面，即总需求和总投资；在微观经济学中，对于个人客户和单个公司而言，新古典主义应该继续起决定性作用。

凯恩斯低估了这种战术让步的危险性，因为新古典主义立即扭转了因果关系。他们宣布微观经济学为“基础”，而凯恩斯的宏观经济学将一直被边缘化，直到它消失。

新古典主义的明显胜利不仅仅通过在理论地位上耍花招来实现，更重要的是，现实已经发生了变化。第二次世界大战之后出现了一个“经济奇迹”，它与《通论》诞生的经济萧条时期几乎没有任何相似之处。

经济学是一门社会科学，因此难免会受大环境的影响。经济理论不代表任何科学“真理”，但它反映了一个社会的情绪和偏好。为了理解为什么凯恩斯会被忽视和曲解，在此，我们有必要偏一下题聊聊战后年代。

在“经济奇迹”中：新自由主义正迈向胜利

第二次世界大战后，经济产量增长非常迅速，被称为“经济奇迹”。从 1950 年到 1973 年，西欧的人均收入每年增长 4.1%；在西德，这一比例高达 5%；而在日本，这一比例达到了惊人的 8.1%。只有美国经济增长稍慢，人均年增长率为 2.5%。但这种增长率在历史上也是史无前例的。①

这样的经济繁荣的原因并不新鲜，那就是，战争造成的巨大破坏必须得到修复。因此，偏偏是日本和西德两个国家的经济增长特别强劲。从这一方面讲，这实在称不上什么“经济奇迹”，因为这两个国家的大部分地区都被战争彻底摧毁了。二战期间，德国约有三分之一的公寓遭到轰炸；铁路和交通网络、水管、电路和电话线严重受损。此外，还有数百万难民亟待安置，这种巨大的需求自然会刺激经济繁荣。

同样重要的是，在世界范围内，积压多时的发明终于有机会付诸实践。自 1914 年以来，已经有许多新产品被开发出来，但因为两次世界大战和世界经济危机的影响，它们也只是小批量生产或根本没有生产。但现在所有新产品都已转化为可以量产的商品，包括（彩色）电视、小型相机、吹风机、烤面包机、塑料、尼龙和冰箱。1946 年又加入了全自动洗衣机，它成为舒

---

① Chang, Economics: The User’s Guide, S. 79.

适生活的全新代名词。还有喷气式飞机，有了它，人们在度假时更加便捷。自 19 世纪以来，汽车就已经出现，但欧洲的大多数家庭直到 20 世纪中期才能够买得起私家车。西方世界陷入了消费狂潮，并保障了 20 年的充分就业。

大众消费之所以成为可能，是因为实际工资的增长速度至少与生产力的提高一样快：这一次，技术进步和经济增长惠及的不仅是企业家，也造福了普通员工。由于充分就业，公司不得不提供高薪以留住员工。从 1950 年到 1970 年，德国的实际工资平均每年增长 7%。[①] 然而，不断上升的人员成本并没有使公司变得更穷，而是让它们比以往任何时候都更富有。正是因为员工的消费需求增加，生产才能不断扩大。正如经济学家海纳·弗拉斯贝克（Heiner Flassbeck）总结的那样，“经济奇迹就是工资奇迹”。[②]

这些公司能够不受干扰地发展，其中一个重要原因就是这一期间金融市场基本上是停摆的。衍生品几乎完全被禁止。自布雷顿森林协定生效以来，外汇市场不再有任何投机行为，资本投资者如果想获得投资回报就必须投资于公司，这使得公司获得资金的成本很低。[③]

即使在华尔街，当时也没有太多事情发生。公司想要扩张

① Flassbeck, Die Marktwirtschaft im 21. Jahrhundert, S. 43.

② Ebd., S. 42.

③ Siehe auch Schulmeister, Mitten in der großen Krise.

时，银行可以发行新的股票和债券，这些有价证券还可以再进行交易。但行情并不好，“1949 年全年只交易了 2.72 亿股，这都不够现在一个上午的交易量。”亿万富翁亨利·考夫曼回忆起他早期在华尔街的日子时说道。①

所以，这些公司都经营得很好，不仅如此，收入的分配比以往任何时候都更加平均。北美和西欧出现了众多繁荣的中产阶级。诺贝尔经济学奖获得者保罗·克鲁格曼（Paul Krugman）出生于 1953 年，他很怀念自己的童年，那时美国是一个平等的国度，至少对白人来说是这样：“当然，许多富商或继承人的生活远比普通美国人好得多。那些被认为富有的人，每周都会请清洁工来家里打扫一次，并在欧洲度过暑假。但这些富人也像其他人一样，把孩子送到公立学校，开着自己的车去上班。”②

众所周知，这样的时代早已一去不复返了。所有工业化国家的不平等现象再次加剧，在德国尤为明显。这里最富有的百分之一人口占有全国约 30% 的财富。在欧洲除了奥地利，没有任何国家财富分配如此不均。③

然而，将战后时期描述为纯粹的田园牧歌是一种误导。尽

① Siehe auch Herrmann, Sieg des Kapitals, S. 181 ff.

② Paul Krugman, Der amerikanische Alptraum. Die Zeit, 13. Oktober 2008.

③ Der Paritätische Gesamtverband, Ungleichheit: Ausmaß, Ursachen und Konse-quenzen. Jahresgutachten 2016, S. 4.

管大多数人比以往任何时候都过得更好，但他们并不感激政客。相反，许多公民并不信任国家。可能没有人能比后来的美国总统罗纳德·威尔逊·里根（Ronald Wilson Reagan）更早地意识到这些潜在的紧张局势，他是一位非常有才华的实用主义者。

里根的一生完美地记录了民意的变化：尽管他以保守的共和党人的身份上台，但他一开始是左翼民主党人。当他还是好莱坞的小电影明星时，他就滔滔不绝地谈论新政的优点，让派对上的其他客人感到厌烦。[①] 他最喜欢的话题还有工会的权利、劳资集体协议的重要性和妥善安置二战退伍军人。[②]

政治转变是慢慢发生的，里根于 1954 年受雇于通用电气集团，那时的他已不再年轻，无法再做英雄梦。但在那里，他发现了他的演讲才能，因为他不仅要在电视上推销烤面包机和厨房灶具，还要每年参观一次公司的 139 家工厂并发表演讲。通用电气公司希望通过让员工们看到这位真正的电影明星来激发大家的工作热情。

在参观工厂期间，里根一开始分享了他在好莱坞派对上所做的事情。他谈到了“给予的快乐”和“民主的祝福”，但他很快发现另一个话题更受欢迎——“大政府”的风险。每当他谈到政府“太大、太强、太苛刻”时，听众们都想要他的签名。

---

① Noonan, When Character Was King: A Story of Ronald Reagan, S. 66.

② Ebd., S. 54.

就在那时，他形成了最终在 1980 年入主白宫时的立场：“国家不是我们解决问题的方案，国家本身就是问题。”①

正如里根在20世纪50年代中期访问工厂时注意到的那样，新自由主义者的席卷式胜利很早就开始了。许多工人都认为，国家插手只会造成干扰，“自由市场”才会让他们变得更富有。

“新自由主义”一词是在 1938 年创造的。当时，激进的市场经济学家在巴黎召开会议，讨论如何重振自由主义。1947 年，弗里德里希·奥古斯特·冯·哈耶克（Friedrich August von Hayek）再次重启这个项目，邀请了 36 位志同道合的人前往日内瓦湖，这是由美国极端保守基金会“威廉·沃尔克基金”慷慨赞助的。由于会议在朝圣山（mont pèlerin）附近举行，该组织从此自称朝圣山学社（Mont Pelerin Society）。他们的目标是，让后代相信“自由市场经济”的福祉，并与凯恩斯主义做斗争。

他们与新古典主义在政治上并无差异，但两者的理论基础不同：哈耶克明确新古典主义没有从经济人的理性出发，而且最著名的新自由主义者米尔顿·弗里德曼（Milton Friedman）认为，新古典主义缺乏数学化倾向。然而，由于新古典主义和新自由主义的政治观点非常相似，日常用语中，“新自由主义”

① Ebd., S. 80 ff. 潘琪·挪南（peggy Noonan）在白宫为他工作了两年，并将里根的传记写成了一个英雄故事。她自己在任何情况下都不想批评里根的机会主义，她认为他的思想转变是一种觉醒。

在这两个方向都很盛行。[①]

当新自由主义者正在计划占领全球阵地时，有一个国家甚至不需要他们征服，因为从一开始他们就掌握大权。这个国家就是二战后的西德。时至今日，许多德国公民仍相信他们将生活在“社会市场经济”中。但德国的历史要比想象的复杂得多。

行业说客：路德维希·艾哈德

在德国的“经济奇迹”中有一位著名人物：他就是路德维希·艾哈德（Ludwig Erhard）。他被认为是货币改革之父，他的著作《大众的福利》是一部理论杰作。人们认为艾哈德是一位杰出的经济学家和政治家，是他将德国从困境中拯救出来的。[②]

然而，事实并不是这样。艾哈德既不是一个有趣的理论家，也不是一个特别能干的实践者，他其实首先是一个老谋深算的机会主义者和说客。他的职业生涯开始于 1928 年，这一年他入职了纽伦堡的“德国制成品经济观察研究所”，在那里他以科学之名为工业谋利，并毫发无损地从纳粹统治中幸存下来。此外，他还研究了很多当时迫在眉睫的问题，包括如何在经济上将被

① 有关新自由主义的详细历史，请参阅 Stedman Jones, *Masters of the Universe*.

② 另见 Ulrike Herrmann, Ein deutscher Held. *die tageszeitung*, 3.5.2013.

占领的波兰、洛林和奥地利的领土融入德国。

然而，艾哈德的仕途直到战争结束后才真正起飞。1948年1月，前双占区（Bizone）经济主管约翰内斯·森珀（Johannes Semper）被解雇，原因是他在战术上不明智地将美国的粮食援助形容为“鸡饲料”。艾哈德正好顶替了这个岗位的空缺。

美国驻德国美占区的司令卢西乌斯·D.克雷（Lucius D. Clay）将军随后决定支持路德维希·艾哈德，因为克雷不想又来一个无法捉摸的讨厌的德国人，而且有人告诉他，艾哈德“脾气很好，喜欢发表关于自由企业家精神的演讲”。这些都被记录在了哈佛经济学家约翰·肯尼斯·加尔布雷思（John Kenneth Galbraith）的报告里，他当时正在为美国政府到德国出差。[①]

1948年6月20日，货币改革生效时，艾哈德刚上任五个月。即使他是一位久经考验的货币理论家，也无法在这么短的时间内构思并推出新的德国马克。事实上，艾哈德在这方面是个外行，当然，也不需要他做什么，因为美国人早就将货币改革计划的每一个细节进行了细化。[②]尽管如此，艾哈德后来还是得到了广泛的称赞。

货币改革是德国的一大神话，各大商店出现了前一天还是空的，第二天就满了的现象。商店橱窗里陈列了普通消费者

---

① Galbraith, A Life in Our Times, S. 251 ff.

② 德国货币改革是由一个德国人和两个美国人制定的，即1933年移居美国的Gerhard Colm、Raymond W. Goldsmith和Joseph Dodge。

多年未见的商品，如平底锅、牙刷和书籍。即使是大众汽车也可以在八天内以 5 300 德国马克的价格买到。经济历史学家维尔·阿贝斯豪瑟（Werner Abelshauser）讽刺地写道："显然，即使是奶牛也对汇率做出了积极的反应，因为在德国马克推行的第一周里交付的黄油比前一周要多得多。"①

这种新的富足之所以成为可能，是因为经济已经重新运转了很长时间。自 1947 年年初以来，商品产量迅速提升，到 1948 年 6 月已达到战前产量的 57%。② 然而，企业家们却故意留存他们的商品，直到新的德国马克推行，因为他们不想收一堆毫无价值的旧德国马克。

虽然这只是一个"橱窗效应"，但心理影响却是巨大的，许多德国人真的认为工业重新步入了正轨完全归功于货币改革。艾哈德便顺着人们的错误认知把自己描绘成了缔造德国经济奇迹的天才工程师。

艾哈德的厚颜实在令人意外，因为他与货币改革毫无关系，而且他还在这一期间做了唯一错误的决定。他决定放开几乎所有价格限制，只有食品、租金和一些原材料的限制继续保留。结果，通货膨胀率迅速上升到 14%，只有企业家从中受益，因为他们能够以更高的价格出售他们的商品。因为工资不再继续上涨，也使得他们的利润特别高。几个月内，国家不得

① Abelshauser, Deutsche Wirtschaftsgeschichte, S. 126.

② Ebd., Tabelle 6, S. 107.

不出面以维持(社会）稳定。[①]此时的艾哈德仍保持了一贯作风，并充当行业说客。

回过头看，艾哈德把自己营销为天才实在让人咂舌。他实际上只有一个才能，那就是他可以让自己成为众人瞩目的焦点。加尔布雷思（Galbraith）讽刺地描述了他在几十年后再次见到艾哈德的情况：“我与他的最后一次会面是在他去世前一两年，那是在墨西哥城，我们都在那里举办过讲座。他问我为什么一定要来墨西哥当面质疑他。”[②]

这个小插曲狠狠地打击了艾哈德。他认为自己是一位伟大的思想家，他掌握着“真理”，并不断向德国人传达重要的见解。他的著作《大众的福利》出版于1957年，至今在德国仍被人们推崇至上和广泛引用，仿佛它是一部重要的理论著作。[③]

实际上，艾哈德本人甚至都没有写过这本书。主要是当时的《德国商报》驻波恩办公室负责人沃尔夫拉姆·兰格(Wolfram Langer）帮助了他。然而，兰格其实也没有做太多的工作，因为这本书的大部分篇幅只是将艾哈德发表的演讲堆砌在一起。

“大众的福利”这个标题让人以为艾哈德呼吁某种社会平

---

① Ebd., S. 128 f.

② Galbraith, A Life in Our Times, S. 253.

③ 与此同时，左翼政治家 Sahra Wagenknecht 甚至加入了公开支持 Erhard 的行列。例如，他们为 Handelsblatt 写了一篇题为“想想路德维希·艾哈德（Ludwig Erhard）！”的文章（2013 年 12 月 9 日）。

衡。但这其实是一个明显的误解。艾哈德是一个“奥尔多自由主义者”（Ordoliberaler，也叫秩序自由主义），即新自由主义在德国的变体，他的信条是：繁荣是从天上掉下来的。[①] 国家只需要保护竞争，其他什么都不用做，尤其不需要重新分配。因为市场建立在竞争原则基础之上，已经带有社会性。[②] 艾哈德尽其所能地赞美竞争的社会效益。在此引用他的几句原话：“实现和确保所有的人的繁荣的最好方法是竞争。”[③] “竞争最大的作用在于带来社会进步和社会富裕。”[④] “‘所有人的繁荣’和‘通过竞争而繁荣’是密不可分的。”[⑤] 引文中的黑体字来自艾哈德本人，他显然怕自己的旧调重弹没什么说服力，因此特别诉诸排版来保证广大读者能明白竞争的诸多好处。[⑥]

---

① 秩序自由主义者代表人物亚历山大·里斯托（Alexander Riistow）和威廉·罗普（Wilhelm Röpke）很快就离开了 Mont Pèlerin Society，因为即使是美国的新自由主义者对他们来说也过于激进，他们希望放任市场自行其是。另外，Rustow 和 Röpke 明白，只有当国家干预并奉行“监管政策”时，竞争才能存在。另请参阅 Stedman Jones, Masters of the Universe, S. 121 ff.

② 虽然艾哈德主要关注竞争，但政府同时也奉行社会政策。1957 年的养老金改革尤其著名，但这并不是一项重新分配政策，而只是在受薪阶层内部重新分配，由劳动者一代为养老金领取者买单。因此，养老金改革的资金来自不断上涨的工资。如果说阿登纳政府确实奉行了再分配政策，那也是带有极其保守的色彩，最为臭名昭著的是 1958 年推出的“夫妇共同报税优惠方案”（Ehegattensplitting），以补贴婚后不工作的家庭主妇。

③ Erhard, Wohlstand für alle, S. 15.

④ Ebd., S. 16.

⑤ Ebd., S. 17.

⑥ Siehe auch Herrmann, Sieg des Kapitals, S. 65 ff.

为了确保竞争，艾哈德甚至成立了卡特尔办公室，但事实证明，即使在当时，它也基本上是无效的。因为，拜耳、巴斯夫、大众、克虏伯或蒂森这样的大公司肯定毫发未伤，否则将导致数十万人失业。为此，艾哈德抱怨道："现代技术的发展再次助长了某些垄断倾向，平等的竞争条件无疑在任何地方都受到了损害。"[1] 但这样的认识并没有得出任何结论。因为艾哈德还没有准备好问自己，如果重要行业都表现出令他感到遗憾的"垄断倾向"，他的"市场经济"还剩下什么。

艾哈德于 1949 年至 1963 年担任经济部部长，接着又担任联邦总理直至 1966 年。作为一名经济学博士，他认真地相信"经济奇迹"只能用竞争来解释，尽管竞争只在非常有限的程度上存在。艾哈德的演讲表明，德国的"秩序自由主义者"并不了解他们所生活的世界，他们从未接触过真正的资本主义。相反，他们试图退回到臆想的每周市场的世界，在那里，零售商们相互竞争。

当颂扬自由市场的好处时，全世界的新自由主义顶尖理论家都知道如何对艾哈德进行评价，他一再被称为"德国经济奇迹之父"。米尔顿·弗里德曼（Milton Friedman）这样写道："路德维希·艾哈德（Ludwig Erhard）勇敢地决定让价格自行形成并取消对市场的所有干预，这为德国人带来了他们的经

① Erhard, Wohlstand für alle, S. 200.

济奇迹。”[①]

事实上，情况恰恰相反，创造德国经济奇迹的并不是艾哈德，经济增长如此强劲，即使是经济部长和总理的作用也十分有限。

20 世纪 60 年代末，战后时期的全球经济繁荣结束了。战争造成的伤害基本消除，过去几十年的技术发明也都变成了商品。但当经济终于可以转向“正常”的增长时，潜藏多年的危机又暴露了，布雷顿森林体系的弊端越来越明显。

1973 年的转折点：金融赌场重新开业

二战后，美国作为超级大国和战胜国，成功地使美元成为国际储备货币。如前所述，所有西方货币都必须与美元挂钩，而美元与黄金保持 1 金衡盎司价值 35 美元的固定汇率。

这个僵化的体系注定会失败。黄金储备导致了比利时经济学家罗伯特·特里芬（Robert Triffin）在 1958 年首次描述的困境，也被称为“特里芬困境”，即随着世界经济快速增长，国际贸易也需要越来越多的美元。然而，美国的黄金储备并没有增加，这也使得黄金储备越来越形同虚设。

从 1965 年起，美国陷入了越南战争。为了覆盖成本，美

---

① Milton Friedman, Vorwort zur ersten deutschen Ausgabe. In: Friedman, Kapi-talismus und Freiheit, S. 23.

国政府大举发债“印刷”美元。这导致黄金储备和美元数量不再匹配，诱发多次“黄金危机”。1971 年，美国总统理查德·尼克松（Richard Nixon）单方面宣布其他国家不能再用美元兑换黄金。①

在这次“尼克松冲击”之后，各国央行一开始都试图稳定汇率。至此，人们才理解凯恩斯说过的话：黄金在国际货币体系中是完全多余的。各国央行齐心协力就足够了。

但各国央行之间却缺乏这种合作，美联储也是消极怠工，几乎没有采取任何措施支持本国货币。美联储本应加息以防止美元贬值，但这么做会给他们自己的经济带来压力。因此，美国将维持汇率的成本直接转嫁给了欧洲中央银行。

此时，德国马克正日益成为一种避险货币，为此，德国央行不得不不断干预并购买美元。投资者和投机者非常清楚布雷顿森林体系必然会在某个时候崩溃，届时美元将大幅贬值。所以，他们想尽快把钱转移到一个安全的地方，并将他们的美元兑换成德国马克。这导致德国马克持续稳定地升值，反过来又迫使德国央行不断购买美元以压低德国马克的利率。1973 年 2 月 12 日，不可避免的事情终于发生了：德国央行罢工并拒绝购买更多美元。这其实是美元暴跌的信号，到 1979 年，美元对德国马克贬值了一半。

① 本段和以下段落都来自 Herrmann, Der Sieg des Kapitals, S. 184 ff. entnommen.

人们对于这次美元汇率的暴跌不屑一顾，几乎没有人意识到自由货币市场的危险。大多数欧洲政客都为终于摆脱了布雷顿森林体系的束缚而沾沾自喜。他们天真地以为，一旦美元汇率得到修正，汇率就会保持在一个稳定的水平。像米尔顿·弗里德曼这样的新自由主义思想领袖则想的更远，他甚至预言经济一定会实现巨大增长："汇率自由市场经济也将创造'经济奇迹'。"[①]

事实证明这种想法多么错误。汇率一旦放任自由，工业化国家就会陷入深度衰退，经济历史学家维尔·阿贝斯豪瑟称之为"世界小经济危机"。[②]布雷顿森林体系的崩溃引发了连锁反应，以至于我们今天都还在消化它造成的苦果。

第一个后果是 1973 年的"石油危机"。1971 年，一桶石油（159 升）的成本不到两美元。如果美元也贬值，石油几乎是白送了。因此，石油国家利用他们所有的卡特尔权力推高了一桶原油的价格，并且在 1980 年创下一桶超过 35 美元的历史新高。[③]

工业化国家完全没有为这次价格爆炸做好准备，他们盲目依赖廉价石油，因为他们有自身殖民主义的优越感，并认为发

---

① Friedman, Kapitalismus und Freiheit, S. 23.

② Abelshauser, Deutsche Wirtschaftsgeschichte, S. 392.

③ 油价的大幅上涨不仅有经济原因，也有政治原因。例如，为响应 1973 年的"赎罪日战争"，石油输出国组织呼吁抵制向西方国家交货，即 1979 年发生在伊朗的"第二次石油危机"。

展中国家将永远是无能弱小的原材料供应国。油价的飙升也使战后的经济奇迹戛然而止。1975 年，联邦德国失业人数迅速超过一百万人。

不过，西德的危机没那么严重，因为德国马克兑美元升值部分抵消了油价的飙升。而美国和英国受到的打击则较大，它们的货币大幅贬值，不仅是石油，所有进口商品都变得更加昂贵。新自由主义在英国和美国大获成功并几乎同时掌权绝非巧合。1979 年玛格丽特·撒切尔当选英国首相，1980 年罗纳德·里根当选美国总统。由于工会奉行了错误政策，两个国家当时都陷入了致命的工资—价格螺旋。他们没有看到，石油国家抬高了石油这种稀缺原材料的价格后，通货膨胀其实是一种“供应冲击”，且无应对之策，而此时的工会反而转向阶级斗争，并希望通过执行高工资协议来弥补物价上涨。在英国，单位劳动力成本在某些情况下每年增长 30% 以上，在美国则为 10%。

这么做的结果就是极端通货膨胀率持续了数年。在美国，物价在 1974 年上涨了约 12.3%，在 1979 年第二次石油价格冲击后再次上涨了 13.3%。英国的情况更糟，1975 年通货膨胀率达到惊人的 25%。

可悲的是，工会坚持高工资是因为出现了“滞胀”，即经济衰退中的通货膨胀。这使雇员们无论在方案设计上还是经济上都处于劣势。先来看看理论的竞争：“滞胀”似乎表明，从宏观经济的角度来看，经济无法控制，所以，凯恩斯的观点显然是错误的。因此，对于大多数选民来说，他们很明显会转而选择新自由主义的替代方案，并寄希望于里根和撒切尔能够建立自由市场。其实，这场危机与凯恩斯的理论完全无关，他一直警告，如果工资增长速度快于经济生产率，会存在通胀的风险。

不仅如此，当通胀已无法视而不见时，工会却缺乏经济退出策略。可以预见的是，当央行大力推高利率，经济将持续萎缩，失业率将急剧上升，工会的力量将减弱。工会实际上是极力支持了对自身百害而无一利的货币政策，甚至冒着自己灭亡的风险。

1979 年 10 月 6 日，新上任的美联储主席保罗·沃尔克（Paul Volcker）颁布政策限制货币供应，将基本利率提升近 20%。虽然通胀如预期般下降了，但美国却经历了二战以来最严重的经济危机，对此，罗纳德·威尔逊·里根的反应则完全无关意识形态分歧，他践行了一种“富人的凯恩斯主义”，这简直是历史的讽刺，因为他对高收入者减税，增加军费开支并造成巨额预算赤字。该政策唯一带有新自由主义色彩的是富人受到偏爱，除此之外，它就是一项传统的经济政策。

尽管里根缓和了实际经济后果，沃尔克的干预依然被视为是全球金融史上的一个转折。从那时起，投机比投资变得更有利可图。正如著名的对冲基金经理乔治·索罗斯（George

Soros）所说，全球“超级泡沫”自1980年以来一直在膨胀。[①]而且这个超级泡沫至今还没有破裂。

罗纳德·威尔逊·里根和玛格丽特·撒切尔重启了金融赌场，他们都是1976年诺贝尔经济学奖获得者米尔顿·弗里德曼的追随者。他们盲目相信这位新自由主义思想领袖的理论——如果政府置身事外，就不可能发生严重的金融危机。各国中央银行只要牢牢控制各自国家的货币供应量，就足够了。而且他们并不考虑凯恩斯提出的中央银行之间的国际合作。他们认为，“市场”应该控制全球资本流动，从而使货币投机者变得富有。

弗里德曼很有自信。他以老师自居，将政府首脑视为什么都不懂的学生。1978年，他第一次见到了当时还不是首相的玛格丽特·撒切尔。他后来在一封信中提到了这次见面：“她是一位迷人且有趣的女士。但是，她是否真的拥有英国现在急需的能力，我实在说不上来。”[②]

米尔顿·弗里德曼：反对凯恩斯的“反革命”

米尔顿·弗里德曼一生都致力于研究凯恩斯的理论。起初，他甚至是一个凯恩斯的支持者，但从20世纪50年代开始，他逐渐成为一个斗志昂扬的对立者。如果凯恩斯追求和进行的

① Soros, Das Ende der Finanzmärkte, S. 93 ff.

② Zitiert nach Moore, Margaret Thatcher, S. 351.

是“革命”，那么弗里德曼关心的就是发动“反革命”。

弗里德曼具有引发辩论所需的强大特质。“他咄咄逼人的热情使他非常适合对阵凯恩斯主义者。”新自由主义经济学家马克·史库森（Mark Skousen）兴奋地写道。[①]凯恩斯主义者约翰·肯尼斯·加尔布雷思（John Kenneth Galbraith）经常受邀与弗里德曼争论，据他形容弗里德曼“完全无懈可击”。[②]

米尔顿·弗里德曼能够成为新自由主义的国际先驱，还有一个原因就是没有其他理论家能与之竞争。其他市场激进主义理论家要么不适合大众，要么就是完全离开了经济领域。弗里德里希·冯·哈耶克（Friedrich von Hayek）尤其让新自由主义阵营感到失望，因为他转向了政治哲学，而不是对凯恩斯提出有理有据的批评。[③]

弗里德曼在学生时代就读过凯恩斯的作品，他对凯恩斯及其理论十分熟悉。他于1932年就读于芝加哥大学，当时的课程包括凯恩斯的《货币改革论》（1923年）和《货币论》（1930年）。弗里德曼勤奋地做了很多摘录，仅《货币论》一书的读书笔记就有87页。[④]后来弗里德曼试图反驳凯恩斯时使用了经

---

① Skousen, The Big Three in Economics, S. 192.

② Galbraith, History of Economics, S. 271.

③ 例如，参见 Skousen, The Big Three in Economics, S. 192. 哈耶克于1944年出版了他的著作 A Road to Serfdom《通往奴役之路》，该书成为全球畅销书。但即便对许多新自由主义者来说，这本书也过于极端，因为书中认为每种形式的国家控制最终都等同于法西斯主义和社会主义。

④ Ebenstein, Milton Friedman, S. 24.

典的伎俩：他假装凯恩斯只提出了一个可以解释 1929 年以后的大萧条的理论，然后，他再为这种萧条提供另一种解释。[①]弗里德曼认为，这场灾难应该归咎于美联储，因为它没有足够快地降息，也没有拯救陷入困境的银行。但弗里德曼忽略了证券交易所的过度投机；金融投资者在经济崩盘前堆积的信贷泡沫也破灭了。[②]

弗里德曼想说的是：失灵的不是自由（金融）市场，而是政府！一个“无能”的政府会使“小规模衰退”变成最严重的大萧条。[③]尽管著名经济历史学家查尔斯·P. 金德尔伯格（Charles P. Kindleberger）立即驳斥了这一惊世骇俗的解释，[④]但弗里德

---

① 这种战术驱动的结构可以在弗里德曼 1967 年在美国经济学会年会上发表的著名演讲中找到。参见 Milton Friedman, The Role of Monetary Policy. In: American Economic Review, März 1968, S. 1~17.

② 早在 1957 年，弗里德曼就通过他的《消费函数理论》一书对凯恩斯发起了第一次抨击。他在此书中用统计数据表明，如果要解释家庭消费行为，当前收入和预期终生收入都很重要。这一发现实际上已经背离了凯恩斯的假设。但弗里德曼的第一次抨击最终被证明了并无多大作用。他对消费统计数据的解读本身就颇具争议，更重要的是，凯恩斯的理论并不太关心家庭的平均消费行为实际上是如何产生的。弗里德曼也无法反驳，人们必须储蓄，而且这种储蓄倾向相对稳定。后来弗里德曼发展出进一步反对凯恩斯主义的论点。例如，最著名的就是他对所谓的菲利普斯曲线的抨击。我不会在这里讨论这些争论，因为它们与凯恩斯的原著无关，而是由他的继任者一些歪曲的解释引发的。

③ 在较长的版本中，可以在 Milton Friedman / Anna J. Schwartz 的第 7 章中找到该论点，A Monetary History of the US, 1867—1960 (1963)。但是弗里德曼也写了论文的流行版本，参见 Friedman, Kapitalismus und Freiheit, S. 69 ff.

④ 参见 Kindleberger, Die Weltwirtschaftskrise, S. 17 f.

曼始终无视反驳意见。

毕竟，他有自己的打算。他想推行“货币主义”，其名称源自“moneta”，拉丁语中的硬币一词。正如该术语所暗示的那样，这一理论声称货币供应量才是避免通货膨胀和经济危机的关键。否则“自由市场”应该解决几乎所有问题。弗里德曼一次又一次地告诉公众，他的墓碑上应该写着：“通货膨胀在任何地方都是货币现象（Inflation ist immer und überall ein Geldphänomen）。”①

并非他的所有同僚都同意这种单一因果关系的观点。诺贝尔经济学奖获得者罗伯特·索洛（Robert Solow）就对此嗤之以鼻：“米尔顿开口闭口不离货币供应量。嗯，我无性不欢，但我也没有把它写进我的文章里呀。”②

弗里德曼再次重申了一个古老的理念，即货币市场的功能就像马铃薯市场：如果马铃薯有很多，那么单一的块茎几乎一文不值，它的价格也会下跌。同样，如果货币供应量过大，就会发生通货膨胀，单个货币单位也会失去其价值。③

---

①　不过，这个墓碑从未制作出来。当弗里德曼于2006年去世时，他的骨灰散落在旧金山湾。

②　引自 Quiggin, Zombie Economics, S. 81.

③　弗里德曼采用了新古典主义欧文·费雪（1867—1947）的“数量方程”：M×V=P×T，即货币量（M）乘以流通速度（V）= 价格（P）乘以交易数量（T）。弗里德曼对其他经济学家的理论非常挑剔，这一点可以从他直接忽略了费雪的债务通缩理论（另见本书第8章250页注释1）看出来，因为费雪意识到许多公司和金融投资者在全球经济危机期间负债累累，这将驳斥弗里德曼认为美国联邦储备委员会应为萧条负责的论点。

这种描述乍一看似乎很有道理，但其实与现实毫无关系。20 世纪 70 年代的价格上涨并不是因为货币供应量发生了变化，而是因为油价暴涨及由工会推动的工资增长。由此可见，通货膨胀是一种复杂的经济现象，而并非仅仅由货币供应量引起。[①] 但现实并不能影响弗里德曼的理论。

与他的理论一样，弗里德曼在政治上直接回到了 19 世纪并宣扬一种极端的自由放任主义，但他却强调自己“不是无政府主义者”。不管怎样，最终，他再次将国家想象成一个“守夜人”：置身于经济之外，只负责“维持和平与秩序，以保护私有财产；强制遵守合同，促进竞争；支持精神病患者和儿童”。[②] 弗里德曼对真正的资本主义不感兴趣。尽管他也提及了“垄断”，但这对他的“自由市场”理论没有任何影响。

弗里德曼通过简单粗暴地回到凯恩斯之前的理论世界来“驳斥”凯恩斯。他唯一提出的新见解是中央银行不应继续操纵利率，而应直接控制货币供应量。但弗里德曼设想的方法非常机械，他想在美联储放置一台计算机，它能自动确保货币供应量每年增长 3% 到 5%，与预期的增长保持一致。[③]

---

① 该机制首先是通货膨胀加剧，然后是货币供应量增加，与弗里德曼的假设完全相反。这其中也有纯粹的经济原因：一旦价格上涨，机器和原材料就会变得更加昂贵。所以，企业家如果想投资，就需要借更多的钱。然而，每笔贷款都意味着有新的货币被创造出来：随着通货膨胀的加剧，贷款量也增加了，随之而来的是货币量也随之增加。

② Friedman, Kapitalismus und Freiheit, S. 59.

③ Milton Friedman, Mr. Market. In: Hoover Digest, 1999, Nr. 1.

尽管这个概念极其简单，但当1979年新任美联储主席保罗·沃尔克试图改变货币供应量时，它并没有奏效。因为弗里德曼忽略了一个事实，即不可能清楚地界定货币到底是什么。理论上，货币的定义很简单——货币是用来购买商品和服务的。但这具体意味着什么呢？储蓄合约、定期存款和货币市场基金也算作货币吗？

由于不清楚"货币供应量"具体如何确定，这种对于货币量的模糊控制自然也是行不通的。最开始，美联储主席沃尔克还是一个坚定的货币主义者。但在他数次重新调整了货币供应量，经济依然出现波动后，他恼怒地放弃了，转而回到经典的货币政策，即直接调整利率以遏制通货膨胀，并且不再对具体的货币量感兴趣。所有的中央银行都是同样的反应，世界上没有人再追随货币主义了。[①]

不幸的是，尽管货币主义失败了，但它依然造成了影响。弗里德曼"可能是20世纪下半叶最有影响力的经济学家"，[②]自由化的金融市场从1980年起重获主导地位便主要受到了他

① 弗里德曼在英国的影响持续时间更长，但即使是玛格丽特·撒切尔从1985年起也开始看到货币主义是行不通的，引自Blaug, Methodology of Economics, S. 200. 货币量无法量化，因为它始终是链条中的最后一个环节，而不是起点。这也可以在利率管理中看到：当中央银行为了对抗通货膨胀而设定高利率时，它不是针对货币供应量，而是直接针对实体经济。由于利率提高，贷款变得非常昂贵，直到几乎无人再投资。最终导致失业率上升，工资停滞不前，当然，物价也不再上涨。而如果不再发放贷款，货币供应自然也会随之减少。

② Galbraith, History of Economics, S. 271.

的意识形态影响。

货币主义失败，但金融市场蓬勃发展

米尔顿·弗里德曼一直敦促西方政府引入灵活的汇率，并承诺此举一定会带来“经济奇迹”。金融业确实因此出现了经济奇迹。凯恩斯曾投机过的衍生品市场正在回归。

一旦允许汇率、利率和石油价格自由波动，这些赌博式交易就再也无法遏制了。许多公司不得不寻求自我对冲，为此，德国的出口公司想知道三个月后，当他们的美国客户付款的时候，美元值多少钱；航空公司需要为他们将来使用的石油确定一个计算基准；已签署付款条件的公司则希望利率保持稳定。[①]

衍生品可以提供公司所需的确定性和安全感，因为“期货交易”可以预先确定某个时间点的利率、原材料价格或汇率。合同通常为期三个月，且只需支付少量费用。所以衍生品实际上是一个聪明的发明。但不幸的是，它太适合投机了，因为它的“杠杆效应”是巨大的，人们可以用最少的赌注获得最大的利润。当然，当情况恶化时，损失同样巨大。

因此，金融记者迈克尔·刘易斯（Michael Lewis）将衍生品比作“赌场中价值 1 000 美元但仅需 3 美元的超级芯片。当然，赌场中没有超级芯片；在赌博的世界中没有任何对应（衍

---

① 本部分和以下部分来自：Herrmann, *Sieg des Kapitals*, S. 193 f.

生品）的东西，因为真正的赌场会评定其风险过高。”[①]

政府允许衍生品交易没多久后，干脆放开了一切管制。从1982 年开始，股票期货合约也被允许，尽管它只是单纯的投机，没有经济意义。但在人们相信金融市场更加智慧的时候，这无伤大雅。

衍生品销售额暴增，甚至“爆发”这个词都不足以形容这个市场的迅猛增长。我们短暂回到当代来：2015 年 12 月，场外交易的衍生品的面值为 493 万亿美元。[②]这些赌注与实体公司真实交易的“对冲”无关，因为 2015 年全球经济产出仅约 73 万亿美元。长期以来，投机已与现实脱节，自成一个体系，自有其生命力。

与所有赌博行为一样，衍生品是零和游戏。一方赢了，另一方就输了。然而，这样的赌博行为注定会扭曲行情并使其剧烈波动。尽管现实世界什么都没有变化，但无论是原材料、货币还是利率，所有价格都在不断变化。用银行的行话说，就是衍生品增加了行情的波动性。

这种行情波动是完全不合理的，没人可以预测，因此，普

① Lewis, Liar’s Poker, S. 191.

② 与柜台交易一样极端的是，场外衍生品交易过去的总价值甚至更高。2013 年达到最大值时，当时面值为 632.6 万亿美元。银行业监管至少在一定程度上成功地限制了衍生品交易，但价值仍然过高。参见 Bank für Internationalen Zahlungs-ausgleich, *Quarterly Review*, Juni 2016, S. 1 und S. 10.

通公司被迫面对对冲波动并购买衍生品，银行则从中收取佣金。在此期间，投资银行不仅自掏腰包进行博彩交易，还向实体经济征收一种“特别税收”，以此来保护自己免受银行带来的伤害。

2015 年，美国投资银行仅通过衍生品交易就赚取了近 228 亿美元的收入，其中 91% 的业务集中在四家大银行。[①] 投资银行是世界上唯一可以以这种方式操纵市场以保证利润的机构。仅此一项就表明“金融市场”并不是真正的市场。

这种寄生的商业模式非常令人讨厌且代价很高，一旦涉及食物，它甚至会威胁普通人的生命。投机者定期推高小麦或玉米的价格，导致数百万人忍饥挨饿。可以毫不夸张地说，衍生品可以成为杀人凶器。[②]

不仅衍生品交易实现了爆炸式增长，股票和房地产也出现了巨大的“增值”。德国 DAX 股票指数从 1988 年的 1 000 点上涨到 2016 年 7 月的 10 200 点左右，涨幅超过十倍。但同期德国经济总产值的名义价值仅翻了一番。由此可见，股价是在一个长期与现实脱钩的虚拟世界中波动。

---

① Comptroller of the Currency, OCC's Quarterly Report on Bank Trading and Deri-vatives Activties, Fourth Quarter 2015, S. 3 und 5.

② 银行喜欢用衍生品不会永久扭曲食品的价格来为自己辩护，因为小麦或玉米的实物供应最终会被计算在内。没错，从长远来看，期货市场将符合“基本面数据”。但这可能需要几个月的时间。这对一个饥肠辘辘的人来说实在太长了。

想象一下，如果这不是股票，而是普通面包。如果一条面包先卖 1 欧元，然后是 10 欧元，那么大家都会说是“价格飞速膨胀”。但是，如果是股票或房地产突然变得非常昂贵，人们就说它们“增值”了。

然而，事实上，一个巨大的投机泡沫正在膨胀，这个泡沫可以清楚地进行衡量：1980 年，全球金融资产大致相当于全球经济总量，比为 1.2∶1，2007 年这一比为 4.4∶1。①

面对这种情况，只有通过新的贷款不断给现有的经济体系内注入新的资金，财富的“价值”才会增加。举例来看，1950 年，工业化国家所有私人贷款总额约占经济总量的 50%，而 2006 年，这一比例已经达到 170%。②

虽然贷款总在以惊人的速度增长，但至少这些仍然是“真正的”贷款。然而，从 1980 年左右开始，出现了一种新的贷款形式——银行开始了互相借贷。它们肆无忌惮地为自己的投机业务捏造所需的金钱，而不必顾及“真正的”客户。2008 年，主要投资银行的资产负债表中至少有一半是由基金和银行拼凑而成的贷款。③

金融股的这种爆炸式增长是非常不健康的，因为资产只有在带来股息、租金或利息时才具有真正的价值。但是，这种收

① Chang, Economics, S. 299.

② Turner, Between Debt and the Devil, S. 1.

③ Ebd., S. 24 f.

入必须来自持续的经济产出。如果只是金融资产持续增长，而国民年收入没有相应增长，那么经济必然会出现崩溃。这种情况终于在 2007 年到来——在华尔街，在欧洲，几乎所有的大银行都倒闭了，它们不得不寻求国家的救助。①

经济学家没能预见这场大危机的到来。相反，在此之前，主流经济学界仍深深以为经济衰退的日子已经结束。2003 年，诺贝尔经济学奖获得者罗伯特·卢卡斯（Robert Lucas）得意扬扬地说着他那句名言："预防衰退的核心问题已经得到解决，实际上已经解决了几十年。"②

2005 年的时候，即使美国的房价在过去两年中上涨了 25%，后来的美联储主席本·伯南克（Ben Bernanke）也一点儿不担心。伯南克对美国国会表示，这种价格飙升"主要反映了强劲的经济基本面"。③

事实上，推动房价上涨的并不是"经济基本面"。主要原因是贷款激增并达到了前所未有的水平。2001 年，美国的所有抵押贷款总额还是 5.3 万亿美元，2007 年却暴增到了 10.5 万亿美元。这些不过是光秃秃的数字，但也足够令人印象深刻。而与之相比，更加惊人的是"在短短六年内，美国家庭的抵押贷

① 在此不展开谈论金融危机的具体过程。如果对详细信息感兴趣，请参阅 Herrmann, *Sieg des Kapitals*, S. 199 ff.

② Robert Lucas, *Macroeconomic Priorities*. In: American Economic Review, März 2003, S. 1~14, hier S. 1.

③ 引自 Chang, *Economics*, S. 301.

款债务增长量几乎与美国 200 多年来的总和一样多”，美国众议院后来在谈到金融危机时对此深感震惊。[①]

伯南克和大多数其他经济学家没有注意到这些堆积如山的信贷，因为他们的理论并不涉及信贷。尽管现实情况已经如此糟糕，他们内心依然笃定金融市场总是“有效的”。不得不说，在金融危机成为现实的过程中，经济学家们有不可推脱的责任。

错误的理论造成惨重代价：金融危机成本达万亿美元

最近一次的金融危机直到今天都仍然令人震惊，谁曾想过专家们那么天真。[②]2006 年，国际货币基金组织在一项研究中兴奋地宣布，“金融创新”已经“增强了金融体系的弹性”。[③]

---

① *United States of America, The Financial Crisis Inquiry Report*, S. 11.

② 很少有局外人会警告人们：金融危机会再发生一次。当今最著名的主流批评家是海曼·明斯基（Hyman Minsky，1919—1996），他在有生之年几乎没有得到过世人的关注。与大多数凯恩斯解释者不同，明斯基以凯恩斯理念为基础，并很快就意识到凯恩斯发展了金融资本主义理论（见明斯基《凯恩斯》一书）。明斯基进一步发展了更详细的金融市场心理学并补充了凯恩斯的理论。明斯基确定了金融市场发展的三个阶段：经济崩盘后，投资者受到警告，只能借到偿还得起的贷款。如果经济稳定增长，就进入第二阶段，这时投机似乎又有利可图了。金融投资者的押注价格将继续上涨，然后可以借到他们以收入无法偿还的贷款金额，且还可以赚到利息。接着会进入第三个阶段，投机开始“滚雪球”，直到连利息也只能靠借新贷款来支付。经济崩溃不可避免，循环又开始了。

③ 引自 Turner, *Between Debt and the Devil*, S. XI.

这些“金融创新”正是那些在一年后变成“有毒”废纸的衍生品、信用违约保险和证券化资产。

专家们错得如此一致，因为他们都相信同一个错误的理论。他们深信个人投资者总是“理性的”，金融市场总是“有效率的”。经济学家们提倡一种激进的新古典主义，这种新古典主义在 1980 年左右货币主义失败后开始流行。

他们再次假设整体经济总是趋于均衡的。这个理论的全称是“动态随机一般均衡模型”（Dynamic Stochastic General Equilibrium Models），也缩写为 DSGE。这个模型处理的正是一直困扰里昂·瓦尔拉斯（Léon Walras）的问题——如果每个家庭只关心自己的利益，一般均衡会出现吗？

第二次世界大战后，经济学家肯尼斯·阿罗（Kenneth Arrow）和杰拉德·德布鲁（Gérard Debreu）成功制定了一个数学上合理的解决方案，但这仅适用于极端条件。例如，消费者和生产者必须绝对理性地行事，除了致力于最大化自身的经济优势之外，他们不得对其他任何事情感兴趣。

此外，每一种能想得到的产品都必须有一个完美的市场，所有未来的可能性都必须提前考虑在价格中并做好对冲。翻译过来就是：每个家庭都不得不购买许多不同的衍生品来应付疾病、失业、离婚或计划外的孩子。但大家都知道，根本就没有这样的衍生品。

还有，必须有绝对的透明度。每个事实都必须公之于众，每个家庭都必须拥有这些信息。翻译过来就是：每个消费者都必须知道得比维基百科、在线词典中所写的还多。最后，必须保证存在完全竞争，不允许存在垄断或寡头垄断，还需要排除扩大规模经济的可能性。翻译过来就是：建立一个没有大公司的世界。①

阿罗和德布鲁因这方面的贡献获得了诺贝尔经济学奖，这被认为是理所当然的。由于他们的分析，世人很清楚地明白了真正的资本主义永远不会趋于均衡，因为没有一个条件能被满足或实现。因此，人们期望经济学家们可以放弃均衡的虚幻念头。但很遗憾，事实远非如此。因为提出这样想法的人无一例外被认为是"外行"。

事实是此时的经济学正向着相反的方向发展："一般均衡"也被提炼并提升为当前的"宏观经济"。在金融危机之前，所有中央银行都使用 DSGE 模型，② 尽管它几乎不存在银行和信贷。与旧的新古典主义时代一样，货币再次沦为覆盖实体经济的"面纱"。中央银行不可能意识到金融危机的来临，因为在他们的理论中，他们早就排除了经济崩溃的可能性。

新古典主义对现实选择了视而不见，因为他们绝对不想回到凯恩斯的宏观经济学上来。在他们看来，凯恩斯的理论有一

---

① 参见 Rodrik, *Economic rules*, S. 50 f.

② Wolf, *The Shifts and the Shocks*, S. 197; Turner, *Between Debt and the Devil*, S. 28 ff.

个致命的缺陷，那就是缺乏微观和宏观层面的联系。在凯恩斯看来，只有“总和”是重要的，即所有投资的总和或一般储蓄率。个别家庭是微不足道的，在整体统计中只占小部分。

新古典主义不想接受这一点。他们坚持“微观基础”。整体经济应该是其各单项部分的总和。所以他们建立了一个可以建立在“微观基础”之上的宏观经济——一般均衡。原则上必须排除一切不平衡，否则单个家庭就不再能反映整个经济的状况。

这导致了让外行感到惊讶的一个假设——“理性预期理论”。罗伯特·卢卡斯（Robert Lucas）和他的同事声称，每个人在生命的每一刻都只会专注于最大化他们自己的利益。这个理论比初听起来更极端。卢卡斯假设人们能够预知未来，即十年后的事件应该和现在一样广为人知。

卢卡斯被迫做出这个极端而荒谬的假设，因为如果人们想要理性，DSGE 模型还远远不够，此时他们必须客观。然而，要做到客观就必须先了解未来的情况。[①]

当然，预知未来是无稽之谈，如果一个人能够预知事故即将发生，那么事故就不会发生。被面包刀切到手的人谁想过会被切到呢，因为谁也不会自愿把手指割破。

---

① 卢卡斯比“老的”新古典主义走得更远。瓦尔拉斯只是假设理性行为是可能的。卢卡斯更为极端：他并没有忽视未来是未知的，而是直接明确否认未来不可知（Keen，*Debunking Economics*，第 247 页）。

即使撇开这种平庸的日常道理，卢卡斯定理也会产生最惊人的后果。例如，如果每个人都知道未来的一切，人们应该如何押注股票价格呢？[①]此时，对证券交易所的投机将不再存在。

另外，人是不理性的。这个观察是由亚当·斯密做出的，他选择了一个可以给“理性预期理论”致命一击的例子——彩票游戏。其实，这种游戏大概率都赢不了，因为可以精确计算未来的情况实际上十分少见。但是，尽管大多数参与者注定要支付额外费用，但他们还是忍不住要试试运气。斯密指出：“我们可以从彩票的成功普及中看出，中奖的概率往往被高估了。”[②]

与此同时，行为经济学也提供了无数的例子，证明“理性”并不是一种特别代表人类的属性。因此，人们预料“理性预期理论”会很快消亡。但实际情况却完全相反，这个理论被带到了令人发狂的极端。

新古典主义的最大问题出现在人们一开始压根想不到的地方：它的“基础”，即消费者和生产者。因为经济学想要得出总经济报表，必须加上所有消费者的总和，“汇总计算”所有的收益，只看一个家庭是没有实际意义的。

然而，这是不可能的。正如一个简单的例子所示：消费者 A 实际上更喜欢香蕉而不是饼干。但是，如果消费者 B 也购买

① Heine / Herr, *Volkswirtschaftslehre*, S. 354.

② Smith, *Wealth of Nations*, S. 104 f.

香蕉，那么香蕉的价格就会上涨。[①] 此时，消费者 A 购买饼干而不是香蕉可能会更好，这样可以优化他们自身的整体利益。[②] 但想象一下，数十亿人同时做数万亿次购买决策，显然是不可能的。[③]

因此，新古典主义开发了一个模型，通过将宏观经济学简化为一个模范人物来规避这些理论问题。该模型类似于小说《鲁滨逊漂流记》，整个经济应该只有一个消费者，也是唯一的生产者。[④] 即使是星期五也不允许进入这个岛，因为如果有两个人，这个理论就不成立了。

而这个鲁滨逊·克鲁索也不是一个正常人，他无法衰老和死亡，因为新古典主义无法模拟老龄化如何改变消费。此外，鲁滨逊终生只能生产一种产品，因为两种产品也会使理论陷入

① 新古典主义假设边际成本上升，这反过来意味着销售额增加时价格会更高。这个脱离现实生活的假设是必要的，否则就不会有完全竞争了（另见本书第 6 章）。

② Keen, *Debunking Economics*, S. 43 f. 意大利经济学家皮耶罗·斯拉法（Piero Sraffa）早在 1926 年就指出了同样的问题，生产商也出现了同样的问题。

③ 大卫·李嘉图已经注意到，假设主观效用的存在会导致理论上的死胡同。200 年前，他以这样一句话结束了他的代表作："需求和用途的量不能与任何其他的量相比；使用价值无法计量；不同的人对它的评价不同。"（*The Principles of Political Economy and Taxation*, S. 292）

④ 新古典主义向来取笑马克思的剩余价值理论，但这是不公平的。如果马克思假设了一个像新古典主义一样的美好世界，那么他的"转化问题"就会立即解决。只有在使用不同数量的技术制造多种产品时才会发生剩余价值。（Heine / Herr, *Volkswirtschaftslehre*, S. 628）

混乱。

因此，新古典主义理论世界中的生活呈现出非常奇怪的样子：孤独的消费者永远存在，由他们来消费所有商品。这些商品仅由单一公司制造的单一产品组成，并由唯一的消费者拥有，且他自己就是这个公司唯一的雇员。[①]在这个模型中，银行、贷款，甚至货币都是多余的。

这样虚幻的想象与资本主义无关。1992 年，诺贝尔经济学奖获得者罗纳德·科斯（Ronald Coase）指出，新古典主义只能分析“在森林边缘交易浆果和坚果”的“孤独者”。[②]

新古典主义把“孤独者”更夸张地称为“代表性消费者”，并一度激励一位聪明的学生问出“这个代表性消费者究竟是谁或者是什么？”这样一个问题。[③]遗憾的是，这个问题没有答案。新古典主义声称家庭的不同需求会相互抵消，因此，假设只有一个“代表性消费者”是合理的。但这其实只是变相重复，因为它先假设了宏观经济均衡，才证明“微观基础”。

尽管 DSGE 模型如此奇怪，但它们依然被中央银行采用。金融监管也相应松懈了不少，因为鲁滨逊的假设似乎证明了银行和贷款与整个系统无关。

因此，人们认定，就宏观经济而言，金融市场始终是有效

① 引自 Keen, *Debunking Economics*, S. 256 f.

② 引自 Chang, *Economics*, S. 127.

③ 引自 Mirowski, *Never Let a Serious Crisis Go to Waste*, S. 279.

的，这一点毋庸置疑。一个看起来也很奇怪的理论——“有效市场假说”“证明”了它。

以下三个假设会证明金融市场总是正确的，并且总是反映股票和债券的“真实”价值。首先，投资者是理性的。其次，如果投资者不理性，那也没关系。因为他们的非理性决策会相互抵消，从而使整个市场重新变得理性。最后，如果市场实际上是不理性的，肯定会有投机者立即意识到股票和债券偏离了它们的“真实”价值，并会下相应的赌注。市场将立即再次趋于平稳。[①]

在这个美丽的臆想的世界中，未来与现在一样已知。投机者从不跟风，而且由于信贷资金不断流入，也不可能会出现经济泡沫的膨胀。所以，经济学家不可能预见金融危机的到来，因为他们已经从理论上排除了经济崩溃的可能性。

他们盲目相信市场的效率，这太荒谬了。就像一个玩笑描述的那样：“一位经济学家和一位朋友正在街上散步。突然，他们在人行道上看到了一张 100 美元的钞票。当朋友弯下腰去捡钞票时，经济学家说：‘别傻了，如果这是一张真正的 100 美元钞票，早有人捡起来了。’”[②]

如果没有经济崩溃的惨剧，这一切看起来是那么美好。但

---

① Turner, *Between Debt and the Devil*, S. 37 f.

② 引自 Mirowski, *Never Let a Serious Crisis Go to Waste*, S. 264.

事实却是，金融危机的代价极高，全球损失了数万亿美元。[①]那些因相信“理性预期理论”而推动金融市场自由化的经济学家应对此负有责任。在金融危机爆发前，罗伯特·卢卡斯（Robert Lucas）曾将他的狂妄自大表现得淋漓尽致。他说：“我认为凯恩斯作为经济学家对于当今世界的影响几乎为零，不仅如此，他在过去五十年中的影响也一直为零。凯恩斯不是一个很好的经济学家，他并没有做太多工作钻研这个领域。”[②]事实上，他完全说错了。

危机一波未平一波又起

主流经济学家们造成了经济崩溃，却无法解释它，而且他们也不能提供解决方案。可以说，八十年来的研究在很大程度上是多余的。

由于新古典主义无所适从，政府再次求助于凯恩斯的理论救助银行，启动经济刺激计划，进行巨额“赤字支出”。这些救援行动非常成功，避免了再次出现 1929 年的持久性经济大萧条。

---

① 仅在德国，受金融危机影响，国债就增加了近 20 个百分点，相当于约 4 000 亿欧元。政府对银行的直接援助最终可能达到约 500 亿欧元，而税收短缺、经济刺激计划和对失业者的支持造成的间接成本则要比这高得多。平均而言，西方工业化国家“仅”需要花费其经济产出的 3% 左右来救助银行，但国债会因此增长 34%。（Turner, *Between Debt and the Devil*, S. 3）

② 引自 Mirowski, *Never Let a Serious Crisis Go to Waste*, S. 178.

但新古典主义并没有因此正视自己的失败并进行反思。在短暂的瘫痪之后，主流经济学家很快又恢复并坚定不移地主张他们以前的理论。例如，本·伯南克(Ben Bernanke）自信地说："我觉得，要求我们将整个理论颠覆重造实在是太夸张了。我想说的是，金融危机本质上是经济治理和管理的失败，而不是经济学的失败。"[①]

伯南克似乎认为"经济治理"是在真空中进行的，而他们的理论则对银行的监管方式没有任何影响。如果真如他所认为的那样，经济学也将是多余的。

事实上，情况也正好相反。由于新古典主义固守其旧理论，金融危机之后的金融市场并没有太大变化。危机之后，政府颁布了至今已经包含数千页的新规定，但整个体系的核心基础依然薄弱。[②]衍生品交易几乎一成不变，正如已经显示的那样，交易量仍为493万亿美元。可以说，危机之后又是新的危机。

此时的资本主义正在完全不受控制地发展，因为主流经济学家们鼓吹的理论里面压根没有出现这种资本主义。他们的理论里，没有大公司，没有生产，没有贷款，甚至连货币都没有。全世界大约85%的经济学家都认为自己是新古典主义者。[③]但新古典主义将再次失败并造成数万亿美元的代价。

---

① Ebd., S. 188.

② 另见 Wolf, The Shifts and the Shocks, S. 191 f.

③ Keen, Debunking Economics, S. 8.

第十章
我们可以从斯密、马克思和凯恩斯那里学到什么

经济学不是自然科学，这种说法似乎再正常不过，但自19世纪以来，新古典主义一直试图将他们的理论作为物理学的一种变体来推销。代表性的人物就是米尔顿·弗里德曼。他在他的诺贝尔经济学奖获奖演讲中声称：经济学的预测有时是错误的，但并不比物理学、生物学、医学或气象学的失误更多。[①]

这种观点令人觉得既惊讶又荒谬，但它避开了令人厌烦的

① Friedman, Inflation and Unemployment, S. 267 f. 弗里德曼将经济学中的预测误差与海森堡的不确定性关系进行了比较。这种比较大错特错，以至于弗里德曼在诺贝尔奖颁奖典礼上居然还大言不惭地公开宣讲这种荒谬言论。不确定性关系属于量子物理学，其描述了在粒子范畴上，位置和动量不能同时确定。但是，首先，这种不确定性可以进行精确描述，其次，在现实世界中可以对它进行非常精确的预测。但是到了经济学中，两者都缺失了，既不能做出精确的预测，也无法在事后确定为什么结果与预期不同。

“权力”主题。“为什么有些人富有，许多人贫穷”突然间不再是一个政治问题；不平等也被提升为不可改变的所谓自然法则。[①]

个人被程式化为一个原子，在其轨道上孤独地运转。英国首相玛格丽特·撒切尔就曾说过那句臭名昭著的话：“根本就不存在社会这种东西。”

如果你认同撒切尔和新古典主义，那么像伦敦这样的城市就会有870万鲁宾逊·克鲁索，他们每个人都生活在自己的孤岛上。但事实却是，资本主义是整个社会之间复杂的相互作用，无法用这种孤独的模型来解释。

因此，如果经济学要产生相关作用，就不能重蹈新古典主义的覆辙，必须回归斯密、马克思和凯恩斯的理论，并从中寻找“真理”。因为资本主义一直都是动态发展的，观点和议题也在不断变化。

每一代人都必须发明自己的经济学。不过，斯密、马克思和凯恩斯依然可以提供实质性的建议。

从微观经济学开始：新古典主义认为“边际成本”或“边际生产力”决定价格的观点是错误的。但是，亚当·斯密的“附加观点”是正确的，即价格由成本加边际收益组成。当今

① 英国经济学家托尼·阿特金森（Tony Atkinson）最近查阅了经济学领域的主要的教科书，发现收入分配在这些书较后的章节中均进行了简要介绍，但在与经济相关的调查结果的摘要中却从未被提及（Atkinson, Inequality, S. 15）。

大多数公司也都采用这样的方式，正如对经理人的最新调查所显示的那样：他们计算支出并将利润率放在首位。[①]

当然，公司欺骗客户还有无数其他的技巧，这在诸多文献中都有广泛的描述。但即使是这些“价格圣经”中也完全没有出现边际效用、边际成本或边际收入等术语。[②] 可见，新古典主义与公司的实践无关，如空中楼阁只存在于虚构的世界中。

企业管理学从不接受新古典主义，因为它显然不切实际。[③] 但在其他地方，新古典主义的错误价格理论仍在不断造成巨大损失，尤其在工资政策方面。

新古典主义的影响力十分深远，它支配着所有为各政府部门提供建议的专家委员会。政府总是被再三警告，工资必须与雇员个人的“边际生产力”相对应。意思就是：如果发生失业，工资就得降，因为失业表明雇员太贵了。这是一个经典的循环论证。大多数政治家也不知道新古典主义是基于一种模仿了鲁滨逊漂流记的理论。

---

① Robinson, Economic Philosophy, S. 41 f.; Keen, Debunking Economics, S. 124. Siehe auch Simon, Preisheiten, S. 59 ff. zur “Kostenplus-Methode”.

② Hermann Simon 是世界领先的“价格顾问”之一。“边际成本”这个词没有出现在他的代表著作 Preisheiten 中（见索引，第 284 页）。从书中可以看出，即使是企业定价，专家也不了解货币在国民经济中是如何运作的，所以，西蒙想重新引入金本位制（第 47 页）。

③ 微观经济学是国民经济学的一部分，处理的是所有家庭和公司的假定行为，工商管理则非常具体地研究公司的运营方式，它涉及管理技术、贷款融资形式、现金流组织等主题。

从人们几乎从未听说过新古典主义要求大幅增加工资这一事实也可以看出，新古典主义理论的论证是多么故步自封。这些经济学家完全脱离实际情况，总是认为工资过高，因此必谈“限制工资”，并声称保障最低工资是极其危险的政策。

一个明显的矛盾很值得注意：新古典主义致力于分析东德美发师的“边际生产力”，却从未在自己身上用过他们的理论。他们永远不会问一个经济学教授的“边际生产力”有多高，因为这个教授坚定不移地相信这个会导致严重金融危机并因此造成数万亿美元损失的理论。如果世界真的是新古典主义认为的那个样子，那么所有新古典主义早就会被摒弃了，因为它们的“边际生产力”显然为负值。

但是工资的实际产生与新古典主义所认为的并不相同：社会的工资水平的决定性因素其实是整体国民经济的技术水平，而不是取决于单个雇员的“边际生产力”。也就是说，经济总量越高，个人的工资就越高。韩国经济学家张夏准（Ha-Joon Chang）用两个公交车司机的例子清楚地说明了这种影响：斯文（Sven）住在瑞典，拉姆（Ram）住在印度。两者都开公共汽车运输乘客，“生产力”一样。但事实却是，斯文的收入几乎是拉姆的 50 倍。[①]

连成功的投资者沃伦·巴菲特（Warren Buffett）也非常清楚，他能赚到数十亿美元是因为他生活在美国：“就我个人而

① Chang, 23 Things, S. 23 f.

言，我认为我的大部分收入都归功于社会。如果把我放到孟加拉国或秘鲁的某个地方，你很快就会发现我的才能在错误的环境中是多么的一文不值。三十年后，我将依然在苦苦求生。”[①]

新自由主义者喜欢引用亚当·斯密，却从来不明白分工原则的含义，即每个人都是团队的一部分，个人绩效能够单独衡量的只有非常有限的一小部分，因为它实际上与其他人的投入有关。在资本主义中，成功者之所以成功是因为许多人使他的成功成为可能。因此，我们无法科学地界定秘书的工资与经理的薪资相比应该有多高，因为这是一个权力问题。而新古典主义则非常害怕权力这个词。

举一个例子：DAX 经理目前的收入是普通员工的 50 倍。[②]但人们很难相信一个经理的贡献竟然能抵 50 名员工的工作总量。

所以凯恩斯是对的，没有必要盯着“就业市场”来了解为什么会有失业。就业率的高低也可能是由金融市场决定的。投资者对“真实”公司的“真实”投资是否值得，雇用工人是否有利可图，或者投机衍生品、债券、股票和房地产是否更划算等，可根据金融市场规律作出判断。

只有像凯恩斯一样，从宏观经济的角度，或者说是从整体经济总量的角度来思考，才能理解金融市场本身的逻辑。只

---

① Ebd., S. 30.

② 德国财产保护协会（DSW），引自 dpa, 7.7.2016

有这样，此时的货币投机才是纯粹的投机行为。若全球经济总量每年只有73万亿美元，而每天却有4万亿美元在全球流通，这种现象才能立即引起人们的注意。

而新古典主义根本无法识别这种投机，因为它坚持其微观经济学理论并且只对个别衍生品感兴趣。新古典主义固执己见地假设“金融市场”是形成正常价格的真实市场。这显然是错误的，因为当土豆变得更贵时，许多顾客必然更愿意购买意大利面。但是，当股票价格上涨时，人们买的不是更少，而是更多。股价一上扬，投机者便纷纷涌入股市，以免错过“反弹”。当整个群体都前仆后继奔向错误的方向时，个人投资者选择随大流也显得合情合理。

阻止这群金融投资者的唯一方法是给他们设置限制。凯恩斯就曾将自己生命的最后时光全部致力于强制推行一个最佳的世界货币体系。因为他知道，只有防止外汇投机活动，资本主义才能正常运转。凯恩斯的体系直至今日依然适用，因为他提出的国际货币单位Bancor既不与美元挂钩，也不与黄金挂钩，准确地避开了让布雷顿森林体系瓦解的那些陷阱。

不过，如果固定了汇率，必须遵守外贸平衡，以避免出现一些国家永久积累出口顺差，而另一些国家甘于贸易逆差的情况。因此，在推行Bancor的情况下，盈余和赤字都应缴纳罚款。

不幸的是，在引入欧元时，凯恩斯的想法并没有被采纳，因为有了货币联盟，惩罚盈余和赤字就更有必要了。毕竟，有了 Bancor，如果一个国家的出口或进口过多，中央银行可以随时重置汇率。但这并不适用于现在的欧元，因为所有成员国都拥有相同的货币。

如今，欧元区几乎已经无法运作。典型的是，德国积累了巨大的出口顺差，而希腊和西班牙等国则背负着巨额外债。如果从一开始就明确盈余和赤字都将受到严厉惩罚，那么这种不平衡从一开始就不会出现。

许多德国人仍然为他们的国家每年产生的巨额出口顺差感到自豪。但是德国总是顺差，就意味着在其他地方总是逆差。此外，这个顺差其实完全没有价值，它只是银行电脑中的一个虚拟数字，因为债务人永远无法偿还债务。

以希腊这个典型的国家为例：该国陷入了 1919 年支付战争赔款时的德国曾陷入的陷阱。当时，凯恩斯已经解决了核心问题——任何应该偿还外债的国家都需要有出口盈余。但是，希腊没有这些盈余。

因此，将危机国家的债务一笔勾销是有道理的。不管怎样，对于债权国来说，这些债务都已经无法挽回地流失了。①

欧元区之所以行不通，是因为它也犯了新古典主义所犯的一个错误，那就是假设各个国家的运作与公司的运作完全一

① 最优雅的解决方案是，欧洲央行直接进行购买（至少部分地购买）正在压垮危机国家的债务。通货膨胀无须恐惧，因为这只是解决旧债。

样。这种怪诞的误解体现在流行的口号——“竞争力”中。正如个别公司只有在生产成本至少与竞争对手一样便宜的情况下才能生存一样，国家也应该通过尽可能的价格优势和积累出口盈余来在“竞争”中立于不败之地。因此，自1996年以来，德国有意降低了实际工资水平，以实现价格低于其他欧元国家。

但与公司不同的是，国家其实不是竞争对手。今天的新古典主义犯的错误，当年亚当·斯密在重商主义者身上也发现过，它依赖于让邻国贫困的“损邻政策（beggarthy-neighbour）”。

但亚当·斯密也清楚地认识到，国家之间的这种竞争根本行不通：当其他国家没有钱进口时，出口国应该向哪里出口呢？可见，资本主义国家只能共同致富，不能相互对抗。

因此，如果欧元区要生存下去，德国必须立刻与其巨额出口顺差说再见。但很多德国公民一听到这个消息就立刻产生了失去的恐惧，这种恐惧主要是基于一种误解：一个国家可以保持“出口世界冠军”，只要它也是“进口世界冠军”。[①] 唯一重要的就是外贸平衡，只有这样，各国才能共同增长。

但是，矛盾的是，只有德国的工资大幅上涨，德国才能成为“进口世界冠军”。而如果德国的雇员挣得更多，整个欧洲都会变得更加富有，包括德国企业家。这是一个新古典主义也

① Flassbeck, Marktwirtschaft, S. 17 f.

无法理解的经典双赢局面，因为新古典主义从未走出过单个企业的局限。

新古典主义者对外贸的看法非常狭隘，他们只将其视为货物的自由贸易。猖獗的外汇投机被忽视，同样被忽视的还有外国信贷和债务问题。但是，尽管新古典主义将自由贸易概念如此地简化，它却“拯救”了世界。新古典主义将自由贸易视为增长的核心引擎，这也促使约有 110 个国家签署了 22 个区域贸易协定。

假设自由贸易是基本有效的，根据李嘉图的比较成本优势理论，这个模型在数学上并没有问题。但正如凯恩斯指出的那样，这种纯粹形式只适用于一种条件——当各方都充分就业时。

此外，李嘉图生活在只有小公司的时代。他无法想象 200 家跨国公司会产生全球经济总量的约 10%。而约 50% 的全球贸易不再发生在国家之间，而是发生在大型跨国公司内部。[①]

因此，没有比主张完全竞争的“自由市场”更传统的自由贸易了。事实正如马克思和恩格斯最先认识到的一样，全球经济由大公司主导，但这种集中并不是资本家的阴谋，而是竞争的悖论。因为企业家如果想在竞争中生存下来，就必须一直不断地提高效率生产出更多的产品。但由于市场总会在某个时候

① 自由贸易对处于技术前沿的工业化国家尤其有利。另见 Herrmann, *Freihandel—Projekt der Mächtigen*, sowie Chang, *Kicking Away the Ladder*.

饱和，所以只有少数巨头能够活下来。可以说，是竞争（的原则）导致了最终只剩下寡头垄断。

因此，从某种程度来说，可以认为经济是由大公司和金融市场主导的。而国家则必须发挥平衡的作用。但国家不仅可以消除资本主义造成的损害，更是资本主义赖以生存的根本。可以这么说，没有国家，资本主义就无法发展，企业家们的精神也会被消磨殆尽。

新古典主义更愿意相信重要的发明是源于个人天才。但这纯属幻想，因为研究必然是集体进行的，而且主要由国家资助。意大利裔美国经济学家玛丽安娜·马祖卡托（Mariana Mazzucato）最近调查了技术发明是如何使谷歌、智能手机等新产品成为可能的。结果发现必要的知识总是在国家实验室中获得。私营公司“仅”负责将这些发明组合成适销对路的商品。例如，史蒂夫·乔布斯（Steve Jobs）就在将政府知识转化为新产品及将利润私有化方面表现出色。[①]

因此，不存在新古典主义所渴望的完美市场。这是好事，如果市场总是正确的，那么经济理论就是多余的。

对资本主义的解释永远不会是一清二楚的，总会有立场相对的解释。但是，不应该出现如此平庸的理论，甚至将资本主义简化为一个没有信用的虚构的交换经济。

正如斯密、马克思和凯恩斯所认识到的那样，资本主义不

---

① 参见 Mazzucato, *The Entrepreneurial State.*

仅复杂而且自相矛盾，这是一个没有尽头的过程。它也从来都不是稳定的，总是在繁荣和危机之间波动。资产只有不断被重复使用才能持续产生，收入只有在不断投资的情况下才会得以保证。储蓄对个人来说是有意义的，但对整个社会来说可能是危险的，因为减少了消费需求。公司之间存在竞争，直到竞争不复存在，只剩下大公司垄断一切。因此，尽管存在市场，但资本主义不是“市场经济”。机器虽然只是工具，但技术创新却定义了现实并改变了现实。资本主义创造了巨大的财富，但同时也扩大了贫富差距。生产、金融过剩，危机会导致严重的社会贫困。金钱“从天而降”，投机蚕食并摧毁了实体经济。资本主义似乎是国家的对立面，但没有国家它又不可能存在。

资本主义是充满活力的社会体系。经济学应该研究它，而不是通过它的理论去禁止它。

图书在版编目（CIP）数据

资本永不眠：经济学家启示录 /（德）乌尔里克·赫尔曼著；锐拓译．— 北京：中国华侨出版社，2023.5
ISBN 978-7-5113-8934-3

Ⅰ．①资… Ⅱ．①乌… ②锐… Ⅲ．①经济学－通俗读物 Ⅳ．① F0-49

中国版本图书馆 CIP 数据核字（2022）第 231096 号

资本永不眠：经济学家启示录

著　　者：【德】乌尔里克·赫尔曼
译　　者：锐　拓
责任编辑：姜　婷
封面设计：胡椒设计
经　　销：新华书店
开　　本：880 毫米 ×1230 毫米　1/32 开　印张：10　字数：190 千字
印　　刷：三河市华润印刷有限公司
版　　次：2023 年 5 月第 1 版
印　　次：2023 年 5 月第 1 次印刷
书　　号：ISBN 978-7-5113-8934-3
定　　价：48.00 元

中国华侨出版社　北京市朝阳区西坝河东里 77 号楼底商 5 号　邮编：100028
发行部：（010）64443051　传　真：（010）64439708
网　址：www.oveaschin.com　E-mail：oveaschin@sina.com